水库气象三百首

Shui Ku Qi Xiang San Bai Shou

李清哲 著

水库气象三百首　李清哲 著　中国文联出版社

ISBN 7-5059-4035-X/I·3135

作者简介

李清哲，中共党员，河北省阜平县圣水村人。1949年3月出生，高级政工师，保定市诗词编联协会副会长，河北省诗词协会理事。保定市西大洋水库管理处党委书记兼主任。

1988年在王快水库及1996年在西大洋水库工作期间，两次突遇大水，他指挥若定，处理得当，大坝安然无恙，均被河北省评为抗洪先进集体。2003年西大洋水库因网箱养鱼，水质污染，他建议市政府用78天时间，彻底清除了库内两万余只网箱，启动水源地保护诸机制，使水质由次变好，荣获市政府银玉兰奖。

撰写的论文多次发表并获奖，事迹被多种报刊介绍。自2003年3月出版诗集《水库漫吟》后，又出版诗集《水库气象三百首》。《水库气象三百首》是诗人创作的

长江三峡工程文物保护项目报告 丁种第三号

三峡古栈道

上

瞿塘峡栈道

重庆市文物局 重庆市移民局 西安文物保护修复中心 编著

文物出版社

2006年·北京

目　　录

插 图 目 录

黑白图版目录

彩色图版目录

序　一

国家文物局副局长　张柏

　　中国的古栈道曾相当发达，早在先秦时期，栈道构筑技术已经成熟，许多栈道绵延于崇山峻岭、深峡绝谷之中。司马迁在《史记》中所记述的"栈道千里，通于蜀汉"，正是当时秦蜀古道的写照。

　　人类各大文化区域间的连接与交流，离不开交通道路。而大的文化区域之间，往往有着天然的险阻。栈道技术的大规模运用，使得人类穿越险峻山区的能力大大增强，凿穿了阻碍一些大文化区域交流往来的天然地理屏障。

　　秦汉时期大规模开辟栈道，以加强与西南巴蜀滇黔的联系。这一举措对秦汉帝国的统一和巩固也起到了重要的促进作用。秦汉以后，几乎历代都重视栈道的建设。直到近现代交通工具发生重大变革与山区公路的广泛开辟之后，栈道在山区的重要性才逐渐减弱。

　　长江三峡工程所涉及的大宁河栈道，分布长度达80公里以上，存有数千栈孔，是我国目前保存最完好、规模最大的古栈道群，是三峡库区文物中的精华。分布在长江三峡沿岸的古纤道，是长江古航道的重要辅道，也是连接沿江各地的陆道交通线。其中瞿塘峡一段，环境险恶，工程浩大。瞿塘峡古道，也被人称为瞿塘峡栈道，许多地段是在临江绝壁上开凿出的可以供人行走的石槽道，望之令人目眩。无论是大宁河栈道还是瞿塘峡栈道，都可以说是古代道路建筑史上的壮举，交通史上的奇观。

　　考古工作者在三峡库区进行的文物调查和考古发掘，是我国考古界一件大事，也是非常艰苦细致的工作。对库区漫长的栈道和古道路开展调查，更是长期奔波，居无定所。栈道分布的地区，大多人烟稀少，山深壁陡，要获得一套科学而完整的调查资料，其困难可想而知。令人欣喜的是，本书在全面调查的基础上，系统而完整地记录了这些珍贵的古代遗存，为后人留下了瞿塘峡栈道、大宁河栈道及沿线许多史迹的重要考古资料。

　　不唯如此，书中还对这两条道路的历史沿革、性质与结构功能等进行了深入的研究，提出许多新的见解。本书的出版，对推动我国古代栈道的考古调查与相关研究，具有一定的意义。

　　借本书的出版，我在此也感谢所有为三峡库区文物做出贡献的考古工作者，并衷心祝愿他们今后多出成果。

2005 年 4 月于北京

序　二

张忠培

当今居住在地球上各个角落的人们的信息传递，经济、文化、政治的交往，已基本上冲破了自然的险阻和人为的障碍，将人类紧紧地联结在一起。人们愈益忧戚与共，地球愈来愈是一个牢固结合的村子。这一状况之得以呈现，是自有人类以来陆、水、空交通与通讯技术的积效发展的结果。

中国人与世界其他人类一样，最早的交通是陆路和水路，行走和游水的工具是自身的两足和两手，讯息则靠口耳相传。

河流是天然的水"路"，人们最初是依靠以足涉水和游水渡河，随后利用天然的浮水材料，例如竹、木这类材料作为渡河工具。沿河航行则需木船和竹排。独木舟是木船最早的形态，浙江萧山跨湖桥遗址出土了公元前 5000 年的较为进步的独木舟。陕西宝鸡北首岭半坡文化墓葬随葬了船形陶壶，其中的 M98:（3）那件，形如横置的两端呈尖形的半坡文化流行的小口尖底瓶，其蒜头形的小口被安置在这器物上部的中间位置，小口两侧的器物肩部各置一耳，底部略平。这件陶器的形态，与船酷似，而其腹侧用黑彩画的一张鱼网的图案，为人们推测 M98:（3）这件器物是当时已存在的木船的陶制"模型"增加了根据。可以认为早在公元前 5000 年的半坡文化，用制作的木船进行航行的同时，还往往将其用作捕鱼的工具。

除了改进行水工具外，在古代，为使水路交通便利，已出现了整治河道之工程了，例如秦始皇为解决漕运，以进一步统一岭南，令史禄兴修沟通湘漓二水之运河——灵渠，便是一例。

陆路交通，相对于水路言之，除存在着行路工具的完善过程外，更存在着整治与修筑道路的发展历程。史籍有黄帝之时"邑夷作车，以行四方"的记载。从考古发现来看，马车出现的最早年代，却不早过于殷墟时期，即商代晚期。当然，不能因考古未见而否认马车出现的年代或许早于殷墟时期，同时，在马车出现之前，是否已发明了小型人力车，如独轮或双轮的手推或人力拉车，因无材料，这类问题就无法讨论。据相当于夏纪年的四坝文化火烧沟墓地发现的用马随葬的现象，或可认为当时人们已用马作为行走工具了。至于中原居民在使用马车之前，是否存在着以马作乘骑，则仍是有待考古发现才能探讨的问题。史载秦始皇二十七年（公元前

220 年）下令在全国范围内"治驰道"，"道广五十步，三丈而树，厚筑其外，隐以金椎，树以青松"，形成以咸阳为中心，向东、西、南、北及东南辐射的驰道网。继修筑驰道之后，史称秦始皇"三十五年（公元前 212 年），除道，道九原抵云阳，堑山堙谷，直通之"的以备胡的具有战略意义的"直道"。"直道"较"驰道"线路直，拉近了地域间的距离，能较快达到目的地，故相对于"驰道"来说，这种具有军事功能的"直道"，可称为当时的"高速公路"（现今高速公路的建设始于德国的希特勒执政的初期，希特勒修建高速公路也具有军事意图）。可见，至迟到秦始皇时，建筑道路已被国家纳入其行政的重要措施，具有宏伟之规模。中国修筑公路之始，当然早过秦代，推测与马车之出现相关。至于早到何时，从目前据有的资料来看，实难以探究。同时，天下本无路，最初的陆路是人走出来的，具有一定规模建筑公路之事出现以前，为了通车，或许还有就原已形成的"人走出来的路"进行整治拓宽之举，这事又出现于何时，迄今更无资料讨论这一问题了。

以凿石插木，凌空飞架，穿越崇山峻岭、峭壁悬崖，建于峡谷湍流之上的栈道，是中国交通史上的特殊筑路工程。栈道即是这奇特地形的陆路交通。因为它往往是纤道，故同时又是增添水路动力的水上交通的辅道。中国建筑栈道始于何时？史载秦惠王建"石牛道"以开发巴蜀，秦昭王又修"栈道千里于蜀汉"。秦惠王、秦昭王分别在位于公元前 4 世纪晚期和公元前 4 世纪末期及公元前 3 世纪前半，时值战国时代。这难以被认为是中国始建栈道的年代。凿石是建栈道必要的工序，而凿石需有锐利的工具，中国历史上虽曾出现过发达的青铜时代，然而此时期的工具，却基本上是石质的。至铁器时代，尤其是战国时期，才较广泛地以铁质工具替代了石质工具。如此看来，秦惠王时，虽不是修建栈道的始年，但中国建筑栈道的始年当离此不远。

中国远古文化呈多元的板块结构。至迟到公元前 6000 年，由于渊源、谱系相异的诸考古学文化之间的文化、经济的交往与互补，中国已形成文化多元一体的格局。后经历年来的推进，尤其是经西周的封建和秦汉以皇权为主的官僚本位主宰的中央集权的统一国家的建立，这文化多元一体的格局便演变为统一国家或政治统一内的文化多元一统的格局，并随着统一国家政治疆域的扩张，文化多元一统格局又随之发展，从而导致商（此时国家管理的居民还仅是单一考古学文化的居民）周、秦汉、唐宋这样当时世界一流的文明国家屹立在亚洲的东方。交通的进步是实现这一过程的前提，这一过程的实现，则是发展交通的动力，而交通的发展又为巩固这一过程的阶段性进步以及推进这一过程的发展起了积极的作用。

俱往矣！16 世纪以来的西方世界的航海技术的进步，尤其是其于近现代的航空和电子通讯技术的发展，将中国远远地抛在它的后面。中国人民在挨打中觉醒过来，自洋务运动开始迈出了追赶西方的步子。路走得很慢，且几经迂回曲折，直到近三十年来，才将西方的现代交通及通讯技术乃至装备大量地移植到中国，为中国人拥抱世界提供了条件，致使中国人开始成为紧密联结的地球村的一分子。在这人类探寻宇宙时代兴起的三峡工程，将历史上的中国人开发三峡旅程中留下的遗骸以及包括栈道在内的大量遗存、遗迹淹没的时候，中国考古学人根据中华人民共和国文物保护法及其相关的规定，在国家相关的行政机构统一规划与安排之下，奔赴三峡，披星戴月，风餐露宿，历尽千辛万苦，进行空前的巨大规模的文物保护工作。三峡古栈道的调查便是三峡工程中文物保护工作的重要组成部分。三峡地区的栈道，或已被淹没，或即将淹没，人们再也见不到那上接青溟，下临深渊，云生马头，猿啸道旁，穿越峻峡绝壁的栈道了，感悟不到这栈道奏响的而使我们心灵产生强烈震撼的英雄交响曲。但现今呈现在我们面前的，以文字、绘图和照片较为详尽地记载着栈道本体及其相关遗迹的瞿塘峡栈道、大宁河栈道的调查报告，却为我们以及我们的子子孙孙多少保存了这英雄交响曲的一些记忆。

被保存下来的传统文化是有生命力的种子。当中国人能正确地处理好国学（或称中学）和西学的关系，能努力借鉴异域先进文化，化中华传统文化为文化传统，创造出西学为体，中学为用的新文化的时候，中国人定将在新时代中奏起震撼世界的新的英雄交响曲。

是以为序。

2006 年 3 月 9 日下午初稿

3 月 11 日下午修定于北京小石桥

序　三

重庆市文物局副局长　王川平

　　长江三峡枢纽工程建设，2003 年 6 月坝前水位 135 米，同年底水位至 139 米，2006 年 10 月将达 156 米，最终达 175 米。而三峡古栈道，包括其中最为险峻、壮观的瞿塘峡栈道，最为古老、完整、神秘的大宁河栈道的重要路段，已经淹没于 139 米水位线下。行文至此，不免有一种心疼的感觉。幸而，自 2001 年初至 2003 年 6 月，重庆市文物局委托西安文物保护修复中心和中国文物研究所，对瞿塘峡栈道、大宁河栈道进行了深入、细致的考古调查，为世人留下了十分珍贵的甚至是不可再得的关于三峡古栈道的资料。他们在奉节、巫山、巫溪三县文物同行的协助下，涉险于崇山急流，攀援于绝壁悬崖，终于抢在三峡大坝蓄水前完成了对淹没河段的栈道考古调查。2004 年 8 月至 10 月，他们又对大宁河栈道未淹部分逐段进行补测。他们那份对祖先遗产的尊重，对三峡文物的热爱，对历史真实的追求，令人折服。事实上，他们的工作早已超越了合同和经费的约定，超越了一般意义的吃苦耐劳、忠于职守，而臻于一种求真、求智的学理胸怀，一种高尚的人生境界。

　　作为瞿塘峡古栈道、大宁河古栈道的考古资料与初步成果的结晶，本书价值首先体现在资料的准确性与科学性上。书中对各个测点的三维空间测量（经度、纬度和海拔高程），各栈道孔的三维测量（长、宽和深），全系统的详细记录，以及对与古栈道相关的古道路、津隘、村镇的记录，最为珍贵。这是一项基础的开创性的工作，其艰苦的程度是没有走过三峡和大宁河道路的人所不能想像的，尽管工作者们手持有现代化的 GPS 测量仪，但在高山深谷中，卫星信号是不通畅的，其工作的难度可想而知。但他们坚持记录的完整，力求准确，对栈孔周围环境和后期附加物也进行了记录标示，实属难能可贵。

　　本书不仅尽可能忠实记录瞿塘峡栈道、大宁河栈道，而且还根据第一手资料，对古栈道进行了可贵的初步研究。工作者的视野是广阔的。他们首先将这些栈道置于三峡地区古道路系统中进行探讨，并对沿线城镇、乡村、古迹遗存乃至传说、史料进行调查登录。其次，他们把这些古道置于更大范围的古代道路系统中考量，并谨慎得出大宁河栈道为纤道，是秦汉"南夷道"的重要路段的初步结论。他们的严谨和虚怀若谷的治学风格值得提倡。

对于包括大宁河古栈道在内的大宁河古道和大宁河流域的研究，目前仍处于起步阶段。这是一个应该引起重视的课题。我以为这里有三个重要的元素，值得思考。一是大宁河地理位置的重要性。它和以它为主线延伸出去的古道分别将汉水流域和关中与三峡地区相连接，尤其在周、秦、汉之际，是中央枢纽之区直达长江岸边的最近通道。大宁河流域众多的商周、秦汉遗迹，尤其是大宁河畔发现的商代三羊尊、巫山县出土的大量汉代鎏金棺饰便是明证。二是巫山与巫水在中国文化中的神秘魅力。巫山是中国的灵山，大宁河又称巫水。"巫"者，舞也，巫师之舞沟通天地人；"巫"者，灵也，掌握灵魂应验灵异之谓也；"巫"者，无也，这里指哲学中的有无，寓意对思想的掣动；"巫"者，医也，医治肉体与灵魂也。巫山与巫水实在是土生土长的中国巫文化的高地。200万年前的巫山人化石，5500年前的大溪文化遗存为这一巫文化高地注入了创造活力和想像空间。三是制盐业带来的经济驱动。《山海经·大荒南经》中记叙了一个巫臷国，国中之人不耕而食，不织而衣，国中景象是百鸟和鸣，百兽起舞。其地应在自商周时期就开始产盐的大宁河流域。这里的宁厂盐泉至今仍在流淌，盐厂直到20世纪80年代才因含氟量高、运输成本高而停产。制盐业在这里延续了3000多年，最盛时有盐灶三百三十六处，运输船只六百艘，客栈六十处，庙宇、戏楼、茶楼、赌场妓院、百业帮会等繁华集一时之盛。以盐易食、易衣，交换来百业兴旺，歌舞一片。这在几无良田沃野农业支撑的大宁河流域几乎是个奇迹，而创造奇迹的这只神秘之手就是对盐利的追求。这只神秘之手因此创造了大宁河栈道这至今尚存的绵延上百里的世界奇迹。今天的人们确实该想一想应如何对待这个奇迹了，一如本书编者在书的结语部分所告诫的那样。

2006年3月5日于重庆枇杷山读江居

序　四

陕西省文物局副局长　刘云辉

　　中国是世界上古栈道分布最为密集的地区，在陕西南部、四川、重庆、云贵高原以及山西灵石汾水谷地等地，都分布着众多的古栈道。秦岭和大巴山又是其中最为重要的地区。

　　秦岭以北孕育了辉煌璀璨的中原文明，穿越秦岭、巴山到达四川盆地，则活跃着风格相对独立的巴文化、蜀文化与楚文化。早在先秦时期，此地就有了人员及物资的大规模往来交通。秦国更是依靠巴蜀的富庶，为统一六国奠定了坚实的物质基础。以秦汉文化为代表的中原文明，也由此渗透，并悄然改变着巴蜀文化的面貌，使其面貌及风格日益趋近中原文化，最终成为中原文化的亚种。

　　四川盆地四周崇峦叠嶂，河流密布，通行极为困难。因此，在流程较长的河谷地带凿石穿木，修建栈道，成为解决道路交通困难的唯一方法。从先秦直至近代，栈道一直是沟通这两个区域的重要交通道路。

　　秦汉时期，通过大规模的官方修建，由关中通往巴蜀、巴蜀通往西南夷及巴蜀地区内部的交通格局基本定型。此后，四川盆地对外交通的主轴线主要在关中地区到以成都为代表的川西平原一线，子午道、褒斜道、傥骆道、陈仓道是主要的干线。隋唐以降，随着经济重心的逐步南移，地处长江中游的两湖一带的经济逐渐发展，以重庆为枢纽的峡江航运又成为联结四川盆地与长江中下游地区的重要经济纽带。明清时期，贵州地区的开发，进一步使重庆成为南下遵义到贵阳的物资运输通道。峡江及其支流沿岸的栈道，作为古航运纤道，是这些交通道路的重要组成部分。长江三峡的沿江古栈道，以瞿塘峡栈道分布最为密集，形式最为丰富；支流栈道则以大宁河栈道最为典型。它北抵陕西西部，接子午道直通关中；南则入长江，进而可抵贵州。

　　对于古栈道的研究，经过前辈学者的努力，已经有了很多重要的成果，但是对长江三峡地区及其支流的栈道研究，还未深入开展。这一地区古栈道的整体状况，还存在着众多的空白。三峡水库蓄水后，大部分栈道及其周围丰富的历史文化遗存都将没入水中。因此，这次对三峡地区古栈道的抢救性考古调查，具有极其重要的意义。考古人员不仅对古道路本身进行了详细的调查记录，还考察了道路沿线的历史文化遗存及相关的人文景观，访问了沿途居民，留下了翔实的原始资料。在后期的研究中，他们不仅对古栈道的历史、结构进行了深入的探讨，还对栈道沿线地区未来的保护提出了建议。今天，在很多古栈道遗址已被淹没后，翻看本书，更令我们感到这些资料的弥足珍贵。

三峡地区的古栈道并不仅仅是一条沟通南北的交通道路。在历史上，它曾沟通了关中、巴、蜀、楚等四大文化区域，对于研究中国古代文化、科技、商业、航运业、盐业的发展演变，都有着重要的学术意义。

虽然，蕴藏着三峡地区先民历史文化内涵的古栈道遗址，已有很多淹没在滔滔的江水中，但通过考古人员在人迹罕至的崇山峻岭中所做的艰苦工作和缜密调查，这些文明所反映出的历史文化信息，将会有一部分保存在本书中，留待后人解读。

2005 年 4 月于陕西西安

序　五

西安文物保护修复中心主任　　侯卫东

在中国古代跨区域性的大型土木建筑工程中，长城、海塘、栈道应该是最著名的，修建长城为了御防外敌入侵，砌垒海塘为了防止潮水内灌，而修筑栈道则是为了连接区域间的交通，三者中工程之艰巨非栈道莫属。

栈道是先民为了克服山区险阻而创造出的特殊道路形式，主要分布在山区道路险峻之处。三峡沿江古栈道是我国历史上遗留下来的最为艰巨的古代交通工程之一，峡江地区的栈道遗存十分丰富。在这众多栈道遗存当中，以沿江分布最密集、形式最为丰富的瞿塘峡栈道和支流栈道最为典型、规模最大的大宁河栈道最为重要。这些都是古代四川盆地与中原地区进行经济文化交流的主要孔道，也是我们研究古代文化发展的宝贵财富。

三峡工程库区蓄水以后，这些古栈道将被淹没水中。自然环境的险峻造就了栈道的出现，但随着周围自然环境的改变，这些宝贵的历史文化遗存也将失去它的本来面貌。为了尽量将这些珍贵的古栈道资料留存后世，我们对古栈道进行了较全面的调查工作，希望能够为历史文化遗产的保护和发扬尽一份绵薄之力。

在如此险峻的高山峡谷间修筑栈道，就目前的工程技术水平来说，仍然是一项十分艰巨的工程，而2000多年前的古人，在原始、落后的技术条件下修筑了至今仍令人望之炫目的栈道，则令我们感慨不已。我们中心以及其他参加栈道调查单位的工作人员怀着对古人的崇敬和对数千年来历史遗迹的尊重，进行了大量细致而艰苦的工作。

栈道是连接区域空间的重要方式，与当时、当地的文化发展以及生产生活方式密切相关。古代栈道就是各区域之间重要的生命交通线，子午道、褒斜道、陈仓道等等成为川蜀通往全国各地的重要通道，也成为不同地区之间进行经济文化交流的重要通道。

所以，我们对古栈道的研究起于工程技术方面的研究，但又不仅局限于这个层面，而要将其升华到文化层面进行研究。为了将古栈道及其反映的文化流传后世，在各单位的通力协作下，出版了《三峡古栈道》一书。本书全面客观地反映了三峡古栈道的全貌，对于相关研究及人文精神的宣扬具有重要意义。

　　出版本书的起因是出于三峡文物保护工程的需要，在计划淹没区，我们进行了大规模的栈道普查工作，在这里要感谢各级文物管理部门，以及至今仍生活在古栈道沿线的默默无闻的人们，他们对栈道怀着深厚的感情，他们的讲述和帮助对于此次调查功不可没，我们将以此书感谢那些古栈道的守望者。以工程实施为契机，通过三峡工程管理者、文物保护管理者及沿岸文物保护部门的真诚协作，对工程实施区域进行大规模的文物普查，是一种全新的尝试，事实证明这对于文物保护和研究十分重要，今后值得继续推广。

　　西安文物保护修复中心非常幸运地承担了此项工作，工作的重要性不言而喻，中心工作人员勤勤恳恳，付出了艰苦的努力。重庆市文物局和重庆市移民局组织了这次工作并提供了经费，使这一事业终邸于成。中国文物研究所的人员也为此付出了自己辛勤的劳动，为本书贡献了重要力量，在此深表谢意！

2006 年 3 月 15 日于陕西西安

前　言

三峡沿江古栈道是我国历史上遗留下来的工程量艰巨的古航运纤道。

中国是世界上古栈道最发达的地区，也是目前世界古栈道遗址保存和发现最多、规模最大的地区。由于历史文化的悠久绵长和文字记载的发达，至今还能了解其中相当一部分古栈道的大致修建时代与利用情况，这在世界上也是独有的。

三峡地区位于我国中部，地跨湖北、重庆两省市，地理学上将其划入长江上游区域。这一带崇山峻岭，峡谷幽深，地貌复杂。自上游重庆的奉节始，至下游的湖北宜昌，其间长江峡谷全长约200公里，是举世闻名的一处河流大峡谷。因这段峡谷由瞿塘峡、巫峡和西陵峡三大峡谷组成，故号称三峡（图1）。

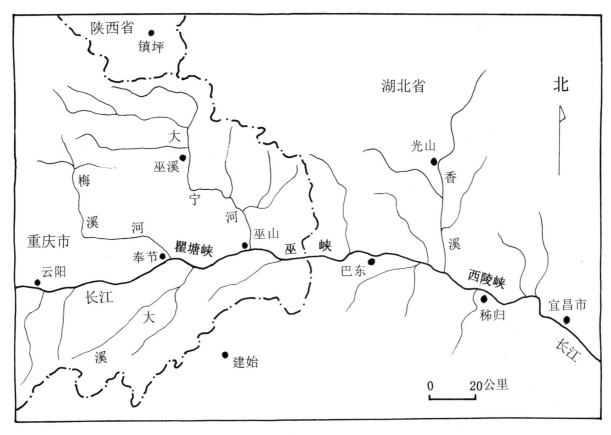

图1　长江三峡地理位置平面图

三峡地区风光秀丽，物产丰富，很早就出现人类活动的踪迹。200 多万年前，这一地区已成为古人类的栖身之地。旧石器时代早期的遗存已经发现的有巫山猿人遗址，其后还有奉节的旧石器文化遗址等。进入新石器时代，这里出现大量的先民聚落，最典型者为著名的大溪文化遗址。丰富的文化遗存，说明新石器时代的人类早已适应三峡地区的自然环境。他们捕鱼打猎，开辟田园，在这里繁衍生息，并创造出璀璨的早期峡江文化。有史以来，这里民族杂居，特别是先秦、两汉时期，巴蜀楚秦夷等文化在此不断交流融合，留下了大量的古代文化遗存，并以长江沿线及一些支流河谷为主，发育出独具特色的峡江地域文化，成为我国历史研究和考古发掘的重要区域。

在这一地区数千年的历史文化发展中，交通道路也得以不断开辟，出现了以河谷通道为主干，纵横交错的陆上道路。同时，以长江三峡为主干、以支流河道为辅助的水上航运道路也发展迅速，成为沟通连接四周的主要交通纽带。陆上道路与水上航线共同构建出三峡文化区域发达的交通网络。在这些网络中，各种物资产品及形形色色的人流和丰富的信息从古至今不停地流动，维系着峡江文明的延续变化和内外交流。

在峡江地区存留的众多历史遗存中，特别值得一提的是分布在江河岸边与山区中的古代栈道遗址。栈道是先民为了克服山区险阻而创造出的特殊道路，峡江地区的栈道遗存可谓异常丰富，是极具价值的历史文化遗产。栈道遗址重要者有三峡沿江分布的古栈道与长江支流分布的古栈道。而其中沿江分布最密集、形式最丰富者为瞿塘峡栈道，支流栈道最为典型、规模最大者为大宁河栈道。

栈道是人类交通史上特殊的道路工程，大部分建于绝壁湍流之上，凿石插木，凌空飞架，是穿越山区险峻地形的道路构筑技术。早在先秦时期，我国的栈道构筑技术已经发展成熟。在数千年的历史中，其对沟通大文化区域之间的联系交往，促进山区的开发和一些水上航运通道的发展，起到了不可估量的推动作用。

我国的栈道主要分布于山区道路险峻之处，以秦岭、巴山间的古道上存留最多，规模也最大。另外，西南地区及许多名山大川和一些偏远地区，也有一定数量的栈道保存下来。这些古栈道绝大多数已被废弃，只有少数尚在使用。大部分栈道因历代沿用，时代不易确定。秦汉至隋唐间是栈道修筑的高峰时期。

峡江地区的道路按结构可分为栈道、槽道、砭道、垒石道、土石道（图 2），以及桥梁、渡口等。栈道是指依崖架空的道路。许慎《说文》曰："栈，棚也，竹木之车曰栈。"[1]栈道也就是以木材等构架出的道路。宋人戴侗《六书故》即曰："栈，……编柴木为栈也。……险道悬绝，栈木以通者谓之栈道。"[2]栈道的开凿，解决了一般道路遇到陡险绝壁不易通行的困难，免去翻山越岭的艰辛，并可大大缩短道路里程[3]。

---

〔1〕 清段玉裁《说文解字注》，上海古籍出版社，1981 年，262 页。

〔2〕 宋戴侗《六书故》卷二十一，《四库全书》。

〔3〕 元代因蜀道青泥岭高峻，而开白水路，作阁道两千余间，使道路缩短三十三里，省去青驿站一处。见《陕西通志》卷九十一《新修白水路记》，《四库全书》。

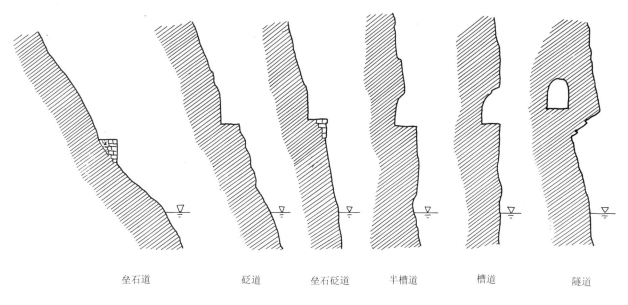

垒石道　　　　　砭道　　　　垒石砭道　　　半槽道　　　　槽道　　　　　隧道

图 2　不同环境中古道主要形式图

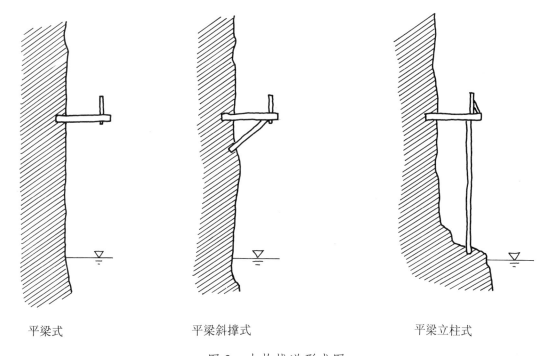

平梁式　　　　　　　平梁斜撑式　　　　　　　平梁立柱式

图 3　木构栈道形式图

中国古代栈道的构造，主要是在石壁上凿孔安桩，架设道路，有完全悬空的平梁式或平梁斜撑式，也有下部带直立支撑柱的平梁立柱式，更高级的形式还在道路上方建有棚阁（图3）。如依主要架设材料也可分为木栈、石栈或铁栈。现代所发现的古栈道，一般都仅存栈孔。与之相连接的道路则有石砭道[4]、土石道、垒石道等，在特别险峻处可能开凿为石槽道与隧道。隧道是在山岩中开凿石洞作为道路，短隧道古人或称为石门。槽道是人工在石壁上开凿的石槽

---

〔4〕 也作石碥道、碥道。

状道路，其下为路面，上有凸出石崖如棚，上部石棚只能遮蔽一半路面的称为半槽道。石砭道也作砭道，是在石质山坡上开凿出的道路。垒石道古人称为"石积"[5]，是用石块叠砌起来的道路。土石道是指以土石堆砌或在土石相混地段开辟出的道路。有些道路则兼具两种结构特征，如在砭道外侧垒石加宽道路，或在砭道外侧石壁凿孔，插入石桩后再垒石展宽路面等。槽道、砭道中有坡度的路面可以凿石磴，垒石道中在有纵坡时也常常铺出石阶。此外，还有与道路配合的渡水过涧的津渡、桥梁等。山区道路过沟涧处多以木材构架桥梁，称为栈桥。按清人段玉裁所说：独木者叫做杠，骈木者叫做桥，中部拱起者也叫做桥[6]。栈桥有单跨与多跨之别，单跨者比较简单。山区桥梁多跨者往往借水中凸出巨石，上凿成对柱孔，以立桥柱，现在发现的桥梁遗址基本只存柱孔。小沟、小溪也有不架设桥梁者，而是用石块在水中垒出踏步越过。这种道路也是梁的一种，如古人堵水取鱼之石即名鱼梁。津渡多设于深水大河处，用舟船渡人，以济不通，也是道路中的重要环节。

三峡地区的栈道具有我国古代栈道地形险峻、工程艰巨、就地取材、构筑形式灵活多样等特点。同时，这一地区也是我国古代栈道遗址保存最完好的地区，特别是其中的瞿塘峡栈道与大宁河栈道，均为我国现存大规模的古代栈道工程遗址群，在历史文化与长江沿线交通史研究上具有重要的价值。这些栈道是人类古代文明的重要遗迹，对探讨秦楚巴蜀文化，研究古代道路工程技术，展示中华民族的伟大创造力，具有特殊意义。

然而，随着现代交通技术的进步，历史上在道路交通中占有一定重要性的栈道，已经基本失去其作用，绝大多数已经被废弃，成为历史陈迹。少数尚在使用的栈道，作用也日渐减小，因而弥足珍贵。

20世纪末，国家决定在三斗坪修建三峡大坝。这次建坝蓄水后将淹没上游许多地区。为了在淹没之前抢救有关文物资料，国家文物局与重庆市、湖北省成立专门机构，并在国内多家文物考古机构的支援下，对库区文物进行了大规模的保护发掘与资料抢救。

此次三峡地区古栈道考古调查，是重庆市文物局、重庆市移民局管辖的"国务院三峡建设委员会批准的三峡文物保护规划项目"之一。本书就是其中最重要的瞿塘峡栈道与大宁河栈道抢救资料的汇总与初步研究成果。

由于道路的产生，主要是用来连接人类种种活动的地点，特别是沿线的城镇、码头，是水陆道路的节点与枢纽，也是道路上物资与人流的集散地。如果离开这些活动地点，道路的作用与性质往往不易认清。本书虽然是记述道路，此次考古调查任务也只是抢救记录古代栈道遗址，但考虑到以上因素，故也同时将沿线重要城镇、码头等一并调查记录，以丰富对道路的认识。此外，也尽可能对道路沿线的历史遗存与相关人文景观进行考察。这些遗存对于研究古道的历史变迁、探求古道的作用等有一定的参考价值。有些遗址并非道路工程，如瞿塘峡白帝城南侧的偷水孔栈道，就很像是一种坡形棚木建筑遗迹。但在尚未定性之前，也对其进行考古调

---

〔5〕 清王昶《金石萃编·石门颂》，陕西人民美术出版社，据扫叶山房本影印。

〔6〕 清段玉裁《说文解字注》，上海古籍出版社，1981年，267页。

查记录，以便为后来的研究者留下相关的资料。大部分古文化遗址，因三峡库区考古调查另有报告，本书只概略提及，不作详细记录。

栈道所设之处，多是深峡绝壁，常常上接青溟，下临无底，云生马头，猿啸道旁。古代的文人骚客曾用大量篇幅描写栈道，因而也给我们留下了诸多珍贵的研究资料。在本书编写中，也注意到了这一部分材料。

书中各点所附经纬度与海拔高程，是用手持 GPS 现场测量所得。因河谷中山高峡深，卫星信号屏蔽，许多地点未能测出。所测之点也可能会有误差，但为了资料的完整性也记录下来，以供参考。

由于河流曲折多变，仅以南岸或北岸等方式叙述遗物与河流的关系往往会造成位置混乱。为此本书许多地方按地理学的惯例，一般面对河流下游，将两岸分为左岸、右岸进行记叙。瞿塘峡沿线各栈道、路段与遗存，一般按自上游向下游的顺序依次叙述。

为了赶在一期蓄水前完成调查任务，考古工作者不得不在冬季入峡展开调查工作，条件十分艰苦，而且部分地段地势险峻，给调查测量工作带来了极大的困难。尽管如此，调查人员还是克服重重困难，如期完成了任务。

本书瞿塘峡栈道的调查工作由西安文物保护修复中心承担。西安文物保护修复中心专门成立瞿塘峡栈道考古调查项目组，由侯卫东担任顾问，秦建明任组长，王勇为副组长。参加野外调查者有秦建明、王勇，以及丁镇华、袁泉（重庆市文物局）。瞿塘峡栈道的野外调查工作自 2002 年 11 月始，至 2003 年 3 月初结束。

在此，对关心支持本项目的国家文物局、陕西省文物局、重庆市文物局、重庆市移民局、西安文物保护修复中心、中国文物研究所的领导和专家表示感谢。同时，还要感谢对调查工作给予大力协助的重庆市文物局和奉节文物部门的同行以及参与此项工作的相关人员。

张柏、张忠培、王川平、刘云辉、侯卫东先生百忙之中为本书作序，深表谢忱。

另外，本书的编写还得到了葛承雍、张廷皓、孟宪民先生的鼓励和支持，在此一并致谢。

著名考古学家俞伟超先生生前对三峡考古事业关怀不已，并且非常重视古栈道的调查工作。本书的出版也是对先生的一份纪念。

此次考古调查时间紧张，资料编辑仓促，不足之处甚多，祈请各方专家、学者指正。

第一章　综　述

　　长江三峡是世界著名的险峻峡谷。峡谷间，两岸奇峰插天，山崖陡峭，峡谷间水流湍急，沿岸地貌复杂，修筑道路困难重重。但在长江三峡却发现大量的古道遗存，只是保存状况不一，有的绵延数十公里，有的断续分布，不相连接。最早的古道开辟于何时，目前尚不清楚，推测秦汉时期已经出现早期的纤道。

　　现存沿江古道多经过历代整修，古道最显著且完整的区段，即为分布在瞿塘峡北岸的瞿塘峡栈道。瞿塘峡栈道一般指白帝城至大溪口一段窄峡中所分布的古道。广义的瞿塘峡古道自奉节始，沿长江北岸向东延伸，通至巫山县城，即本书所调查的路段（图4）。

　　巫峡西段也存有一段古道，自巫山县城达于青莲溪口，大部道路与桥梁至今尚存。巫峡古道与其上游的瞿塘峡道路结构相同。所不同者，是此段道路开凿于长江南岸。以上两段道路，因清代光绪年间奉节知府汪鉴曾进行过大规模整修，所以遗迹保存较好。

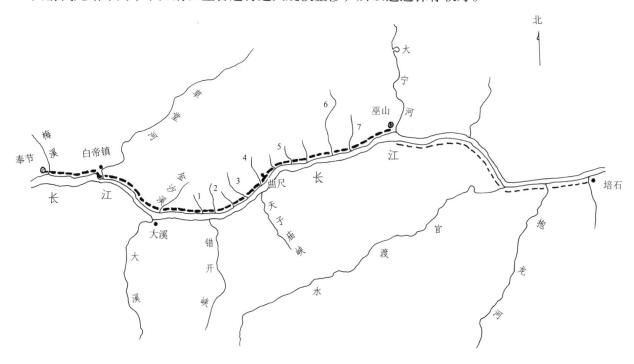

图4　奉节—巫山—培石沿江古道平面分布图

1.油渣溪　2.马虎溪　3.川河　4.窑沟　5.桥沟　6.黄仙沟　7.大乌鸡沟

　　此外，巫山县城以东、长江北岸陆游洞分布有短线栈道，巴东火焰石村存有沿江砭道。

　　西陵峡的峡谷段也保存有许多沿江古道，如长江北岸的青滩，目前尚存有盘旋于绝壁的上下两条道路。这两条道路经过的绝壁处，也开凿有很长的槽道。下道因江水侵蚀，两端崩塌，已难以通行。上道绵延数公里，在绝壁高于下道15米左右，尚有人踪。这两条道路可能形成于不同历史时期（图5）。牛肝马肺峡在宋时已有古纤道，下游的崆岭峡、黄陵庙，旧时也都有古纤道。在三峡下口宜昌南津关的擂鼓台旁保存有临江栈道一段，其旁下牢溪的绝壁上也开凿有三游洞栈道。三游洞除石槽道结构外，还开凿有隧道（图6）。

　　对于沿江古代道路的时代，关注者甚少。有人认为，它是明清乃至近代开凿，价值无几。但稍一追索，便发现其时代不晚。西陵峡青滩是自古有名的险滩，该处纤道开辟的年代至少始自汉代。宋人范成大《吴船录》中记载有当时此处的情况，称过往船只"盘博陆行，以虚舟过之，两岸多居民，号'滩子'，专以盘滩为业"[7]。因此滩水道险恶，只好将船上货物卸下，轻舟过滩。由陆路运过青滩，再装船前行，此即所谓"盘滩"。陆游《入蜀记》称其舟行至马肝峡时，"江岸多石，百丈萦绊，极难过"[8]。由此可知，宋代西陵峡中古道的情况。再如宋人黄庭坚作《黔南道中行记》，记其在下牢关游三游洞。文曰："……至三游间一径，栈阁绕山腹，下视深溪悚人。一径穿山腹，黝暗，出洞乃明。洞中略可容百人。"[9]所说道路环境与今相同，故该处栈阁式栈道在宋时已经构架，石凿隧道即穿越山腹的"一径"当时也已存在[10]。陆游《入蜀记》中写到全家沿江逆流而上时，于三峡中，因忌讳达洞滩之险而下船改为"乘轿陆行"[11]。范成大《吴船录》中也写其乘船到归州时，"长文自峡山陆行，暮夜至归乡沱。……余前入蜀时，亦以江涨不可溯，自此路来，极天下艰险"。因此写诗以促当地官员修路，凿石治梯。文中提到初过麻线堆时，下人告诉他，和尚法实在山脚刊木开路之事。这种刊木开辟之道，应当就是沿江栈道[12]。

　　从以上叙述可知，长江三峡中分布的古道数量非常丰富。

　　在这些古道路中，开凿于峡谷区域临江悬崖绝壁上的槽道，以其工程艰险尤为引人注目。这种槽道，在瞿塘峡、巫峡（图7）与西陵峡古道中皆有采用，其中以瞿塘峡槽道最为典型，工程也最为巨大。除槽道外，沿江峡谷中还分布有桥梁、砭道与垒石道。此外，还有一些临水古纤道与特殊道路，如古代军事活动道路等。在长江宽谷段，则以垒石道与土石道结构道路为主，只在特别险峻处开凿一些短线砭道，道路所经沟谷中也建有桥梁。

　　〔7〕宋范成大《吴船录》卷下，《四库全书》。
　　〔8〕宋陆游《入蜀记》卷四，《四库全书》。
　　〔9〕宋黄庭坚《山谷集》卷二十，《四库全书》。
　　〔10〕关于宜昌三游洞栈道大约在唐宋时期已经开辟，还有其他证据。宋人所著《方舆览胜》卷二十九"峡州三游洞下"引苏子瞻《三游洞》诗曰："一径绕山翠，萦纡似去蛇。……滑磴攀秋蔓，飞桥踏古槎。"一径绕山与今环山古道相类，飞桥古槎大约是借指木构栈道。又引欧阳修诗云："苍崖一径横查渡，翠壁千寻当户起。"文中查与槎通，当也是指木栈。古槎，有时也指悬棺或架空的船棺，如沈佺期写巫山诗曰："俯眺琵琶峡，平看云雨台。古槎天外倚，瀑水日边来"。
　　〔11〕《全蜀艺文志》卷六十一，《四库全书》。
　　〔12〕宋范成大《吴船录》卷下，《四库全书》。

图 5　西陵峡青滩槽道

图 6　三游洞槽道

图 7　巫峡古道

　　瞿塘峡水路自奉节白帝城至巫山县城，全长近 38 公里，其中最险峻、狭窄处为上游白帝城至大溪口段，水路全长 8 公里。沿江陆路则绕山越沟，迂回曲折，远较水路为长，平均下来，水路与并行的陆路，两者长度之比大约为 2:3。

　　瞿塘峡上下游河床比降较大，故有许多湍流与急滩。其中在急滩处今设有绞船机，以机械力牵引上水船只，如白果背之下的铁滩与更下游的油渣溪处皆有此类设施。此类急滩，也是古时上水船拉纤的重要地段。

　　自奉节向东至巫山县城之间有不少河流、巨沟通于长江，其中北岸较大者有梅溪河与草堂河，南岸最大的河流是大溪河。其余均为流域面积不大的沟壑，故其多为溪流与季节性发水的干沟。这些大的河谷中都有古道穿行，与此次调查的古道相互关联，但因未及调查，故不多述。

第一节　主要特点

瞿塘峡栈道是著名的长江三峡古道的一部分，与三峡古航道有密切的关系，其作用之一便是为行船拉纤。道路沿航道而行，故也有称其为纤道者。这种道路是中国古代比较特殊的栈道。交通史上典型的栈道主要是指在绝壁上支木为梁的道路，另常与之相伴的有砭道和垒石道，而古道路中俗称"老虎口"、"鹰嘴岩"者往往属于短线槽道。槽道与隧道在古道路中较少见，只是山区道路中的特殊形式。

瞿塘峡栈道虽然也穿越许多沿江陡壁或悬崖，但其工程手法却大多采用石砭道与石槽道，支木为梁的栈道反倒不多见。因许多书籍与民间大都将瞿塘峡古道称为栈道，为了尊重传统，我们还是将这条道路称为栈道。称其为纤道，是就道路功用而言；称其为栈道，则是就道路结构而言，两者并不矛盾。

瞿塘峡栈道大部都开凿于人烟稀少、峡谷幽深的险恶道路环境中。工程艰巨，规模浩大。

关于瞿塘峡栈道的历史，很少有人研究，清末的文献中称其始辟于光绪十四年（1888年）九月间，系夔州知府汪鉴开凿。清末刘秉璋在给朝廷的奏折中说，在此之前，"凡此三峡，峭壁插天，悬岸千仞，并无山径可通，蜀道之难于斯为最。中唯一线川江，急湍奔流，上下行船，绝无纤路"[13]。一般关于瞿塘峡古道的介绍也多沿用其说，影响很大[14]。本次调查发现情况并非如此，这条道路开辟的时代可能非常早，至少汉代已经存在。

瞿塘峡栈道开凿于长江北岸，其晚期道路高程选择在长江一般洪水位的上线。这样的高度，既便于纤夫拉纤，也使道路免受频繁的洪水侵蚀。这种选择，是在古人的长期实践中获得的宝贵经验，因为峡谷中一些古道，就由于选线过低而被洪水摧毁。同时，道路利用地势，削高填低，尽量取平，高者凿为砭道，低者则凿石垒作道路，只是在不得已处路面才有一定的坡度。

峡谷区山势陡峻，两岸沟谷比降很大，雨天之时甚至形成悬泉飞瀑，水云激荡，对于沿江道路有一定的影响。古道在通过这些地区时往往架设有桥梁。

三峡地区处于宽谷地段的古道，与峡谷栈道是一整体，二者相辅相成，相连互通。宽谷地区的山势相对峡谷要平缓得多，河谷也更宽阔一些，但是其沟谷比降较小，洪水时节江水倒灌入谷，形成很长的深水区。所以沿江道路在跨沟越谷时往往没有桥梁，设计上运用入谷迂回，延长线路，保持高程的方式，以保证洪水时期道路的畅通。

---

〔13〕　清光绪《奉节县志》卷七，奉节县志编纂委员会，1985年重印，32页。

〔14〕　《三峡大观》曰："古代三峡的交通，几乎全靠水路。每遇洪水，浪大流急，船只停航，行旅断绝。至光绪十四年开凿栈道后，三峡交通才有所改善。"中国水利水电出版社，1986年，62页。

第二节 各区段简况

瞿塘峡中的古道并非仅有一条，峡中分布有多处，其中位于瞿塘峡北岸临江山坡上的一条古道，贯通峡谷，与古来东西运输大动脉——长江水道平行。这条道路，即通常所说的瞿塘峡栈道。因其重要功能之一是供纤夫拉船而行，所以也称为纤道或纤路。其结构因地形险峻、洪水涨落、纤夫行走等而与一般山区道路有别，也与一般插木为梁的栈道形式不同，许多地段大规模运用工程艰巨的槽道技术。严格地说，栈道只是道路工程结构中的一种形式，将整条道路称为栈道是不确切的。但长期以来，许多地方都习惯于将含有栈道结构的道路混称为栈道，如将瞿塘峡中的道路称为瞿塘峡栈道即是一例。其实，一条道路是一整体工程，不仅有栈道和一般道路，还有桥梁、津渡等，互为连接，不可割裂。为避免歧义，本书遵从习惯，仍以瞿塘峡栈道名之。

瞿塘峡栈道开辟于长江北岸，首起白帝城，东至大溪口，全长 10 多公里，古人称其长三十里。在此古道上，真正在险峻处开凿有栈孔的道路尚未发现。在临江绝壁等应当采用栈道结构的地段，全部开凿为工程更大、更艰巨的石槽道或半槽道，其余地势稍缓处，则主要是在倾斜的山坡上开凿砭道或以石垒砌的道路。槽道与石砭道多分布于窄谷段江岸，槽道最长者为石板岬槽道，长约 220 米。瞿塘峡栈道还在沟涧处建有石板桥等。古道在数十年前尚畅通，十年前还能勉强行走。但随着船只多改为机动船，无需拉纤，道路的纤道作用已基本失去。作为步道来说，近年沿江开通水上便利的小客船后，行人往来多靠乘船。乘船不仅速度快，价格也便宜。这样一来古道更是行人稀少，近于荒废。时至今日，一些地段已经路坏桥圮，杂草丛生，难以通行。道路受损最严重者为黑石滩西崩岩区与大溪西的军营村境内路段，但其中之槽道、石砭道和部分垒石道尚保存完好。

大溪口至巫山县城长江北岸分布的一条沿江道路，与瞿塘峡谷中的道路东西相连，古人或循此道西入峡谷，或自峡谷东出入此道。道路距江面高度及路宽等与峡中道路相近，与峡中道路系同一次整治工程所存。这段道路沿江岸迂回曲折，长约 35 公里。它是长江宽谷地带沿江道路的代表，也将被三峡库区蓄水淹没，故本次一并对其进行了调查。

唐宋时的奉节城位于瞿塘峡西口白帝城一带，元时西迁至梅溪河西的永安镇。永安镇即今所谓的奉节老城，距离白帝城 4 公里有余。奉节老城至白帝城沿江也有一段古道，是瞿塘峡古道的西延部分，而奉节老城也是三峡航道上口的大码头。一般计算三峡水道长度，多是由此起算，东至宜昌。这段沿江古道虽然已经改为公路，但老人们还记得当年的路况。同时，沿线文物古迹丰富，考虑到瞿塘峡栈道的完整性，故对此段道路也相应进行了调查。

瞿塘峡内新发现的下道，绵延于峡中东段七道门至大溪口一带的长江北岸，与上述瞿塘峡道路平行，但低于上道。下道结构主要以砭道和垒石道为主，间或发现有沟涧处所建石桥遗迹等。下道保存情况较上道更差，早已完全废弃，行人无法通行。因其一来过早废弃，二来道路设计过低，最低处仅高于枯水位二三十米，故受洪水频繁冲击，少部分已经不存，尤其是迎洪水面多无痕迹。本次调查将其分为四段，即风箱峡段、黑石上游段、黑石下游段和白果背段。

峡中其他地段还分布有类似下道的道路结构，但不明显，如白帝城西码头至观音洞间。

瞿塘峡南岸黑石至大溪古道，长约4公里，为一形式简易的峡中道路。因黑石滩有居民数户，其道尚在使用，以维系当地与大溪的陆路往来。但居民家家有船只，多仗船只往来，实际此道行人极少，基本处于废弃状态。此道较险，路面不宽，砭道分布最长，一些垒石处也已崩坏。除年轻力壮者外，老弱妇孺一般不敢行走。这条道路结构简单，为研究峡江地区早期道路形态，提供了具有示范意义的标本。

白帝城山南之偷水孔栈道，为一特殊斜坡形结构栈道遗址。栈孔分布长度约110米，西端从水下起，以20余度的坡度，向东延伸至白帝城南。栈孔共上下两排，下密上疏，多数保存尚好。这种栈道比较罕见，用途不详。据其结构与环境分析，很可能不是栈道，而是一种特殊的工程遗迹。

位于长江南岸的孟良梯栈道，距离瞿塘峡西口不远，为一"之"字形攀崖栈道。栈孔在绝壁上曲折上升，垂直上升高度达55米。栈道中断于绝壁之上，与山顶不相连接，作用颇为神秘。此处栈道遗址保存状况亦佳，其中部一孔中尚存有残断木桩，下部数孔中有新装木桩，但非古制。

孟良梯栈道至凤凰泉东还有一段现代开辟的游览栈道，系钢筋水泥结构，此次未对其进行正式调查。

第二章 地理环境与历史沿革

　　长江是我国最长的一条大河，也是亚洲最长的一条大河。它发源于青藏高原的唐古拉山，干流流经青海、四川、重庆、湖北、上海等十一个省市，穿越青藏高原、四川盆地、巫山山脉、长江中下游平原，至上海北部注入东海，全长 6300 多公里。按一般地理学对长江的划分，自源头至湖北宜昌为上游段，自湖北宜昌至江西湖口为中游段，湖口以下为下游段。三峡介于四川盆地与长江中下游平原两大地理单元之间，属于巫山山脉。长江从瞿塘峡首的夔门处，切开巫山，至湖北宜昌南津关，冲出群山，进入平原地区，形成了壮丽雄奇的三峡峡谷。唐代诗人杜甫诗云："众水会涪万，瞿塘争一门"，描绘出了长江入峡的浩荡气势。

第一节 地理环境

　　此次调查项目中所涉及考察的对象即处于长江中游与上游相接处的巫山地区。在此区域，长江干流切开众多高山，形成约 200 公里长的极为险峻的峡谷，深者可达千米以上，最狭窄处仅 80 米左右。这段长江也称为峡江。亿万年来，地质运动和外力作用共同营造出此处特殊的地理奇观。在三峡峡谷地段，中间江流浩荡，波涛汹涌，两岸绝壁绵延，奇峰插天。这里还分布有许多悬泉飞瀑及暗河溶洞。三峡沿江亦有一些较宽阔的河谷，两岸山势亦缓，称为宽谷。这一特点形成了三峡峡谷与宽谷交错的局面。宽谷地区居民较多，农业相对发达，分布有大的城镇。三峡最上游为瞿塘峡，其下依次为巫峡、西陵峡。这些大峡谷中有些峡段又另有小地名，如风箱峡、兵书宝剑峡、牛肝马肺峡、崆岭峡、黄牛峡等。由于瞿塘峡在三峡中位于最上游，故也号称三峡之首（图 8）。

　　长江三峡区段自奉节至宜昌平均比降约为 0.18‰，至奉节一带，长江水面枯水时期海拔高度不足 100 米。江流冬春清澈，夏秋汛期则浑浊。其洪水与枯水流量相差甚巨。水文情况以调查区域的奉节县城为例，长江多年平均流量为 13800 立方米/秒，最小流量接近 3000 立方米/秒。1981 年洪水最大达 70000 立方米/秒以上，最高水位 129.9 米。历史上所知更大的洪水出现在清同治九年（1870 年），最高水位达 148 米。多年平均洪水与平均枯水变幅为 42.35 米。三峡下口的宜昌，历史所知最大洪水达 110000 立方米/秒以上，枯水期则小至 2700 立方

图8 瞿塘峡峡口

米/秒。洪水的涨落对于江中船舶的航行有很大的影响，古时洪水巨大时禁止航行，时间多在夏末秋初，称为封江。大洪水破坏力很强，对江边古道所处位置也有很大的影响。

瞿塘峡所穿越的一条大山脉，系七曜山的一脉，山脉呈东北—西南走向。切断后的山脉在江北形成赤甲山，江南则为白盐山。赤甲山向东北延伸部分为桃花山，桃花山最高峰海拔达1700米以上。其再向东北延伸部分被大宁河切穿，切穿处即为大宁河小三峡中的巴雾峡。自白帝城至巫山，沿江区域以大溪口为界，上游沿江岩石构成多为石灰岩，间有变质岩、火成岩、砾岩。

在大溪口之下，沿江常见红色沉积岩出露，下伏灰岩。这些中夹青色层的红色沉积岩层，容易风化，开凿于其上的古道，也常常因风化而遭到破坏。另外，沿江还有大量第四纪堆积物。

瞿塘峡中赤甲山与白盐山间的断面为一背斜结构，以此为中心，两侧江岸的岩层均向外、向下倾斜，背斜中心部分即为黑石滩（图9）。在这里，深层的坚硬岩层出露，江水难以侵蚀，故形成一处大小黑石相对的险滩。虽然在清代曾因其影响航道被修凿过，1949年后也整治过此处航道，但两对石嘴间的江面依旧狭窄。

瞿塘峡北岸的赤甲山峰顶，临江一面绝壁千仞，其下滨江处乱山林立，岩层破碎，系地质史上一处巨大的山体滑坡与崩塌遗迹（图10）。黑石滩东段著名的崩岩道，就位于岩石破碎带上。大溪以下长江北岸也存有大型山体滑坡区域。在桃花山南麓，以金沙溪沟为标志，其东沿

图9　黑石滩背斜

江一二十公里内，都是一巨型滑坡体。此区域往往山丘起伏，岩石破碎，对开辟于此处的古道路构成很大的威胁。最典型的道路为位于曲尺镇西的乱石坡段，乱石坡当为大规模滑坡所致。此处地层并未停止活动，清代所建古道路未保留任何完整形态，今道只是在乱石中踏出的临时道路。

自然地理环境对于人文环境有重大影响。三峡地区群山纵横，谷深水急。因山大坡陡，切割剧烈，故沿江河谷深切，多山崩滑坡。耕地面积零散，居民数量不多，陆上交通不便，而水上交通与沿河交通相对发达。许多大的码头与城镇多位于长江支流河谷入江口处的高洪积阶地上，如奉节位于梅溪河口，大溪位于大溪河口，巫山位于大宁河口等。

自从人类掌握了舟楫之利以来，水上交通开始一步步地得到开发，在社会生活中的重要性日益提高。长江一直是中国最大的内河航运大动脉，是沟通我国东西部与长江流域各区域的水上交通网。

在长江中，三峡是最为险恶的航道。此地的先民克服种种险阻，通过改进船舶，开辟纤道，疏凿险滩等方法，使长江三峡地区的水上交通获得了较大的发展。这些举措，不但对整个长江航运有推动作用，而且也使得峡江航道成为当地的交通主干。三峡地区山峦起伏，峡险谷深，陆路交通远不如水上交通便利。数千年来，长江都是三峡地区与外界沟通交往的门户与大通道，也是三峡地区经济文化的纽带。以长江干流为主，以各支流为辅，形成水上交通网络的主干。这些主干道与陆上道路网络相互配合，构成三峡地区水陆交通网，维系着其内部社会经

图 10　赤甲山
大滑坡

济文化的运转，也维系着这一地区与外界的联络。正是因长江为此地交通主干这一特点，才造就了沿江文化经济的繁荣。

　　三峡较大的城镇几乎都是沿江分布，且主要分布于长江北岸。自上游的奉节始，沿江而下，依次分布着巫山、巴东、秭归和宜昌等大的城镇。除巴东外，其余四处城镇均位于江北。这一区域的中小城镇亦分布于各支流间，滨水建城。为了便于舟船往来，居民也尽量临水而居。当地建筑中颇具特色的吊脚楼，就与临水建宅有关。所以，水上交通可以说是三峡地区古往今来最重要的交通通道。

　　沿江文化的繁荣，又反过来进一步促进了水上交通的发展，对陆上道路交通建设也产生了促进作用。

但长江三峡这条特殊的水上通道，也有其不足之处。其江中险滩甚多，如奉节城东的龙须滩，瞿塘峡中的大、小黑石滩及大溪下游的长蛇梁，都是地层中的坚硬岩层，经江水长期冲刷，软岩被侵蚀掉，而这些岩层如同墙垣横亘江中。其旁急浪翻涌，常常导致翻船。除此而外，还有因山崩入江，造成航道上乱石林立的其他类型险滩。这些都对长江上的行船造成极大的威胁。《宋书·乐志四》载有古曲《巫山高》，备言三峡舟旅之艰。其歌曰：“巫山高，三峡峻。青壁千寻，深谷万仞。崇岩冠灵，林冥冥。山禽夜响，晨猿相和鸣。洪波迅澓，载逝载停。凄凄商旅之客，怀苦情。”[15] 表达出古人对峡江行舟艰险的感受。

古代长江洪水时节一般不能通航，有时夜航也有诸多困难。更为重要的是，古代的上水船只逆流航行动力不足，需要利用风帆和桨楫、橹篙作为动力，才能缓慢前行。相比之下，由岸上人工牵引舟船上行是较好的方法，而人类又主要是在陆上活动，步行较之利用舟船，有着极大的便利与自由。所以，为了克服逆流行船的困难，保证封江时期的交通，沿江产生步道，也就成为必然。这些沿江步道，首先是在便于开辟道路的宽谷地带产生。且不说沿江分布的诸如大溪文化这样的新石器时代聚落之间的联系，也不说战国至秦汉时沿江的悬棺背后隐藏着的交通因素，只要想一想巫山至大溪长江北岸沿途发现的多处汉代墓地，说明当时这里已经聚落相望，就足以推测这一带的沿江道路已经出现。当然，最难于开辟的道路是在长江的峡谷地区，此处绝壁千仞，下临滔滔大江，以古人的技术手段，要修建道路，其工程艰巨可想而知。所以，峡谷地段沿江道路开辟的时间相对要晚一些。

第二节　历史沿革

瞿塘峡所在的奉节地区开发较早。先秦时期，这一带曾是巴庸的领地。西周初年，建有夔子国，属楚。周匡王二年（公元前 611 年），庸人叛楚，秦人、巴人从楚师灭庸，巴得庸之鱼人之地，名曰鱼复。周慎王五年（公元前 316 年），秦灭巴，奉节地区归秦。在周赧王元年（公元前 314 年），秦置巴郡，建此地为鱼复县。或按昭襄王三十年，蜀守若伐楚，取巫郡及江南地以为黔中郡[16]。据《汉书·地理志》，西汉时此地为鱼复县，隶巴郡，有江关，设有江关都尉、橘官[17]。这一带自古盛产柑橘，《汉书·货殖传》曰：“安邑千树枣，燕秦千树栗，蜀、汉、江陵千树橘，……此其人皆与千户侯等。”[18]

东汉建武元年（公元 25 年），公孙述在此处东山称帝，依山筑城，号为白帝。后世遂称其山为白帝山，城亦名白帝城。公孙述败，此地归汉。三国时，此地归蜀。蜀章武二年（公元 222 年），刘备兵败退军鱼复，改鱼复县为永安县。西晋初沿用永安县名，设三巴校尉，治所

〔15〕《宋书·乐志四》，中华书局，1983 年。

〔16〕马非百《秦集史·郡县志》，中华书局，1982 年，608 页。

〔17〕《汉书·地理志上》，中华书局，1987 年，1603 页。

〔18〕《汉书·货殖传》，中华书局，1987 年，3686 页。

设于白帝城。太康元年（公元280年），改永安为鱼复县。萧梁改为信州，鱼复县隶之。《水经注·江水》中曾提到此处的永安城，但当时已经破败。对同时的赤甲城，《水经注》也有记述。其曰："江水又东，径永安宫南，刘备终于此，诸葛亮受遗处也。其间平地可二十许里，江山迥阔，入峡所无。城周十余里，背山面江，颓墉四毁，荆棘成林，左右民居多垦其中。……江水又东，径赤甲城西，是公孙述所造，因山据势，周回七里一百四十步，东高二百丈，西北高千丈，南连基白帝山，甚高大，不生树木。"[19]西魏改鱼复县为人复县，属信州，后又改为阳口县。北周天和元年（公元566年）时，县治自白帝城迁往瀼水之西，即今旧奉节城。至建德五年（公元576年）复回迁府治于白帝城。唐武德三年（公元620年），改信州为夔州。唐时设夔州总管府，辖十九州县。唐贞观二十三年（公元649年），为旌表诸葛亮"托孤寄命，临大节而不夺"的忠君爱国思想，改夔州为奉节，改人复县为奉节县。前蜀此地隶于夔州。宋于乾德二年（公元964年）攻占夔州，置夔州路，上管渝州，下管施州等七州二十一县。宋咸平四年（公元1001年），迁县治于瀼西。元至元十二年（公元1275年），元军攻破白帝城。十五年，恢复夔州路建置，辖川东北、鄂西三十二县。二十二年迁路、府、县治于瀼西（今永安镇）。明洪武四年（公元1371年），攻破夔州。成化十年（公元1474年），郡守李晟建砖石城墙，东南四百八十七丈五尺，西北四百八十七丈五尺。明在此地设有瞿塘卫千户所。崇祯六年、七年，张献忠二破夔州。十七年，张献忠又自湖广入川破夔州。清顺治五年（公元1647年），明宗室朱容藩自称楚世子及天下兵马副元帅，建行台于夔州。康熙元年（公元1662年）四川总督李国英军驻奉节。康熙十二年，吴三桂起兵反清，部将王公良据夔州。康熙十九年，清军收复夔州。康熙四十一年（公元1708年），两湖、两广之民入川垦荒入籍者日多。光绪十四年九月，夔州知府汪鉴主持修建瞿塘峡路，自白帝城起至状元堆止，约三十里，次年夏竣工。宣统三年，同盟会起义，清知府成昌降。1913年，裁夔州府，县署入居府署。

1949年12月后，奉节隶于四川省万州地区。重庆设直辖市后，奉节划入重庆市辖县。2002年，因三峡工程，将奉节县城由永安镇西迁至三马山。

奉节不但是军事要隘，而且地处大山深峡，道路险峻，历代都被视为贬官之地。《汉书·萧何传》曰："羽遂屠烧咸阳，与范增谋曰：'巴蜀道险，秦之迁民皆居蜀。'"这一风气至唐宋亦然。

历史上著名的诗人李白、杜甫、刘禹锡、苏轼、黄庭坚、陆游、范成大、杨万里、梅尧臣等都曾到过此地。在艰险旅途之后，此地的如画江山、悠久的历史与巴歌蛮舞、古朴民风，令他们深受感动，留下了许多动人的诗篇。后代文人墨客，面对峡江胜景，也写有大量诗歌，故夔州文风亦受浸润，号称诗城。

巫山县处于奉节县东，先秦时期这里就生活着少数民族中的庸人、巴人、僰人等。传说，禹分九州，此地隶属于梁州。巴之立国亦早，夏后启的臣子孟涂"司神于巴"，主管巴人讼狱类的事务。《古本竹书纪年》记："帝使孟涂如巴莅讼。"[20]《山海经·海内南经》也说："夏后

---

〔19〕《水经注·江水》卷三十三，岳麓书社，1995年，496页。
〔20〕《古本竹书纪年》。

启之臣曰孟涂，是司神于巴，人请讼于孟涂之所。"[21]

至汤灭夏后，巫山尚有其臣民，说明当时这一区域已经与中原文化有了密切的交流。至武王灭商时，此处有庸国，其中心大约在湖北，疆域大致覆盖这一地区。庸国武士作为周人的重要部队参与了灭商战争。周初，在宁河下游与长江一带则建有鱼复国。春秋时，宁河流域先为庸国之邦，后为楚巴之地。《春秋》文公十四年：楚人、秦人、巴人联合灭庸。战国时，此地先为楚国势力范围，《史记·秦本纪》曰：孝公元年（公元前361年），"……楚自汉中，南有巴、黔中。"[22]其后，秦惠文王时，秦大举南扩领地，"九年，司马错伐蜀，灭之。……公子通封于蜀。……十三年，……又攻楚汉中，取地六百里，置汉中郡。"[23]至秦昭襄王"二十六年……司马错发陇西，因蜀攻楚黔中，拔之。……三十年，蜀守若伐楚，取巫郡，及江南为黔中郡"[24]。到了秦始皇时，秦"地已并巴、蜀、汉中"[25]。秦时，此地设有巫县，隶黔中郡。汉高祖元年（公元前206年）更郡名为临江，五年复故。汉景帝前元二年（公元前155年），再改郡名为临江，中元二年复故。王莽时，此地隶荆州。东汉设巫县。

三国时期至建安十五年（公元210年），刘备据蜀，分巫县另立北井县，治于今巫溪县城。

蜀章武二年（公元222年），蜀失此地，改隶荆州宜都郡。吴景帝永安二年（公元260年），巫县为建平郡治。晋武帝时并入巴东郡。隋开皇年间（公元581~600年）隶于信州，大业年间隶于巴东郡。唐时隶于夔州，后历代相沿。1949年后，隶万县地区。重庆设直辖市后划为重庆属县。

由于周围多深山巨壑，三峡地区耕地稀少，历史上的人口数量较之中原与四川盆地，长期处于稀少的状态。明清时期，人口剧增。明初，曾有湖广、江西、陕西、江苏、浙江等省人口奉旨移民入川。据明正德《夔州府志》记，奉节县"旧册计四百九十八户，共二千三百七十六口。正德七年（公元1512年）册计四百九十九户，共二千三百七十六口"。当时巫山县比奉节人口稍多："旧册计六百八十八户，共五千一百八十四口。正德七年（公元1512年）册计六百九十六户，共五千二百五十二口。"[26]

瞿塘峡、巫峡、西陵峡三峡中，据《水经注》记，唯巫峡得名较早。西陵是吴黄武三年（公元224年）由夷陵改设，原系一地名，恐其峡名也是此时所得。

瞿塘峡何时得名，目前还不太清楚，但可以断定，瞿塘峡并非这段峡谷最早的名字。据《水经注·江水》云："江水又东，径广溪峡，斯乃三峡之首也。其间三十里，颓岩倚木，厥势殆交。北岸山上有神渊，渊北有白盐崖，高可千余丈，俯临神渊。土人见其高白，故因名之。天旱，燃木岸上，推其灰烬，下秽渊中，寻即降雨。常璩曰：'县有山泽神渊，旱时鸣鼓请雨，则必应嘉泽。《蜀都赋》曰：所谓应鸣鼓而兴雨也。'峡中有瞿塘、黄龛二滩。夏水回复，沿溯

---

[21]《山海经·海内南经》，浙江人民出版社影印。
[22]《史记·秦本纪》，中华书局，1985年，202页。
[23]《史记·秦本纪》，中华书局，1985年，207页。
[24]《史记·秦本纪》，中华书局，1985年，213页。
[25]《史记·秦始皇本纪》，中华书局，1985年，223页。
[26]《天一阁藏明代方志选刊·正德夔州府志》卷四"户口"，上海古籍书店，1961年影印。

所忌。瞿塘滩上有神庙，尤至灵验。刺史二千石径过，皆不得鸣角伐鼓。商旅上水，恐触石有声，乃以布裹篙足。今则不能尔，犹飨荐不辍。……其峡，盖自昔禹凿以通江。郭景纯所谓巴东之峡，夏后疏凿者。"[27] 根据郦道元所述，广溪峡居于白帝山东，为三峡之首，峡北有白盐山，峡长三十里，都与瞿塘峡相合，故瞿塘曾名广溪峡。而瞿塘乃是峡中一滩之名，后世称其为瞿塘峡，盖因瞿塘滩而起。道光《夔州府志》引旧《府志》："瞿，大也，塘，水所聚也。又秋冬水落为瞿，春夏水涨为塘。"[28]

瞿塘峡亦名夔峡，夔本是一地名，先在今奉节县东，后移至奉节。奉节古名夔州，瞿塘之上口最险狭处即名夔门。瞿塘峡也曾名为西陵峡。《舆地览胜》云："瞿塘峡，在州东一里，旧名西陵峡。"[29]

也有将瞿塘峡混称为三峡、巫峡者。晋人左思《蜀都赋》中也提到三峡："经三峡之峥嵘。"注曰："巴东永安县有高山相对，相去可二十丈左右，崖甚高，人谓之峡，江水过其中。"[30] 从所描述的情况看，地在永安，即今奉节，所指就是夔门。古人还有上峡之称，如上峡水，是一泉，其地就在瞿塘中。瞿塘在三峡之最上。宋人诗曰："我行江南上峡来。"明人诗中也有"上峡舟航风浪多"之句[31]。

瞿塘峡是长江三峡航运的咽喉地带，三峡航道是沟通巴蜀与楚湘、吴越的水上大通道。瞿塘峡两岸高山夹峙，扼大江航道，易守难攻，一直是古今军事要地，号称"巴蜀咽喉"。在这里历史上曾发生了许多著名的战役，战役的重点是争夺此处战略通道，尤其是瞿塘峡口的瞿塘关。可能自战国时期始，就在这里设有关卡。秦汉时设江关，有军队驻守，以后多个朝代更是设铁链锁江。白帝城也是重要的江防要地，历代相沿不绝，在中国古代军事史上是不可轻视之地，如今此处尚存有许多军事遗迹。

〔27〕《水经注·江水》卷三十三，岳麓书社，1995年，497页。
〔28〕《中国地方志集成·道光夔州府志》卷六"山水志"，巴蜀书社、江苏古籍出版社、上海书店，1992年据道光七年（1827年）刻本影印。
〔29〕《舆地览胜》卷五十七"夔州下"，《四库全书》。
〔30〕《文选》第五卷，岳麓书社，1995年，上册，154、169页。
〔31〕两诗均引自赵贵林《三峡竹枝词》，中国三峡出版社，2000年，26、36页。

第三章　栈道分段调查

为了便于叙述，我们将奉节至巫山的沿江北岸古道划分为三大部分，自西向东，依次分别为奉节至东瀼河（草堂河）口段，东瀼河口至金沙溪段，金沙溪至巫山段（图11）。各段之

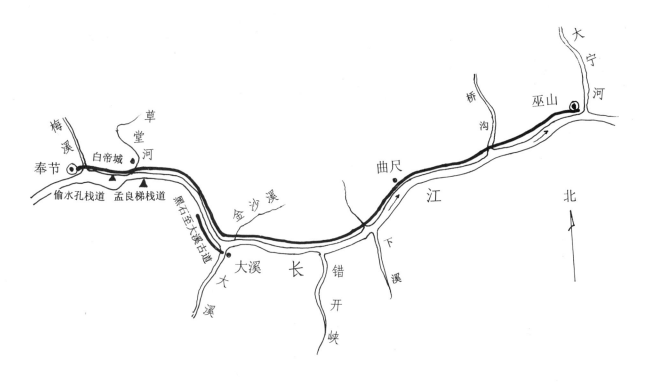

图 11　奉节—巫山瞿塘峡古道平面分布图

间，有醒目的天然河流或大沟为界，以便将来易于定位。

从地理环境角度说，中间东瀼河口至金沙溪一段主要为瞿塘峡峡谷段道路，两侧则大致为宽谷段道路。

因地理环境不同，主要道路结构也有一定的差异。西段较短，含奉节老城与白帝城，人文景观分布密集（图12）。中段是本次考古调查的重点，主要是峡谷道路，含有穿越绝壁的槽道与跨越山涧的桥梁，以及诸多峡谷景观。东段道路最长，原有宽谷古道路形态保持较好，最接近古道风貌。

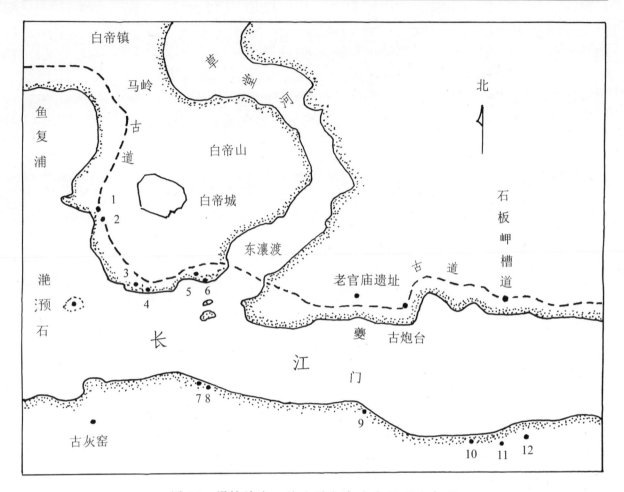

图 12　瞿塘峡上口的古道与史迹点平面分布图

1. 观音洞　2. 镇江王庙碑　3. 偷水孔栈道　4. 石槽　5. 白帝城南摩崖造像群　6. 北岸"牛鼻孔"
7. 南岸牛鼻孔　8. 碑子洞　9. 夔门洪水痕　10. 瞿塘峡摩崖石刻群　11. 孟良梯栈道　12. 凤凰泉

第一节　西段——奉节至东瀼河口

　　奉节城又名永安镇，是此次古道路调查的西部起点。因受库区水淹影响，近年在镇西侧另建有新县城，故一般称其为奉节老城。

　　奉节地处三峡上口，长江北岸，不仅是长江上重要的码头、物资集散地、军事关隘，也是重庆市东北地区一处陆路交通枢纽。自奉节向南，经西津渡横渡长江，达江南永乐镇，有大道通往湖北；向北沿梅溪河谷有大道，可通城口、巫溪及陕西等地；向西通往云阳、万州；向东通至巫山。

　　奉节城在历史上曾有过多次改迁，白帝城、白帝镇都曾是其县治。此段道路为奉节老城至白帝城东侧的东瀼河之间道路。可以说，它连通了历代奉节。

　　古道自奉节老城大南门（依斗门）始，向东经过梅溪河，到达白帝城下。在白帝城下分为两道，一道沿草堂河向东北，通向巫山；一道经白帝城南向东，经东瀼河入瞿塘峡。自奉节老城入瞿塘这一道路，即为本次考古调查的主道。

奉节至白帝城东这段道路，全长约 5.2 公里，主要处于长江宽谷地带，山势平缓。道路沿着山坡行进，原多为土石道。由于处于人口密集区，地势平缓，故旧道比较宽阔。1949 年后主要地段已被改造为公路，但其位置与旧道基本相合。绕白帝城一段古道，因属旅游区，道路经过整修，但道路位置并没有大的改动，路宽与道路形式与古时相差不大。

(一) 奉节南门至梅溪河古道

此段道路西起奉节老城临江的大南门外，沿南城墙下江岸，经小南门外，东止于梅溪河（西瀼水）渡口，全长 1.2 公里。行政区划隶属于奉节县永安镇，起点地理坐标为东经 109°31′22″，北纬 31°02′32″，海拔高程 134 米；终点地理坐标为东经 109°32′08″，北纬 31°02′37″，海拔高程 85 米。

此段道路沿江向西与通往云阳的古道相连，东与梅溪至白帝镇古道相接。除从大小南门可达梅溪河渡外，亦可由东门出城，达于梅溪河渡。奉节码头通向大南门的大道，与此道相交。道路位于长江北岸，除渡口两侧与白帝城段外，道宽可行车马，颇为平坦。古道从奉节城大南门或小南门出来向东，必经行此道。道路两旁旧时有店铺、客栈。奉节城南临长江，东隔梅溪河。在军事上，梅溪河实为府城东部屏障。1949 年后因整修公路，建新桥于旧渡之北数公里处的山谷口内，城东大道改为入谷过桥而出，交通工具也变为以汽车为主，车辆骡马皆走新桥，故此段道路日渐冷清，仅民间步行肩挑者以其近便而继续利用。

奉节城南一段道路旧时行于清代砌筑沿江石堤之上，道路平坦坚固。清代沿路设有中关、下关等，以盘查商旅，征收税银。上关在西门外，与此段道路无涉。这条道路近城处原道旁民居甚多，可谓夹道而居。小南门之东经校场坝处周围今多为菜地，道路基本为土路。东至梅溪河谷处盘旋下坡，道路甚宽阔。此处道路一般高于长江枯水期水面 50 米。梅溪河岸道路因地势较低，受洪水涨落影响，无永久性石砌道路，皆为沙土便道。每次洪水过后，行人重新在沙土上踩踏出新道。

(二) 梅溪河渡

梅溪河渡是此道上的一处重要津渡（图 13）。梅溪河是奉节城东的一条河流，为长江北岸的一条支流，发源于巫溪县万顷池，在此出山注入长江，古称西瀼水或西瀼溪，也有叫大瀼水者。据陆游《入蜀记》载，土人称通江之溪为"瀼"。夔州古城处其西，白帝城处其东。杜甫《夔州歌十绝句》曰："瀼西瀼东一万家，江北江南春冬花。"所说瀼水即指此地。可见在唐代时，西瀼水两岸就人烟辐辏，其间交通，皆赖此渡。后因纪念宋人梅尧臣而改名梅溪，今俗称梅溪河。渡口中心地理坐标为东经 109°32′08″，北纬 31°02′37″，枯水期低水位时河口处河面海拔约 81 米，平时海拔高程 85 米。

渡口处于梅溪河口，两岸皆为长江高洪积台地，梅溪河口宽约百米，水位随季节变化，长

图 13　梅溪河渡（西瀼渡）

江洪水可以倒灌入谷。传统于冬月架桥，三月拆桥改为舟渡，以济行人，所谓"夏舟而冬桥"说的就是这种情况。此处清时或称为小河渡，以区别于过江大渡。明代此渡口则可能称为安阳渡[32]。

其桥是木构便桥，冬秋水亦不深。桥结构为在水中先下四足桥凳，其上并架木梁，形成桥面。在桥的一侧或设简易扶栏，以方便行人。除秋冬架桥外，其余季节为船渡，渡船为小木船。旧时渡口、桥梁皆不收费。此种不收费者多称为义渡，义渡一般都是由地方官绅商贾捐资维持。梅溪河渡上游明清时还有一渡，旧县志称其距离城北三里，明代称中堆渡。从其名称看，可能枯水季节架桥时利用了河心大石。堆是古时当地对水中礁石的称呼，如滟滪石也叫滟滪堆。1949 年后，该处建公路大桥一座。上游公路大桥建成后，此处过渡人数锐减，然因其道近便，今尚保存，只是规模小于旧渡，冬月依旧在水面架桥。此次考古调查时，渡口已经被私人承包，向往来行人收费。过桥、过渡向行人收费的做法，古时即有，民间将这种私人经营的渡口称作私渡。另外，还有一种是由地方官府出资免费渡人，称为官渡。

梅溪河渡的地理环境特殊，口部之南为长江，江北有一长数公里的巨大的砾石冲积洲，是长江与梅溪交汇处形成的自然沙滩，称为八阵碛。八阵碛将长江主流在枯水期逼向南岸，碛上

〔32〕《天一阁藏明代方志选刊·正德夔州府志》卷二"关梁津渡"，上海古籍书店，1961 年影印。

分布有古八阵图与臭盐井遗址。

（三）梅溪河至白帝镇古道

此段道路的行政区划隶属于奉节县白帝镇。

道路西起自梅溪河渡东岸，东至于白帝镇与至白帝城路口，全长 3.2 公里，旧志称白帝城距梅溪七里。起点地理坐标为东经 109°32′08″，北纬 31°02′37″，海拔高程 85 米。终点地理坐标为东经 109°34′02″，北纬 31°02′39″，海拔高程 139 米。

道路西与奉节至梅溪古道相连，东与白帝镇至东瀼渡古道相接。

据史籍记载，此道当辟于秦汉之前。因这段道路是奉节老城连接白帝城、白帝镇，通往巫山的大道，车马繁忙，所以历代都曾进行维修。1949 年后旧道大部已经被改辟为公路。公路截弯取直，比旧路短，沿路许多桥梁也被改建为新型公路桥或涵洞。原道路自梅溪渡东岸沿土道向店子包盘旋而上，经店子包南到达店子包台地，然后沿江北山坡开辟道路，到达白帝镇与至白帝城分道的路口。据当地老人介绍，此段道路过去是土路与土石道，宽 2~3 米，可通车马。沿途经过沟壑，上架有石桥，中有两条大沟。明代西沟上建有一石桥，名龙溪桥，亦名小溪桥。《四川通志》卷二十二下"津梁"记："夔州府龙溪桥，在奉节县东七里，万历四年知县罗绣藻建。"龙溪桥东一里沟上又有大溪桥，明代称为抚军桥，也是一座石桥。其中比较著名的是抚军桥。诸桥梁今皆不存，仅抚军桥地名仍沿用。

此段道路一般高于长江枯水期水面 50 米，行经长江河谷的左岸（北岸）山坡上，近梅溪口处有店子包遗址。道路南临大江，北为子阳山。子阳山古称赤甲山，上有古子阳城遗址与汉墓群，半山腰存有一清代所建耀奎塔。地下发现汉代与南北朝墓葬甚多，地表暴露有许多汉代与南北朝时期的墓葬用砖，也曾在这一地区发掘过汉墓。此处，还发现过旧石器遗址与旧石器。抚军桥所在地的山下江滨为关庙沱，桥旁可能曾有关庙。

此处长江河谷宽约千米，系三峡宽谷地带，水流不急。沿路山势相对平缓，故道路亦平坦易行。东部南侧江湾古称鱼复浦。

在道路下方江边滩上有古八阵碛和臭盐井遗址。

（四）白帝镇至东瀼渡古道（白帝城古道）

此段道路位于奉节县白帝镇辖区内。西自白帝镇始，东至草堂河东瀼渡，即草堂河桥下，全长 1.1 公里。道路起点地理坐标为东经 109°34′02″，北纬 31°02′39″，海拔高程 139 米。道路东端在渡口西岸，终点地理坐标为东经 109°34′23″，北纬 31°02′29″，海拔高程 76 米。西端为三岔路口，向西与梅溪至白帝镇古道相接；向北有大道，经白帝镇街道可至草堂与通巫山县大道相连。道路东端过东瀼渡与东瀼至古炮台古道相连。道路一般高于长江枯水期水面 50米。

此段道路最东一段约长 200 米，行于古马岭山上，今为通白帝山的公路覆压。据郦道元《水经注·江水》卷三十三所记，古赤甲山即东西瀼水间的临江大山，即今宝塔坪后高山，上有赤

图 14　白帝城南古道

甲城。白帝山则是赤甲山向南的余脉。白帝山与赤甲山间有低山梁，即山鞍部，名曰马岭，连接白帝与赤甲两山。该处地势平缓，多现代建筑，为今白帝镇的一部分。

　　道路南行210米至白帝山西，复岔为两途，一路由石阶上山，达白帝城；一路由白帝山腰向南向东绕山而过，为入峡正道。道宽1.5米左右，多为在倾斜山坡上修出的土石道与石砭道，沿途经西阁、观音洞、镇江王庙碑等处。因其地为景区，道路路面均经过整修，但大致形式不变（图14）。道路外侧有石砌矮栏，高约0.6米，宽0.2米。道路东端临瀼水处，有土石便道盘旋下至河沟。因河上新架有铁柱溪索桥，行人多行于桥上，故现今下沟便道行人极少。

　　道路处在江北白帝山腰的西侧与南侧，经临长江河谷左岸（北岸）陡峭的山坡上。此处为峡谷型河谷，河谷宽约130米，水流湍急，山体为石灰岩质。隔江山上有古杨口城，与白帝城共扼瞿塘峡口。

　　此地古为江关，亦称铁锁关、捍关、瞿塘关等[33]。自先秦时起，此处便是军事重地，历代沿用不绝，所以文物古迹遗存密集。道北山上有白帝城城垣遗址与白帝庙建筑群，内有庙门、托孤堂、明良殿、观星台、新楼等历史建筑，并有西阁、碑林与文物陈列室等，但皆不在淹没之数。道南均为将淹没文物，计有铁链锁江遗址、四处摩崖石刻、一组造像、偷水孔古栈

---

〔33〕捍关与江关是否为一，古说不同，一说一关二名，一说捍关在下，江关者，瞿塘关也。见宋郭允蹈撰《蜀鉴》卷一，《四库全书》。据《水经注·江水》曰："江水自关（瞿塘），东径弱关、捍关。捍关，廪君浮夷水所置也。弱关在建平，秭归界。"则捍关与瞿塘古为二关。

道遗址、古石槽遗址、江神庙、观音洞遗址及江岸分布的许多"牛鼻孔"等。

（五）东瀼古渡

此地行政区划隶属于奉节县白帝镇，渡口中心地理坐标为东经 109°34′23″，北纬 31°02′29″，海拔高程 76 米。

东瀼水又名东瀼溪，或因其溪口有锁江铁柱亦被称为铁柱溪。这条河流发源于长松岭，其上游有唐代诗人杜甫旧居的浣花、草堂，因此也称为草堂河。东瀼水自北南流，注入长江。近江的河口处古称东瀼渡，旧有渡口，以连接两岸古道。其西岸即为白帝山，上有白帝城；东岸为炮台山，上有古炮台。东瀼水河口沟壑甚深，江水涨时洪水倒灌入河谷，入谷后两岸有江水形成的古洪积台地，土质肥沃，是奉节重要的农业区。东瀼河口两岸皆被长江洪水冲刷得巨石裸露，枯水期河流水面宽 6～7 米。旧时无桥，水浅则涉，水深则渡。

旧渡为义渡，即免费过渡，有小船往来渡人。今已经建立铁柱溪白色索桥一座，桥长 220 米，行人经桥上通过极为方便，旧渡因此遂废。两侧河岸上存有小道石阶接通古道。以两岸桥头计，下谷过渡，此段古道全长约 450 米。草堂河东岸人工在岩石岸上开凿的宽约 0.8 米的石阶，尚保存完好，但近水处多为洪水侵蚀，故模糊不清。

因白帝城特殊的军事性质，自古就将东瀼河谷作为白帝城东侧防御沟，所以西岸甚陡，一些石岸可能经过人工整修。

第二节　中段——东瀼河口至金沙溪

此段道路主要穿行于瞿塘峡中，是长江三峡沿江最有代表性的古道，一般称为瞿塘峡栈道。此处长江河谷狭窄，道路险峻，大部分道路以石砭道或垒石道为主，无法通行的绝壁处则开辟为石槽道，形成了峡江道路的特殊风貌。沿江有一些特殊的景点，如悬棺、黑石滩等。

自白帝城至七道门段道路，20 世纪 80 年代以后因开发旅游区曾经整修，一些地段在道路临江一侧补砌了矮石栏，并对一些路面进行了铺砌。整修时基本保持了古道走向、结构、坡度和宽度等原貌。这些在考古调查时都已经注意到，古今道路的确定也比较清楚，如古今石栏与路面的砌筑灰缝用料不同，砌石的摆法有别等，对于道路的考古工作影响不大。

在险道外侧加砌石栏，并非始于现代，这种做法是一种历代相沿的传统，清代即有此例。位于秦蜀栈道上的四川省昭化县，在《重修昭化县志》中就规定：道路"凡临流、临崖、坎高岸深者，外砌石墙以防之。其路本狭窄，不便修墙碍路者，外加木防之"[34]。又称："凡拦马石墙，高一尺八寸，底宽一尺五寸，顶宽一尺。"这种拦马石墙与瞿塘峡古道上的石栏相近，故也可称瞿塘峡古道旁的这种石栏为拦马石墙。

---

〔34〕清同治三年《重修昭化县志》。

（一）东瀼渡至古炮台古道

此段道路行政区划隶属于奉节县白帝镇瞿塘村，西自草堂河东瀼渡口始，东至古炮台（老观庙），全长约 600 米。西与白帝镇至东瀼渡古道相连，东与潭子湾古道相接。起点地理坐标为东经 109°34′23″，北纬 31°02′29″，海拔高程 76 米。终点地理坐标为东经 109°34′39″，北纬 31°02′26″，海拔高程 189 米。

道路行经长江河谷的左岸（北岸）陡峭的山坡之上，道路自西向东爬高，路面高于长江枯水期水面 50～100 米。此处为峡谷型河谷，两岸绝壁对峙，形势险要，正当夔门上口一带。河谷宽 100 米左右，江中水流湍急。

自东瀼古渡东岸始，沿河岸石阶上山，顺江岸山麓平缓上坡，至古炮台止，达到最高点，一般道宽 1.5～2 米。道路为石砭道与垒石道结构，路面建为石阶或铺石道，道路外侧有石砌矮栏，高约 0.6 米，宽 0.2 米。此道因与白帝城相近，具有重要防御作用，开辟可能甚早。1949 年后因位于旅游区，道路经过整修。

古炮台一带旧时名为老观庙，或古炮台，1949 年后新建。古炮台地处一凸向江面的山嘴上，南临大江，下为绝壁，上架新铸仿古铁炮两尊。炮台后倚山建三重楼阁，名赤甲楼，内有文物与艺术品陈列。

道路中段北侧存新石器至商周时代古文化遗址一处。因距此不远处原称老观庙，故名老观庙遗址。

这条道路的下方，还有一条与其平行的古道，两道相距 10 多米。道路结构与此道相类，可能是一年代更古之道。此道向东，当与上道相合，也经过古炮台，否则炮台下的绝壁无法通行。该道旁有一大洞，洞口甚洁净，似乎经过人工修整。因道路荒废甚久，荆棘丛生，未能深入调查。另新桥东端有一条顺东瀼水东岸通往上游的小道由此岔出。

此段道路所经山梁，清人或称之为马岭。清光绪十九年《奉节县志》卷七"山川"记："马岭，在白帝、赤甲间，东十四里。"据其方位距离，正是今古炮台所在之处，故清人以此山为马岭山。但此说与《水经注·江水》卷三十三所记相悖。《水经注·江水》称古赤甲山即东西瀼水间临江大山，上有赤甲城。白帝山是其向南的余脉，白帝山与赤甲山间有低山梁，名曰马岭，连接白帝与赤甲。两山之间，地势平缓，多现代建筑，为白帝镇的一部分。清人将马岭定于白帝之东，是因为后人已经将赤甲山位置搞错。今人沿清人之说，以瞿塘峡中北侧最高山峰为赤甲山，即俗称的桃儿山，但《水经注·江水》中称其为白盐，而今人称江南其相对的最高峰为白盐山。《水经注·江水》中则未提及江南高峰之名，也许在清代之前，这些地名就已经混淆。

（二）古炮台至石板岬古道（潭子湾古道）

此段道路行政区划隶属于奉节县白帝镇瞿塘村，西自古炮台始，东至石板岬槽道西端，全长 1100 米。起点地理坐标为东经 109°34′39″，北纬 31°02′26″，海拔高程 189 米。终点地理坐标为

东经 109°35′05″，北纬 31°02′26″，海拔高程
127 米。

道路西与东瀼渡至古炮台旧道相连，东与
石板岬槽道相接。其西部古炮台东北有一岔
路，通至山顶名为白庙的村庄。

这段道路开凿于长江北岸的山坡上，一般
高于长江枯水期水面 50～100 米。道路以石砭
道为主，间有部分垒石道，道宽 1.3～1.5 米
不等（图 15）。自西向东，逐步缓慢下坡，故
道上多设石阶。东段部分路段所经山崖陡直，
则开凿为半槽道，半槽道部分长约 10 米，上
部悬崖凸起，悬覆路面 0.5～1 米。所谓半槽
道即开凿后仅道路傍山崖内侧顶部有岩石外
凸，路上只有一半有石顶，不似槽道上方如屋
檐一般全被岩石遮盖。槽道系用凿在石壁上打
孔，然后置火药炸开而成，当为清代晚期所
为。此段道路外侧皆有石砌矮栏，高约 0.6
米，宽 0.2 米。

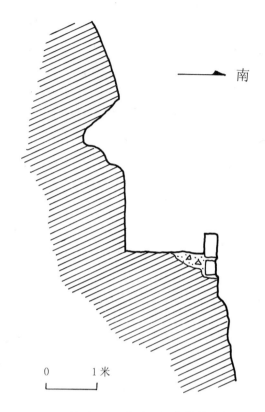

图 15 古炮台至石板岬古道结构剖面图

此段道路全部行经长江河谷左岸（北岸）陡峭的山坡上（图 16）。此处为峡谷型河谷，河
谷宽约 150 米，正当夔门的内口一带，两岸山势险峻，路下多为绝壁，江中水流湍急。东段路下临
江一小水湾，名潭子湾。据大溪老船工说，此地山崖也叫潭子崖，其下江水极深。道路下方为 80
度左右的临江陡崖，道路上方山势稍缓。

道路一段的江南岸正对着粉壁墙古代摩崖石刻群，有一批宋代至近现代的摩崖石刻。今重
要者已搬迁，大部分则仍存留原处。

据考证，此段道路开辟甚早，但现存道路主要为清代汪鉴所建。此次调查在道路东部发现
有用凿子凿出的山壁与石阶，凿痕已经风化模糊。在凿痕旁，还发现有凿孔与炸药爆炸痕迹，
炸痕已将凿痕破坏。这些炸痕，与这段古道上其他地方所存炸痕相同，均是清代汪鉴开辟道路
时所为。其所开之孔，较今日炸药开山的钻孔细，孔轴线多与崖面平行，圆孔密布，说明当时
炸药开石的技术还比较原始。炸痕将凿痕破坏，可见在汪鉴开路之前，这里实际上已经有了人
工开凿的道路。而这条人工开凿道路的凿痕已经风化，表明修建年代甚久。

（三）石板岬槽道（潭子湾岩路）

石板岬槽道是瞿塘峡中最壮观的一段古栈道，民间称之为潭子湾岩路、石板岬岩路。槽道
西自生有两棵小榕树处始，东至一石质纤夫桩处，全长 220 米。其间道路全部是在陡直石壁上
开凿出的三面岩石、一面凌空的石槽结构，人行道中，下临大江，上下皆为绝壁，形势十分险

图 16　古炮台至石板岬古道

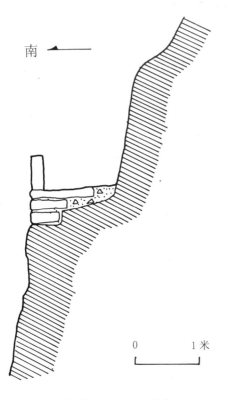

南 ←

0　　　1 米

图 17　古炮台西古道结构剖面图

峻。这段道路西与古炮台至石板岬槽道（潭子湾古道）相连（图17），东与石板岬槽道至七道门古道相接。行政区划隶属于奉节县白帝镇瞿塘村。起点地理坐标为东经109°35′05″，北纬31°02′26″，海拔高程127米。终点地理坐标为东经109°35′19″，北纬31°02′21″，海拔高程129米。

槽道一般高于长江枯水期水面45米。该处崖壁并非一平面，道路依山势左右回转盘旋。石槽一般高2.5～3米，宽1.2～1.7米，外侧修有高0.6～0.8米、厚0.2米的石栏（图18～20）。路面多为原生基岩，大致平坦，有些地段有升降，则凿有数级石阶，其中也有少量石阶是用石条砌成。石槽旁的石壁上存有大量铁钎开凿的孔洞与炸岩痕迹。此段槽道工程艰巨，地势险要，是长江三峡最具代表性的栈道。据文献记载，峡中道路有些地段设有铁链，但此次调查在像石板岬槽道这样的险道上亦未发现此类遗迹。

道路开凿于长江河谷左岸（北岸）陡峭的山崖之

图 18　石板岬槽道

上。从远处观看，这段槽道犹如虫子在石壁上蚀出的一道曲折长槽。此处为峡谷型河谷，河谷宽约 140 米，水流湍急。两岸绝壁对峙，地势险要。古籍或称此地为石板峡或石板岬[35]。槽道上下皆为陡直的绝壁，据有关资料，此处江面之下水深可达百米之上，是三峡中所知江水最深之处[36]。此地与潭子湾皆位于夔门的下游，类似瀑布下游之潭，可能与长江夔门一带的地形结构有关。

道路所在处长江南岸有孟良梯古栈道与凤凰泉等古迹。道路间有的向江心凸出的山嘴道旁埋有石质纤夫桩，上有较浅的纤绳磨痕。槽道东端石壁上存有一"牛鼻孔"，距离路面高约

〔35〕《夔州府志》卷三十六，清万承荫《赠李君修凿瞿塘险滩序》。

〔36〕长江水利委员会编《三峡大观》，中国水利水电出版社，1986 年，88 页。书中称此处水深达 140 米。

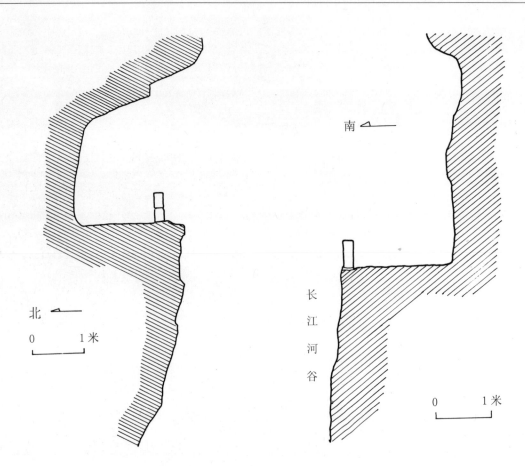

图 19 石板岬槽道结构剖面图   图 20 水位标处古道结构剖面图（石板岬槽道西侧）

1.5 米，孔径约 10 厘米，石鼻竖立，长约 20 厘米，鼻径约 15 厘米，当为与纤绳有关之物。

　　此段道路原定为清代晚期所开，开凿年代为光绪十三年至十五年（1887~1889 年），由夔州知府汪鉴主持修凿。施工时相当艰辛，据文献记载："施工之始，工匠无所凭借，乃对壁凿孔，层累而上。每开一大窦，实以火药，燃引线而炸之。旋炸旋凿，使千仞峭壁之腰，嵌成五六尺宽平坦路，纤、轿可以并行。"但依据其他文献与此次考古调查可以断定，此处本有古道相通，至少也是明代的古道，汪鉴只不过是展拓了古道而已。

　　在槽道的东端，发现一处旧时开凿道路的凿痕。此处凿痕被炸药炸去了一部分，与炸痕相比，凿痕的风化程度更高，说明不是同一时代的痕迹。在槽道两端（另一处在潭子湾古道的东端，距离此处槽道的西端不远）都发现了更早的开凿痕迹，说明这段道路早在汪鉴之前即存在，后代炸开的槽道，是利用前人的道路基础。此段江岸全是绝壁，经观察，今道的上下皆无人工开辟的道路痕迹，汪鉴修凿之前的道路形式，不是栈道，就是槽道，而且槽道的可能性最大。推测早期道路窄小，汪鉴将其扩凿而成今貌。

（四）石板岬槽道至七道门古道

　　此段道路行政区划隶属于奉节县白帝镇瞿塘村，西自石板岬槽道东端始，东至七道门两观亭。西与石板岬槽道相连，东与七道门古道相接，全长 730 米。地理坐标起点为东经 109°35′

19″，北纬 31°02′21″，海拔高程 129 米。终点地理坐标为东经 109°35′38″，北纬 31°02′11″，海拔高程 145 米。

道路开凿于长江北岸绝壁下的临江山坡上，一般高于长江枯水期水面 60 米左右。道路结构以垒石道为主，间有石砭道，道宽 1.3～2 米不等。自西向东，大势逐步平缓上坡，但坡度不大。原道一般为平铺石面，个别地段设有石阶。道路中间有几道小沟，上架有小石桥。此道 1949 年后因开发旅游曾予以简单整修。

沿途共有四座小型石板桥，是用人工开凿的石板或石条作桥面，两岸桥台以大石砌就，上铺大石条。桥梁跨度不大，短者仅长 1 米余，最长者为一道桥，跨长 3.4 米。

道路行经长江河谷左岸（北岸）陡峭的山坡之上。此处为峡谷型河谷，河谷宽约 150 米，水流湍急。两岸上部皆为绝壁，北岸绝壁下部为石坡，道路即依绝壁建于石坡的顶部。其下有人工开辟的梯田带。此段道路是峡中道路环境最平坦易行的一段，最高点位于近四道桥处，海拔高程 162 米。

此段道路的中部北侧陡壁上凿刻有"开辟奇功"摩崖石刻一处，为清代所刻。其东侧的一处崖壁上凿有石槽一道。两处古迹遗存均位于道路北侧，高于路面。道路相对的长江南岸石壁上有胜迹"倒吊和尚"。两观亭为处于瞿塘峡谷转弯处的一处六角形建筑遗址，今存石台基，立于此地可观察到东西两段峡谷全貌。

此段道路西端与石板岬槽道相近处的道旁埋有石质纤夫桩。

图 21　一道桥

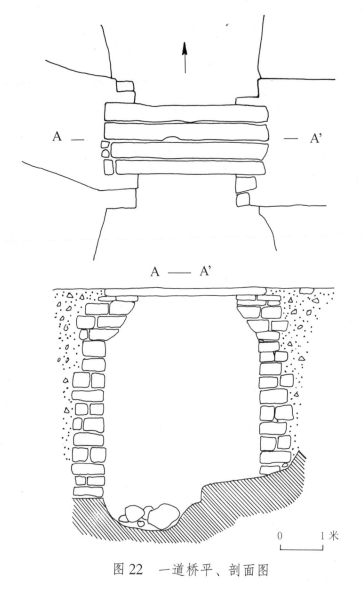

A — A'

0   1 米

图 22   一道桥平、剖面图

（五）一道桥

一道桥位于石板岬槽道至七道门道路间，行政区划隶属于奉节县白帝镇瞿塘村。从石板岬槽道东端至一道桥，约长 220 米。桥面中心地理坐标为东经 109°35′22″，北纬 31°02′20″，海拔高程 144 米。

一道桥为石板桥，桥面宽 1.4 米，跨度 3.4 米，桥高 5 米左右。桥面由四块长石板并铺而成，石板厚 0.15 米，宽 0.3 米左右，长 3.4～3.6 米。桥面两侧另架有矮石栏。石栏是用整条大石凿成，高 0.3 米，宽 0.26 米，长 3.3 米（图 21、22）。桥上下游水沟两岸皆以石条砌筑，上游甚宽，至桥处变窄，平面形成向上游的喇叭口。桥台系以大石块砌就，石料皆为人工开凿的方形石块，黏结物为白灰，相当坚固，其中可能掺有糯米汁。

桥位于石板岬古道间，此地长江两岸皆为绝壁，北岸绝壁下部临江为一坡状结构，古道即行于其上。桥上下游左右有人工开辟的梯田。桥北绝壁上有一道上下的陡沟，不宽，平日无水。当降雨时，悬崖上边有小瀑布流下。从石壁上的水痕，也可推知这一点。桥下不远即为江岸，甚峻陡。此处江流汹涌，岩岸峥嵘，即所谓石板峡滩，为瞿塘峡中著名险滩之一。

据清光绪《奉节县志》卷七"山川"记载，光绪十五年（1889 年）汪鉴开修峡路，"其中分造沟涧平桥十九道。自状元堆至巫山县城九十里，中造平桥二道，拱桥四道"。此当属十九道沟涧平桥之一。

瞿塘峡古道现存古桥的桥台一般都比上边所铺的石板宽。出现这种现象有两种可能，一是原设计道路较宽，而当时铺桥面时未铺到设计宽度；二是原桥面的一些石板遭到后代破坏。

（六）二道桥

一道桥东建有二道桥，行政区划隶属于奉节县白帝镇瞿塘村。海拔高程 145 米。

自一道桥至二道桥间，相距90米。二道桥为一石板平桥，桥面宽约1.6米，跨度1.9米，由三块规则的大石条顺铺构成。桥西道路路面低，桥东路面稍高，故桥西另横有两石条为阶。桥面石条系人工凿成，皆厚0.2米，宽0.5~0.52米，长2.2米。桥下两侧建有桥台，均为石块砌就，石条即平铺于桥台之上。桥上游两侧用大石块砌石岸，石岸北高南低，呈阶状，分为五六阶，比较宽，甚整齐。而上游的沟底也砌为石阶，层层下降。桥下为石质沟底，亦非自然形状，上有凿痕。石底距离桥面高1.8米。这种凿深桥下石谷底的做法，是为了保持道路的平直，使路面不致有大的起伏，同时还可以增加桥下的过水面积，减少洪水对桥梁的冲击。

桥下游两侧沟岸也砌有顶平的石台，分为多阶，下游沟底则砌为多级石阶。石阶上游高，下游低，以利行水，并避免冲刷沟底影响桥基的牢固。石阶下游最低处被灌木丛掩盖，至少有五阶。桥北绝壁上有一道上下的陡谷，为来水处。桥上下游两侧有人工开辟的梯田。

此当属清汪鉴所修峡路十九道沟涧平桥之一。

（七）三道桥

三道桥行政区划隶属于奉节县白帝镇瞿塘村。海拔高程145米。

自二道桥至三道桥间，共长270米，桥东距离"开辟奇功"摩崖石刻约50米。三道桥桥面宽约1.2米，跨度仅1米，有些类似涵洞。但此桥桥面比较简陋，仅用两块不规则的大石铺于其上，似系原桥面毁坏后改建所为。桥下沟底非自然岩石，而是由石条砌为平底，距离桥面高0.6米。桥下游路两侧沟岸砌有顶平的石台，沟底则砌成多级石阶。石阶上游高，下游低，以利行水，避免冲刷沟底，影响桥基的牢固。石阶共八阶，下游最低处距离桥面高4米。桥北绝壁上有一道上下的陡沟，为来水之沟。桥上下游路两侧有人工开辟的梯田。此桥虽规模甚小，但从沿路桥涧数目看，似也在汪鉴所修峡路沟涧十九道平桥之中。

（八）四道桥

四道桥行政区划隶属于奉节县白帝镇瞿塘村。中心地理坐标为东经109°35′29″，北纬31°02′17″，海拔高程145米。

四道桥位于"开辟奇功"摩崖石刻东约100米处。桥原是一座石板铺成的平桥，但其上石板皆不存，今改为水泥板，形状不一，长短也参差不齐，当为原桥石条损坏后补铺。桥上游已经淤塞，下游深约2米。两侧桥台用石块垒砌，桥下高度为2米，跨度约2.2米。据桥台宽度推测，原桥面宽度约为1.5米。

此地长江两岸皆为绝壁，北岸绝壁下部临江为一坡状结构，古道即开在坡上。桥北侧为山崖石壁，并无沟壑来水，但石壁根部有一石洞，当为洞中有水流出，因之为桥。其下江岸有石滩，即石板峡滩。

四道桥北侧4.2米处的东西向石壁上，有一段人工开凿的水槽。水槽东高西低，槽口上下宽0.25米，深入壁面0.15米，可流水，总长约4米，高出道路4米。这似为历史上一处依岩壁的建筑搭檐处，也有可能是汇集石壁渗流，导入桥下的工程遗迹。其可以阻止渗流对道路的破坏。

图 23 七道门古道

据清光绪《奉节县志》卷七"山川"记载，光绪十五年汪鉴开修峡路，"其中分造沟涧平桥十九道。自状元堆至巫山县城九十里，中造平桥二道，拱桥四道"。此当为其一。

（九）七道门至风箱峡古道

七道门至风箱峡古道的行政区划隶属于奉节县白帝镇瞿塘村。道路起点地理坐标为东经109°35′38″，北纬31°02′11″，海拔高程142米。

道路西自七道门两观亭始，东至风箱峡天然石洞东下阶处止，全长270米。西与石板岬槽道至七道门古道相连，东与风箱峡槽道相接。

通行道路一般高于长江枯水期水面45～60米，道路宽平，局部可达3～5米。自两观亭向东多为平缓下坡，间有石阶，从风箱峡溶洞西复开始上坡，至溶洞口达最高点（图23）。因近年开发旅游，对此段道路曾进行维修，修筑了路面，一些地段路面为水泥砌筑。

　　此处河谷宽约100米，水流湍急。两岸绝壁对峙，形势险要。道路经过长江左岸（北岸）的山坡，地势较缓。坡上方有些地方山崖陡峭，下部未见雨淋，故其石壁呈黄色。

　　此段道路沿线遗存丰富。在此道西端，有两观亭基址及天然名胜七道门溶洞，溶洞内有人工整理的石阶等。道路北侧沿崖壁根部有人工整理开凿的五六座石窟，形状多不规则，内有居住遗迹与大量烟炱。其中一孔为抗战时所修的炮洞。这些石窟与建筑遗迹开凿或扩凿时代不详，或传说是古代驻兵之处。偏东一窟中有一泉流，或云古圣母泉。洞门旁有一方形摩崖石刻，但其上无文字。此段道路偏东处有清人汪鉴所镌刻"天梯津隶"大型摩崖石刻。最东有风箱峡大溶洞，洞内左右两壁有人工开凿的若干方形石孔。大溶洞东上方石隙存有两具悬棺，自溶洞口即可看到。此段道路东侧下部还有一古道，为石砭道与垒石道混合结构，系瞿塘下道。其时代比上道早。江对岸绝壁上有黄金洞，内有悬棺，曾出巴式柳叶剑。道路中部上方有女阴洞，内有古人活动遗物。

　　此段道路传为清代汪鉴所开。

（一〇）风箱峡槽道

　　风箱峡槽道行政区划隶属于奉节县白帝镇瞿塘村。中心地理坐标为东经109°38′49″,北纬

图24　风箱峡槽道

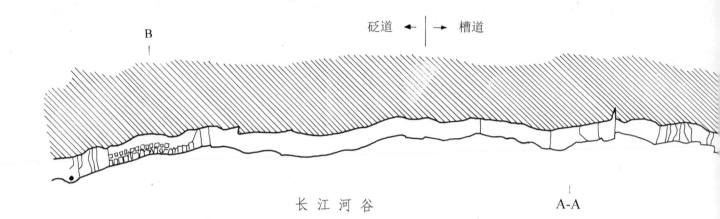

图 25　风箱峡槽道平面实测图

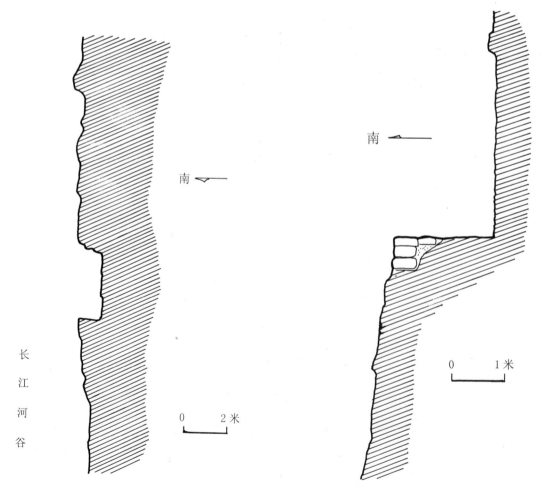

图 26　风箱峡槽道西侧道路结构剖面图　　　图.27　风箱峡古道结构剖面图

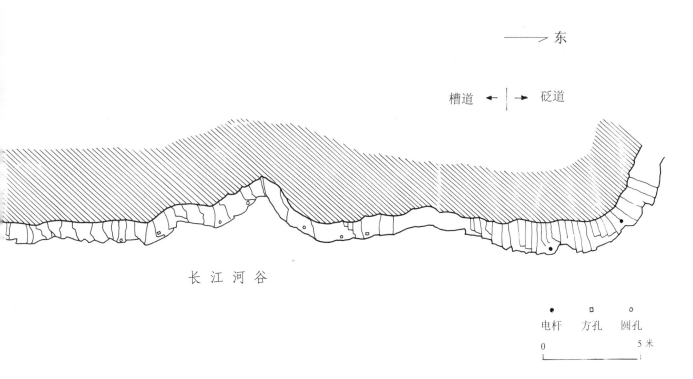

—→ 东

槽道 ←| → 砭道

长 江 河 谷

●　　□　　☐
电杆　方孔　圆孔

0 ————————— 5 米

31°02′04″，海拔高程 125 米。

　　此段道路西与七道门至风箱峡古道相连，东与干沟西道相接（图 24～27）。道路一般宽 1.4～2 米，包含槽道与其西一段道路。西部道路为石砭道与垒石道结构，长约 50米。这段道路西高东低，有石阶向东下坡，至槽道处复开始上坡，一般宽 1.5～2 米。风箱峡槽道是瞿塘峡中的另一条险道，是开凿在绝壁上的一段道路，一般高于长江枯水期水面 50 米。自风箱峡大溶洞东侧的电杆处至古槽道东端双电杆嘴处的山嘴，长 110 米，其中纯为槽道结构部分长约 50 米。此段几乎全为在绝壁上开凿出的三面岩石、一面悬空的石槽道，行人至此，下临不测之深，不免惴惴。路面多就天然岩层层理开凿为石阶，全无铺砌。石阶向东层层升高，路面最窄险的地方是此段绝壁上一条上下垂直的石凹与道路相交处。道路沿山形内凹，凿道仅 1 米宽。从路外侧一些地方有崩垮痕迹看，也许原道路要宽于现路面。今其槽道外侧已无护栏，但我们于道旁石面发现有一些垂直向下的方形石孔和圆形石孔，当为古时设置石栏柱所凿。据说，旧时曾有栏柱与铁链，这些石栏柱孔的存在，与民间传说相合。开凿古道时曾在绝壁上用炸药爆破，故石壁上存有大量爆破痕迹，也有钎凿出用于爆破的圆孔。其孔亦细，如同石板岬槽道凿孔。但这里西侧的石壁上存大片凿迹，凿痕亦有较细密的特点，一般凿距约为 3 厘米，20 厘米间分布有七道平行凿痕。

　　道路行经长江河谷左岸（北岸）垂直的绝壁之上，下为长江，上为陡直的石壁。此处河谷宽约 100 米，水流湍急。两岸绝壁对峙，形势险要。

　　段内地面遗存有三处。其一，道路上部石壁有一竖长裂隙，内有古代悬棺两三具，高出江面约百米。其二，此段下部约 30 米处有一平行古道，多为依临江石壁垒砌巨石而成，石砭道与垒石道混合结构，为瞿塘峡下道。其修造时代比上道早，疑为道光年之前所建。其三，风箱峡溶洞与风箱峡槽道之间垒石道旁的石壁上，刻凿有一些连排石槽，大约是途中关卡建筑的遗迹。

此处历史沿革不详。悬崖上的古悬棺一般多为春秋至汉代的遗存。

（一一）干沟西道

干沟西道行政区划隶属于奉节县白帝镇石庙村。

道路西自风箱峡槽道东端山嘴起，向东北弯入干沟子山湾，至最深处的小水潭止，共长80米，一般高于长江枯水期水面55～60米。其西与风箱峡槽道相连，东与干沟至红叶角古道相接。此处为峡谷型河谷，河谷宽约百米，水流湍急。两岸绝壁对峙，形势险要。

此段道路宽度在1.4～1.5米间。此间山壁陡直，上下皆为陡崖，多为在岩石上开凿出来的石砭道，形成陡壁上的一道石质路阶。道路大致平坦，上下坡不平处则就其山石凿为石阶。此处是马岭山与赤甲山间的一道分界沟谷，大溪老船工称此沟为干沟，盖平日干而无水，故名干沟。但下雨时，山水大至，则水势汹涌，自上而下，形成三级飞瀑，跌入长江。雨过天晴，则复干枯。在道路上方，雨天有飞瀑两重，两瀑布之下水流冲击处皆形成小水潭。道路至瀑布处无桥梁，从下瀑小水潭外侧的石坎上经过，仅在白色裸岩上凿有数级小石阶，以防行人滑倒。

道路下方存有一古道，是瞿塘下道，多为人工开凿的石阶。过沟处建有一石桥，惜已被洪水摧毁，仅存两侧石垒桥台。道路一般宽1.3～1.6米。据大溪老船工说，干沟至黑石间有扇子石，是峡中古迹。这一带沿岸岩石多为层理分明的竖立岩层，或系指其形如折扇，但分布甚长，不知所指为何。这里的地名多是江中行船者所起，故沿江地名甚详，而岸上地名反倒不很清晰。

（一二）干沟至红叶角古道

此段道路行政区划隶属于奉节县白帝镇石庙村。终点地理坐标为东经109°35′59″，北纬31°02′01″，海拔高程151米。

自干沟内小水潭起，至红叶角终，西与干沟西道相接，东与红叶角至避险岩古道相连，全长200米。此处长江左岸（北岸）山势颇陡，为峡谷型河谷，河谷宽约百米，水流湍急。两岸绝壁对峙，形势险要。

此处山势较陡直，故道路一般为在岩石上直接开凿出的石砭道（图28）。干沟以西则一直向东南上坡，尽为坡道。上坡处多就山石凿成石阶，有少数地段为垒石道，也有道路内侧为石砭道，而外侧为垒石结构者。道宽一般1.3～1.5米。

近红叶角有一处小桥为半桥，即道路内侧为就山凿出的砭道，道外侧铺一大石板，其下悬空，编号为五道桥。

此处长江北岸有一小山谷，为赤甲山与炮台山之间的大沟，平时无水，故名干沟，或名干沟

图 28　干沟西道

子。道路沿谷西至小水潭下过沟，折而沿沟东岸南行上坡出沟，又经一小山湾，到达一名为红叶角的小山嘴。其下方 40～50 米处山崖间有一与之平行的古道，并有桥梁东侧的桥台存留，当旧有石桥，疑为道光年间所建古道。因其距离江面过近，为洪水摧毁者大约不少，遗存不多。今存古道为其后所筑，吸取了旧道过低的经验，将路面升高。

（一三）红叶角五道桥

红叶角五道桥行政区划隶属于奉节县白帝镇石庙村。地理坐标起点为东经 109°35′59″，北纬 31°02′01″，海拔高程 150 米。

红叶角为一无名山嘴，是干沟东侧第一个山嘴，道路至此升攀最高，由此向东、向西皆为下坡。其处植被茂密，深秋时红叶如火，满坡似霞，故以红叶角名之。山嘴之西有一大石铺于道路外侧，下部凌空，为一半栈。桥台系就山石凿出。此处为一小小的山湾，桥下实为一道石缝，但上游并无来水之路。桥面宽约 1.5 米，跨度 1.1 米，左右皆为在山石上开凿出的砭道（图 29）。这种一侧依山修建的小石桥结构已经与栈道相似，在瞿塘峡众多桥梁中，构造比较特殊。

（一四）红叶角至避险岩古道

此段道路行政区划隶属于奉节县白帝镇石庙村。地理坐标起点为东经109°35′59″，北纬

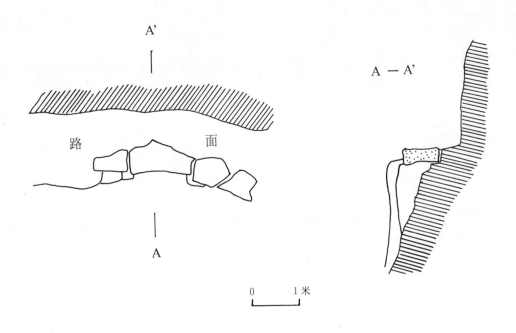

图 29　红叶角五道桥平、剖面图

31°02′01″，海拔高程 151 米。终点地理坐标为东经 109°36′08″，北纬 31°01′57″，海拔高程 134 米。

此段道路西自红叶角始，东至避险岩，全长约 600 米（图 30）。西与干沟子至红叶角古道相连，东与避险岩至黑石滩古道相接。

道路一般高于长江枯水期水面 60 米，位于比较缓和的山坡上，故多建为垒石道。局部地段为内石砭道、外垒石道。垒石道路面铺砌平坦，铺石整齐。此段向东至六道桥一路下坡，道路宽平，一般宽 1.5～2 米。

道路行经长江河谷左岸（北岸）较上下游稍为平缓的山坡上。此处为峡谷型河谷，河谷宽约 110 米，水流湍急。

红叶角东沿线山湾有小石桥一座，编号为六道桥。桥已毁坏，道路从其旁绕过。此段古道下有另一条古道与之平行，即瞿塘峡下道。向江心凸出的山嘴道旁或埋有石质纤夫桩。

（一五）六道桥

六道桥为一石板桥，行政区划隶属于奉节县白帝镇石庙村。海拔高程约 120 米。

石桥位于红叶角东侧一小山湾中，距离红叶角约 150 米。自红叶角至此桥一直下坡，至坡底为桥。

桥台是用人工开凿的石条砌就，比较平整。桥高约 3.7 米，宽 1.8 米左右，跨度 2 米，桥梁现已倾圮。桥上所架石梁皆为方形石条，原结构似为近十条长石并铺于两侧桥台之上。现存石条多数从桥台处中断，中间悬空部分已不存在。从其断裂痕迹看，似非人力所为，而是上游山石崩落砸毁。今桥下上游方沟谷为乱石壅塞，道路从桥梁北侧乱石上靠山绕过。

图 30　红叶角至避险岩古道

图 31　避险岩至黑石滩古道路面

（一六）避险岩至黑石滩古道

此段道路行政区划隶属于奉节县白帝镇石庙村。地理坐标起点为东经 109°36′08″，北纬 31°01′57″，海拔高程 134 米。终点地理坐标为东经 109°36′37″，北纬 31°01′23″，海拔高程 139 米。

古道西自避险岩始，东至黑石滩中部大小黑石间（图 31）。西与红叶角至避险岩古道相连，东与黑石滩至崩岩古道相接。道路全长约 1600 米，一般高于长江枯水期水面 60 米，最高者可达 90 米。道路多为垒石道结构，即傍山坡垒砌块石，构成道路。路面外侧铺以大石，内侧多以土石填平。一般地段道路宽度为 1.2~1.5 米。

接近黑石滩处为土石道或土道。土道全长约 350 米。土道在瞿塘峡中比较罕见。此道甚为开阔平缓。黑石滩处两岸石嘴相对，峡谷过窄，洪水至时水流被抬高，大量泥沙也沉积于两岸，故此处多沙质土。其地因之多生茅草和芦苇，有些道路即在茅草和芦苇丛中穿过。同时，因受洪水影响，此段道路屡次变更，植被夹道，可行道路甚窄，一般仅 0.6~1 米。

从避险岩向东不远的一山坳中，尚存一已经毁坏的石板桥梁，编号为七道桥。黑石滩西有一座小石桥，编为八号桥，已被沟中泥石流所携大量石块覆盖。桥的结构不详，今古道自乱石上通过。黑石滩东的路旁存有一块半人高的黑石，人称黑石。

道路行经长江河谷左岸（北岸）陡峭的山坡上。此处为峡谷型河谷，水面宽约 130 米，至黑石滩枯水时仅宽数十米，水流湍急。黑石滩为瞿塘峡中著名险滩之一，旧时船行至此经常翻船。在此段道路上可南望白盐山，北望赤甲山，视野比较宽阔。黑石滩一带为一凸向江心的岩嘴，两岸高于其他江岸，道路比较平坦。

黑石滩西的道旁依山凿有石洞，系人工开凿而成，为抗日战争时期所修一处石堡。堡垒西侧有一窄门，东侧有一枪眼，朝向长江航道下游方向。因高山崩石下落，将枪眼周围堆满，故枪眼位置显得很低，这大约是黑石滩的军事防御工程。东北方向赤甲山高处绝壁上有铜钱洞，当地传说因内藏有铜钱而得名。

其历史沿革不详。《四川通志》卷二十四"山川"称："黑石滩……谚云：滟滪冒顶，黑石下井。"

（一七）七道桥

原为一石板桥，已圮，行政区划隶属于奉节县白帝镇石庙村，海拔高程 125 米。

自避险岩始至此桥，约长 200 米。七道桥原为一石板平桥，桥面宽约 1.8 米，跨度 1.2~1.8 米。此桥所存桥台比较平坦，当与诸桥结构相同，由多块石条铺成。两侧所建桥台，均为石块砌就。但两桥台不平行，上游面宽，约 1.8 米；下游面窄，宽约 1 米，平面呈"八"字形。桥下沟底为自然石坡，上游高，下游低，最深处距离桥面 1.6 米。

此桥当属汪鉴所修峡路十九道沟涧平桥之一。

(一八) 八道桥

八道桥原为一石板桥,行政区划隶属于奉节县白帝镇石庙村。

桥位于铜钱洞西侧山谷内,黑石滩之西。桥台系用石条砌就,桥高约 0.5～1.5 米。两侧桥台不平行,上游宽,下游窄,跨度 1～1.7 米。此桥已经圮毁,上部所架石梁不存。道路从其旁绕过。此处山谷多乱石,当为泥石流所致。桥大约也是被乱石摧毁的。

(一九) 九道桥

九道桥为一石板桥,位于黑石滩西侧,行政区划隶属于奉节县白帝镇石庙村。

桥台系用石条砌就,桥高约 2 米,宽 1.5 米左右,跨度 2 米。一半已经圮毁,临江一侧所架石梁已不存,仅余依山侧石梁。上游已经淤塞,道路一半在桥上,另一半从石堆上通过。

(二〇) 黑石滩至崩岩古道

此段道路行政区划隶属于巫山县大溪镇平槽村。起点地理坐标为东经 109°36′37″,北纬 31°01′23″,海拔高程 139 米。终点地理坐标为东经 109°36′48″,北纬 31°01′10″,海拔高程 141 米。

道路西起黑石滩中心,东至崩岩道东山嘴。西与避险岩至黑石滩古道相连,东与崩岩至银窝子古道相接,全长约 600 米。

道路一般高于长江枯水期水面 50～80 米,接近黑石滩处为土石道或土道。黑石滩处两岸石嘴相对,峡谷过窄,洪水至时水流被抬高,大量泥沙也沉积于两岸,故此处多沙质土。其地因之多生茅草和芦苇,有些道路即在茅草和芦苇中通过。近黑石滩处道路也因受洪水影响,屡次变更,宽度甚窄,结构也成为土石道,很难看到铺砌整齐的石路面。道路一般仅宽 0.6～1 米,左右生有大量芦苇和灌木。

黑石滩向东道路越一沟,沟中间与两岸有北侧高山冲下洪积石堆,乱石累累,覆盖道路。据当地人说,旧时有桥一座。因这是官道,时时有人清理,但一下雨,上边又冲下许多石块。乱石沟之东有风化岩屑区,也是一段险道,宽仅为 0.5 米或 0.8 米。风化岩屑区之东为路段高点,海拔高度约为 150 米,东西两侧道路皆有下降坡度。这里的石质为淡青色薄层页岩,风化严重。岩屑区路面松软,下雨常坏,同时上部还不时滑下大量细碎岩屑覆盖道路。再东有一段长数十米的石砭道,石质变为灰岩,为此段道路的最高点。

砭道以东为崩垮岩石区,系灰岩质,道长约百米,向东南下坡,路面开凿有石阶。崩岩区道路多为槽道结构。此处山石结构松乱,为地质上的破碎岩石带。行于道间,路面皆为崩落的乱石,上方岩石松散开裂,摇摇欲坠,随时有崩塌之虞。此道自古至今都是危险区,须不断清理乱石才能通行(图 32)。据大溪老船工说,此地叫垮岩子,向前经银窝子、鸡心石,可至桥沟湾。

崩岩区以东,道路虽然随山势弯转,但尚可称平坦,一般宽度约 2 米,最宽处达 3 米。路面

图 32　崩岩古道

有就其岩层开凿为石阶者，亦有铺石板垒砌为石阶者。在一些砭道的外侧，还有垒石使路边整齐的工程。

黑石滩以东与风化岩屑区之间有两处小沟，均被上游冲下的大量乱石壅塞。道路从乱石上通过，下部旧时疑有石桥，结构不详。

道路行经长江河谷左岸（北岸）的山坡上，最北为赤甲山主峰，山南沟谷多有洪水冲下的大量砾石。西段山势较缓，至崩岩区山势变得险陡，且石质破碎，地质上为岩层破碎带。此处为峡谷型河谷，江面除黑石滩特别狭窄外，河谷一般宽约 130 米，水流湍急。两岸石壁对峙，形势险要。

道中在东段山嘴处存有一纤夫桩，道旁石壁上存有纤绳磨痕。道路下部断续分布有一条平行古道，即瞿塘下道。

当地传说此道数百年前已有，或曰为清代晚期鲍爵爷（鲍超）所修。鲍超系四川人，为曾国藩手下著名将领，曾任湖南提督。同治间授浙江提督，后赏一等轻车都尉，封一等子爵，加一云骑尉，晚年居家奉节，光绪十二年（1886 年）卒。据说，黑石滩山坡更高处还有一道，但不常用，已经被废弃。

（二一）崩岩至银窝子古道

此段道路行政区划隶属于巫山县大溪镇平槽村。起点地理坐标为东经 109°36′48″，北纬 31°01′10″，海拔高程 130 米。终点地理坐标为东经 109°36′58″，北纬 31°00′56″，海拔高程 132 米。

道路西起崩岩嘴，东至银窝子石嘴，全长约 400 米。西与黑石滩至崩岩古道相连，东与银窝子至桥沟古道相接。

通行道路一般高于长江枯水期水面 50～60 米。此段道路西段较宽缓，东段较险，结构为石砭道（图 33）与垒石道，间有一段半槽道（图 34）。其道上垒石多以大石垒砌外侧，内侧则以小石与土沙铺成，路面亦如此。一些路外侧生长有齐膝深的野草，仅余内道通行，状如小道。

道路行经长江河谷左岸（北岸）陡峭的山坡上。此处为峡谷型河谷，河谷宽约 140 米，水流湍急。两岸高山对峙，形势险要。中经一谷，旧时当有桥，但此处现已被乱石壅塞，乱石下部古道情况不详。

当地老百姓传说此道数百年前已有，或曰为清代晚期鲍超所修。

（二二）宽路

此段道路行政区划隶属于巫山县大溪镇平槽村，为上段道路中的一段。崩岩道向东接近第一山嘴处。此地路面甚宽，最宽处达 3 米，为他处少见（图 35、36）。道路结构为砭道与垒石道混合型，近山嘴处道上多古纤绳痕。一些古道为石砭道，在道路的外侧凿留有石栏，石栏凿痕尚存。石栏共发现两段，保存长度一般都不长。石栏残高 0.2～0.3 米，宽约 0.2 米。在道路外侧凿留石栏，在瞿塘峡古道上比较少见。

（二三）银窝子至桥沟古道

此段道路行政区划隶属于巫山县大溪镇平槽村，始于银窝子山嘴，终于桥沟石桥，全长约 1000 米。始点地理坐标为东经 109°36′58″，北纬 31°00′56″，海拔高程 132 米。终点地理坐标为东经 109°36′57″，北纬 31°00′57″，海拔高程 134 米。

道路位于长江河谷左岸（北岸）陡峭的山坡上，一般高于长江枯水期水面 50～60 米，宽 1.5～3 米不等。此处为峡谷型河谷，系瞿塘峡下口窄谷段，河谷宽 120～140 米，水流湍急。两岸高山对峙，形势险要。此段道路最宽处为西段砭道，达 3.1 米。道路西部有一处半槽道，系人工在陡壁上开凿出的道路（图 37）。道路上方一半为岩石遮蔽。此段槽道长约 10 米。道路之东还有一段石砭道，是在岩石上直接凿出，不铺不砌，道路平整。道宽约 1.6 米，

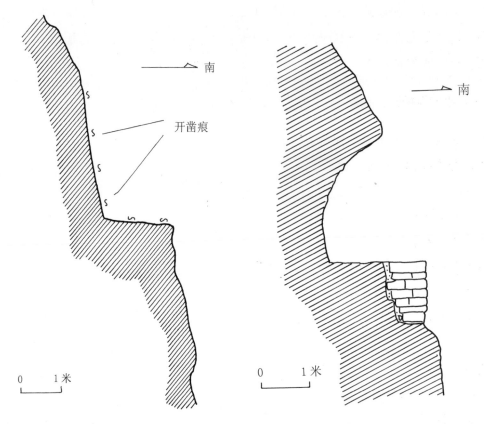

图33 银窝子砭道结构剖面图　图34 银窝子半槽道结构剖面图

图35 宽路路面

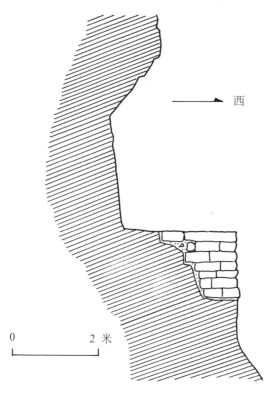

图 36　宽路结构剖面图

图 37　银窝子至桥沟古道中的半槽道

凿壁高度为 1～3.5 米不等，路面微向外侧倾斜，风化严重。道路的东段多为石砭道与垒石道混筑，即内侧在岩石上开凿，外侧用石块垒砌，也有在山坡平缓处纯以垒石道建筑者，一般路外侧临江一面垒砌高度约 2 米。此段道路虽然随山势曲折，但平坦易行。路面所铺石板甚大，路面宽阔平直，一般宽约 1.5～2 米。

最东端白果背桥位于一条名为桥沟的山谷内，左右两道皆向沟中延伸，至桥处相接。道路向江心凸出的山嘴道旁分布的纤夫桩很多，但大多被人挖去，仅存一坑。另在一些石壁及地面上都分布有许多纤绳的磨痕，表明这一带是拉纤的重要地段。段内地面遗存还有白果背桥。其为一石板桥，原桥板结构下方无木，后经匠人修理，在石板下另加木梁。白果背桥旁有近年石作匠人修桥题记一则。

传说此道数百年前已有，或曰为清代晚期鲍超所修。

（二四）白果背桥（十道桥）

白果背桥是瞿塘峡古道上规模最大的一座石板桥，行政区划隶属于巫山县大溪镇平槽村。中心地理坐标为东经 109°36′57″，北纬 31°00′57″，海拔高程 134 米。

桥建于长江北岸一名为桥沟的山谷内，距离谷口约 70 米，左右皆为灰岩中山。古道从左

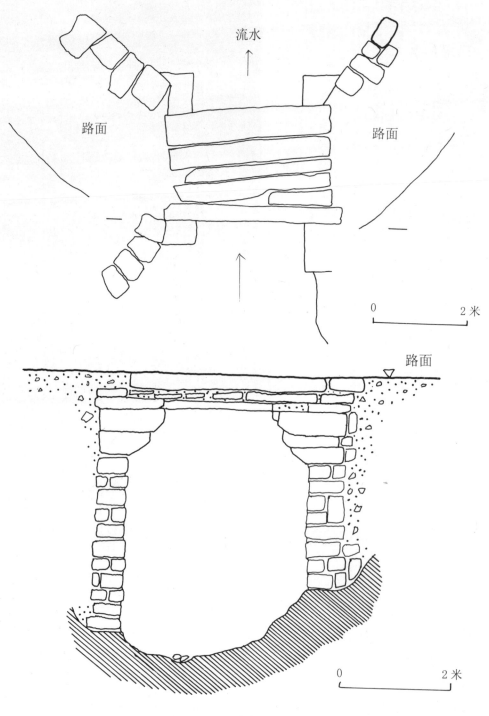

图 38　白果背桥平、剖面图

　　右迁回入沟过桥，桥两侧与古道路相接。

　　此系建在山湾内的一座石板平桥。桥上下游两岸有砌石，皆向外张，平面皆呈"八"字形，桥即建于最狭窄处。东西建有桥台，均以大石条砌就。桥台宽 3.5 米，两桥台相距 3.25 米，此即石桥跨度。桥高自桥面计，至桥底沟中最低点，约 5 米。在左右桥台上部，距离桥面 1.5 米处开始以砌石出挑，共挑出三层，两侧各出挑 0.7 米。桥面是用五长一短共六块长石条并列排成，东窄西宽，东端宽 2.2 米，西端宽 2.5 米（图 38）。但现桥面的宽度尚未完全覆盖桥台的出挑部分，说明原来桥面的宽度要大于现存桥面。就其下出挑的桥台宽度论，这是瞿塘峡一路上所发现最宽的桥梁，也是保存得比较完好，桥台未遭到破坏的一座古桥。

此桥桥面经过维修，并在桥面下顺铺多道木梁加固。石条是铺设在木梁之上，已经不是原来所建桥梁的桥面结构。北侧有现代修桥题刻，题刻位于桥上游左岸石壁，有新凿刻的楷书文字三行。其文曰："重建白果背／徐孙二石工／重修此路／公元一九七三年九月廿日"。由此推知，此桥在 20 世纪 70 年代可能与道路一同重修。

据清光绪《奉节县志》卷七"山川"记载，光绪十五年（1889 年）汪鉴开修峡路，"其中分造沟涧平桥十九道。自状元堆至巫山县城九十里，中造平桥二道，拱桥四道"。此当为十九道平桥之一。

（二五）桥沟至导航站古道（白果背道）

此段道路行政区划隶属于巫山县大溪镇平槽村。此段道路西自白果背（白鸽背）桥，东至白果背导航站台。起点地理坐标为东经 109°36′57″，北纬 31°00′57″，海拔高程 134 米。终点地理坐标为东经 109°37′01″，北纬 31°00′48″，海拔高程 132 米。道路全长 500 米，西与崩岩至桥沟古道相连，东与白果背至柜子崖古道相接。

道路行经长江河谷左岸（北岸）陡峭的山坡上。此处为峡谷型河谷，河谷宽约 100 米，水流湍急。两岸绝壁对峙，扼瞿塘峡的下口，形势险要。

道路一般高于长江枯水期水面 60 米。白果背桥位于桥沟的谷中，左右两道皆向沟内延伸，至桥处相接。此段道路所在山坡地势不甚险要，道路多为石砭道与垒石道，外侧多以大石垒砌，内侧则以小石与土沙填充铺成。路面亦如此。其处路面铺砌石板甚大，长者面长可达 2.2 米，宽 1 米（图 39）。路面宽阔平直，一般宽约 1.5～2 米。垒石道外侧垒石高度不一，随地形变化，多在 1～5 米之间。

向江心凸出的山嘴道旁多有纤绳磨痕，或埋有石质纤夫桩。道下方岸

图 39 桥沟至白果背古道上的大块铺石

上存有一条平行古道，断续分布，此为瞿塘下道。下道旁亦多有纤绳磨痕。

传说此道数百年前已有，或曰为清代晚期鲍超所修。

（二六）白果背至柜子崖古道

此段道路行政区划隶属于巫山县大溪镇平槽村。起点中心地理坐标为东经 109°37′02″，北纬 31°00′48″，海拔高程 132 米。终点海拔高程 135 米。

道路西起白果背导航站，东至柜子崖槽道，全长 860 米。西与桥沟至白果背古道相连，东与柜子崖槽道西端相接。

通行道路一般高于长江枯水期水面 70 米，多为石砭道与垒石道结构。道路宽约 1.3～1.6 米，随山势盘旋，比较平坦。

道路行经长江河谷左岸（北岸）陡峭的山坡上。此处为峡谷型河谷，河谷宽约 120 米，水流湍急。此段为瞿塘峡下口，山石皆为灰岩。两岸高山对峙，形势险要。

道旁存有抗日战争时期修建的两处江防炮洞。一处在白果背导航站以东 40 米处，一处在导航台以东炮台沟的旁边，距离导航台 450 米，皆为人工在道旁岩壁开凿而成。另上距白果背导航台约 250 米处有土地庙，是依道旁岩壁修垒的小庙，内供有神像。此段道路旁边多纤绳痕迹，亦多纤夫桩，但大半被人掘走，仅存石窝。白果背导航站下及其东断续存有一道，是为瞿

图 40　柜子崖槽道

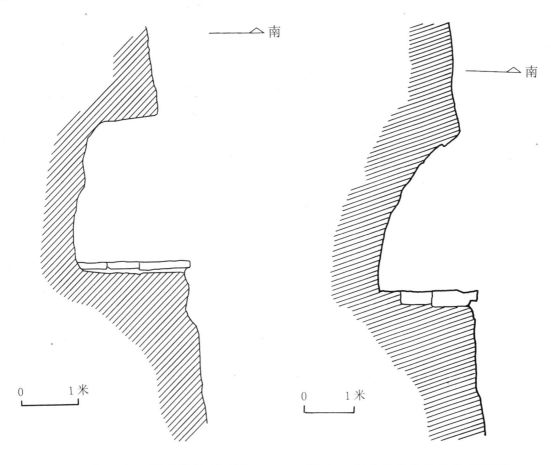

图 41　柜子崖西槽道结构剖面图　　图 42　柜子崖东槽道结构剖面图

塘下道。

传说此道数百年前已有，或曰为清代晚期鲍超所修。

（二七）柜子崖槽道

此段道路行政区划隶属于巫山县大溪镇平槽村。中心地理坐标为东经 109°37′28″，北纬为 31°00′37″，西槽道最低点海拔高程 135 米，东槽道最高点海拔高程 150 米。

道路西自西柜子崖槽道西端始，东达东柜子崖槽道东端止。西与白果背至柜子崖古道相连，东与柜子崖至么鱼包古道相接。道路一般高于长江枯水期水面 70～80 米。此段道路是瞿塘峡下口处的一段著名险道，系槽道与砭道混合结构。道路主要为石槽道，是在绝壁上开凿出的三面岩石、一面凌空的道路（图 40～42）。石槽道共两段，西槽道全长 35 米，东槽道全长 30 米，中间有 35 米的石砭道相接。槽道一般开凿高 2.5～3 米，宽 1.5～2 米，顶部开凿得不甚整齐。因槽内地面道路东高西低，一路向东上坡，地面砌有石阶或铺石板，石阶多为人工以石条辅以灰浆砌就，并非就原处岩石凿出。石板一般为长方形，甚阔大，长 1.5～2 米，许多石条的外侧甚至伸出石壁之外。

道路行经长江河谷左岸（北岸）陡峭的山岩上，山石皆为灰岩。这一带山崖陡峭，上多溶洞，崖面微偏西南，上下皆为绝壁，名为柜子崖。道路下绝壁高30～40米，绝壁下有石坡斜至江边。此处接近瞿塘峡下口，为峡谷型河谷。河谷宽约110米，水流湍急。

槽道与砭道旁石壁上皆有钎孔与火药爆炸痕迹，当系晚清开凿道路时所留。西槽道的中部石壁上有一处类似刻字的凿痕，上下两个文字，上面的形如"十"字，下面的难以辨认，推测可能是开凿槽道时工人所留的记号。此处江边原立有"皇明康茂才进兵碑"。东槽道之东为一向江心凸出的山嘴，道旁有许多纤绳的磨痕。此处磨痕特别密集，也比较深。民间传说此处崖上旧藏有一柜银子，船上有桡手抢过其中银子，故名柜子崖。这一带多溶洞，传说中所谓的柜子，可能放置在崖上，也可能与古悬棺有关，但对其周围观察，未发现有悬棺痕迹。

杜甫诗中曾记有许多唐代栈道资料。他自同谷赴蜀途中写有《木皮岭》，诗云："高有废阁道，摧折如短辕。"说明唐代时已是废栈。杜甫《飞仙阁》诗云："栈云栏杆峻，梯石结构牢。"《龙门阁》诗云："清江下龙门，绝壁无尺土。……危途中萦盘，仰望垂线缕。滑石欹谁凿，浮梁袅相柱。"他所写的途中诸阁，大约都是栈道的名字。其中有一首《石柜阁》曰："石柜曾波上，临虚荡高壁。"关于石柜阁，我们怀疑是一处人工开凿在石壁上的槽道，与这里的柜子崖槽道名称相近。也许，唐人已有这种称呼石槽道的习俗。

民间传说此道数百年前已有，或曰为清代晚期鲍超所修。

（二八）柜子崖至么鱼包古道

此段道路行政区划隶属于巫山县大溪镇军营村。起点海拔高程150米，终点海拔高程140米。

道路西起柜子崖槽道，东至么鱼包，全长1200米。西与柜子崖槽道相连，东与么鱼包至状元堆古道相接（图43）。

通行道路一般高于长江枯水期水面70米。此段古道所处长江北岸山势甚陡，为瞿塘峡下口。途中有一小沟，名炮台沟，为巫山县大溪镇军营村与平曹村交界处。西段山崖陡峻，多由石砭道与垒石道构成，位于石灰岩地质区域，道宽1.3～1.6米。最东有一小段位于山坡上，其地多辟为石垒外边的多层梯田，但因山坡较陡，梯田颇窄。古道即夹于梯田之间，道宽约1米。因行人太少，途中荒草、荆棘丛生。西部与东部各有一段半槽道，长度均不大。

途近么鱼包有一小桥，系石板桥，跨度1米余，已经倒塌，上游为乱石壅塞。

道路行经长江河谷左岸（北岸）陡峭的山坡上。此处为峡谷型河谷，河谷宽200～250米，水流湍急。北岸道路对面为大溪口，大溪口下有一急滩，滩上游地名为铁滩，有绞船机引上水船。道路东端有一巨石拦路，巨石之上海拔高程约145米，古道自石上翻越。其东道路平缓一些，自此向东出峡，进入宽谷区域。

向江心凸出的山嘴道旁多有纤绳磨痕，或埋有石质纤夫桩。东部路边石壁上开凿有一小佛龛，龛下刻有"南无阿弥陀佛"楷书文字一行。此段道路下部江岸时有下道之迹，江对岸有大溪文化遗址。

当地传说此道数百年前已有，或曰为清代晚期鲍超所修。

图 43 柜子崖至么鱼包古道

（二九）十一道桥

十一道桥位于巨石之西，为一小山涧上所架石桥，两岸有石桥台。桥上石板已经不存，道路自桥旁上游修一垒石道通过。此桥上游似无沟，水可能自悬崖上下落。

清汪鉴开修峡路，状元堆以西"分造沟涧平桥十九道"。经此次调查努力探寻，仅得此十一道，其余或许已为乱石所压，或者为后代改建。但桥梁的结构，已大致可识。

（三〇）么鱼包至状元堆古道

此段道路行政区划隶属于巫山县大溪镇军营村。起点海拔高程 140 米。终点地理坐标为东经 109°38′33″，北纬 31°00′30″，海拔高程 145 米。

道路西起么鱼包，东至状元堆，全长 1200 米。西与柜子崖至么鱼包古道相连，东与状元堆至金沙溪古道相接。

道路一般高于长江枯水期水面70米。此古道西段多为石灰岩，位于山坡上，有石砭道与垒石道。东段地势渐宽缓，其地多辟为多层梯田，但因山坡较陡，梯田颇窄。古道即夹于梯田之间，道宽约1米。因行人太少，途中荒草、荆棘丛生。

途中有几道小沟壑，多已无桥，以垒石代之，上游为乱石壅塞。

道路行经长江河谷左岸（北岸）陡峭的山坡上。此处系三峡宽谷地带，河谷宽200～250米，水流湍急。下为一急滩，有绞船机引上水船。状元堆为北岸一堆乱石，中有一巨石临江。民间传说，古时有人于此石下得弃婴，抱回抚养长大，后高中状元，故名其地为状元堆。

传说此道数百年前已有，或曰为清代晚期鲍超所修。《四川通志》卷二十四"山川"称："巫山，新崩滩，在县西五十里大溪口之下。《水经注》：此山汉和帝永和十三年崩，晋太元二年又崩，当崩之日，水逆流百余里，涌起数十丈，今颓崖所余，尚比诸岭为竦桀。"此滩虽在大溪口下，但非新崩滩，大约即为大溪对岸的状元堆。

（三一）状元堆至金沙溪古道

此段道路行政区划隶属于巫山县大溪镇军营村（当地人称金银村）。中心地理坐标起点为东经109°38′33″，北纬31°00′30″，海拔高程145米；终点为东经109°88′48″，北纬31°00′36″，海拔高程142米。

道路西起状元堆，东至金沙溪（红石沟）。西与么鱼包（铁滩）至状元堆古道相连，东与金沙溪至利山沟古道相接。

通行道路一般高于长江枯水期水面60米。西部道路结构与其上下梯田相同，皆为外侧垒石为阶，内侧填土石为道。外阶一般高2～3米，道路宽度1～1.5米。东部为红色沉积岩区道路，因风化原因，路内侧有坡积物，路外侧则多崩塌，难以行走。今多已改为土石小道，道宽0.5～1米。

沿途小山洞处有三处小石桥与石桥遗址，皆为两侧石砌桥台，上部垒石出挑，上架石板结构。仅西桥保存完好，西距状元堆约500米，桥高5米，跨度2.2米，宽1.2米。桥面石板架于两岸出挑的石台之上，保存完好，石板厚0.18米（图44）。自西桥向东300米处为中桥，已经倒塌，原高2米，跨度1.7米，原宽1.5米。今道在其桥下游另筑一垒石堤通过。再东300米为东桥，仅存一桥台，规模比前两桥大。从古道绕行曲折情况看，其余小沟可能原亦有桥，多已倒塌或改为垒石道。这些桥跨度亦不大，一般不超过2米，古道从其旁绕过。红石沟为此段道路中最大之沟，但其内仅有5米高的垒石道，可能亦经改造。另外，还有堆石过洞者，但垒石中留一小涵洞，以利行水。

道路行经长江河谷左岸（北岸）的山坡上。自状元堆起向东，已经完全进入三峡宽谷地带，河谷宽200～300米，有滩，水流湍急。两岸山势较上游瞿塘峡大为平缓，多辟为坡田与石阶梯田，种植农作物与果树。西部道路所经区域，地质上为灰岩坡积物，多位于梯田间。东部因其地质结构为红色沉积岩，风化甚剧，少量道路则位于坡地中。

图 44　西桥

金沙溪沟口入长江处有一冲积锥，古名金沙滩。

近状元堆处道路内侧多房舍基础，原为军营村中心，调查时已经搬空，未发现其他遗存。此地昔日有渡船往来于大溪，为上水入峡者一处休整之处，传说有纤夫在此等活。

传说此道数百年前已有，或曰为清代晚期所修。历代沿江而上攻取瞿塘关时，多驻军大溪口左右，军营村之名或本于此。

第三节　东段——金沙溪至巫山

金沙溪至巫山县段道路为东出瞿塘峡后的沿江古道，主要穿行于长江宽谷地区。此段道路的长度，旧时称有九十华里，实际长度，约在 40 公里上下。此次调查发现道路或上或下，左右盘旋，较之水路要长得多。道路的结构，与峡谷道路相比，出现了大量的土石道，间有石砭道与垒石道，但未见槽道，一些沟涧还架有桥梁。此路旧时是纤夫行走的地段，所以也属于沿江古纤道。道路亦经光绪十五年（1889年）汪鉴整修，刘秉璋奏文中所说"自状元堆至巫山县城九十里，中造平桥二道，拱桥四道，并创开土石，山麓亦成宽平坦路"，即指此段道路。

（一）金沙溪至利山沟古道

此段道路行政区划隶属于巫山县大溪镇军营村。中心地理坐标起点为东经109°38′48″，北纬31°00′36″，海拔高程142米；终点为东经109°39′33″，北纬31°00′28″，海拔高程159米。

道路西起金沙溪（红石沟），东至利山沟。西与状元堆至金沙溪古道相连，东与利山沟至油渣溪古道相接。利山沟是军营村与二龙村的界沟，沟以东则属二龙村地界。此段道路全长约1300米。

通行道路一般高于长江枯水期水面60米。西部道路结构与其上下梯田相同，少数地段以外侧垒石为阶，内侧填土石为道，外阶一般高1~3米，道路宽度1~1.5米。金沙溪本为一大沟，上源甚长，但道路通过沟中处，未发现桥梁遗迹，而是垒石代桥。其东又邻一沟，名马虎溪沟，沟中亦垒石代桥。道路大部分位于红色沉积岩区，因风化原因，路内侧有坡积物覆压路面，路外侧则多崩塌，路面狭窄，难以行走（图45）。原道应当比较宽平，今道宽约0.5~1米，局部地段仅容单人通行。有些山坡岩层破碎，道路行经其间更是艰难，但道路至坡脊处往往稍平缓，旁为耕地，故多土路。

道路行经长江河谷左岸（北岸）的山坡上。此处系三峡宽谷地带，河谷宽200~300米，上游水流湍急，下游平缓。自金沙溪至马虎溪沟，其间为长江北岸一巨大滑坡山体，更北侧为一大山，名曰桃花山，或曰摩天岭，这些山丘即为桃花山前临江山丘群。滑坡体长10多公里，由许多小山丘组成，地层扭曲散乱。在这一巨大滑坡体之上，沿江又发育出诸多小滑坡地貌。此处山坡皆为风化严重的夹有青层的红色沉积岩，许多地段道路位于滑坡区，沿江缓坡上则多为梯田或橘林。

军营村为一山村，散布于江北山坡，其中马虎溪沟东临江一小山丘上住有数户人家，地形较为平缓，树木、耕地甚多。经调查，坡上发现有汉代至南北朝墓葬多座，其中不少为砖室墓，出土有罐、铜镜、铁刀等。墓葬均为中小墓。这些墓葬均系建房取土或由盗墓者发现，为非正式发掘。

据村民称，此地道路自古即有，清代晚期鲍超曾修路，后年深日久，道路多遭到破坏。

（二）利山沟至油渣溪古道

此段道路行政区划隶属于巫山县大溪镇二龙村与曲尺乡团结村。中心地理坐标起点为东经109°39′33″，北纬31°00′28″，海拔高程159米；终点为东经109°40′24″，北纬31°00′23″，海拔高程136米。

道路西起利山沟，东至油渣溪，全长1800米。西与金沙溪至利山沟古道相连，东与油渣

图 45　金沙溪至利山沟古道穿越风化岩区

图 46　利山沟至油渣溪古道

溪至马虎溪相接。

通行道路一般高于长江枯水期水面 60 米。原道路结构与其上下梯田相同，少数地段以外侧垒石为阶，内侧填土石为道。外阶一般高 1~3 米。道路宽度 1~1.5 米，大部分位于地层破碎岩区。沟壑两侧与陡坡处，因风化原因，路内侧有坡积物，路外侧大多崩塌，难以行走。目前多已改为土石小道，宽 0.5~1 米，仅容单人通行。有些滑坡区段岩层破碎，道路更是艰难。但坡脊处往往为耕地，稍平缓，多土石路，个别地段为土路（图 46）。

利山沟再东为二道沟，越沟道路无桥，沟口有乱石冲积锥，江滩设有码头。最东一沟为桥沟，水名油渣溪，为一大沟。沟内架有石拱桥一座，名曰福寿桥。桥长 9 米，宽 3 米，跨度 4.5 米，桥面海拔高度 125 米。

道路行经长江河谷左岸（北岸）较平缓的山坡上。此处系三峡宽谷地带，河谷宽约 200 米，但油渣溪一带水流湍急，许多上水的货运船只能依靠牵引。道路中间多沟，沟中道路大多恶劣难行，有一道沟、二道沟。利山沟为一道沟，较小。第三沟为油渣溪，为一大沟，沟内古道行经处有单跨石拱桥，名曰福寿桥，系光绪年间（1875~1908 年）所建。此沟为一大地质断层，东南与著名的错开峡隔江相对。

段内地下遗存分布情况不详，民间传说地下有古墓。

（三）油渣溪至马虎溪古道

此段道路行政区划隶属于巫山县曲尺乡团结村。地理坐标起点为东经 109°40′24″，北纬 31°00′23″，海拔高程 136 米；终点为东经 109°41′34″，北纬 31°00′22″，海拔高程 140 米。

道路西起油渣溪沟东口，东至马虎溪东沟口，全长约 4500 米。西与利山沟至油渣溪古道相连，东与马虎溪至流水沟古道相接。

通行道路一般高于长江枯水期水面 60~75 米。道路结构与其上下梯田相同，少数地段以外侧垒石为阶，内侧填土石为道。外阶一般高 1~3 米。道路宽度 1~1.5 米，大部分位于地层破碎岩区，此种岩石易风化。沟壑两侧与陡坡处，因风化原因，路内侧有坡积物，路外侧则多崩塌，难以行走，多已改为土石小道，道宽 0.5~1 米。但道路行至坡脊处往往为耕地，稍平缓，多土石路，个别地段为土路。土路因今农田侵占，往往窄于他道。

沿途个别沟中据说有小桥，今所见皆为垒石道过沟。

段内的地理环境系三峡宽谷地带，道路行经长江河谷左岸（北岸）的山坡上。其处山势平缓。河谷宽 200~250 米，水流湍急。最东马虎溪为一大沟，沟口有一简易码头。其上游 500 米处的南岸，即为著名的错开峡口。《四川通志》卷二十四"山川"称："巫山，泗灢，在县西四十里，涧水横通大江，两山对峙，一名错开峡。峡中距大江五里有斩龙台。"

沿途缓坡地带发现有古墓葬。

《四川通志》卷二十四"山川"称："巫山，虎须滩，在县西四十五里，以其险名，杜甫诗'瞿塘漫天虎须怒'。"据其环境与距离分析，虎须滩很有可能即为今之马虎溪。

图 47　荒草中的古道

（四）马虎溪至流水沟古道

此段道路行政区划隶属于巫山县曲尺乡团结村。地理坐标起点为东经 109°41′34″，北纬 31°00′22″，海拔高程 140 米；终点为东经 109°42′23″，北纬 31°00′40″，海拔高程 138 米。

道路西起马虎溪沟东口，东至流水沟东端，全长 4000 米。西与油渣溪至马虎溪古道相连，东与流水沟至乱石坡古道相接。

通行道路一般高于长江枯水期水面 60～85 米。此段山势较其西段为险。道路在稍缓处多为垒石道与土石道，一般宽 1.5～2 米；陡险处则辟为砭道，宽 1～2 米；过沟处多用乱石垒道越过。今道路基本荒废，极少行人，杂草丛生（图 47）。道中有泥石流区，道路为泥土覆压，故只能在乱石上辟便道通过。

沟上多无桥，小沟为垒石过沟，大沟则涉水过沟。

道路行经长江河谷左岸（北岸）陡峭的山坡上。此处系三峡宽谷地带，河谷宽 200～300 米，水流湍急。北岸西段 800 米为坡道，多石砭道与土石道，道宽 1～2.5 米。东部因位于陡岸之上，故道路上行于陡岸之上。道路一般宽 1～1.5 米。道中有两处泥石流区，皆宽 40 余米，为新近数年滑坡所致。其上所种柏树亦随之而下。江滨存有乱石。流水沟为一中型沟，沟口两侧石质江岸甚陡，沟中水流自 10 多米高的石壁上倾泻入江，状如小瀑布，故名流水沟。

段内地面及地下遗存分布不详。

这一带从古桥的宽度可以看出，旧时大道宽度有 1 米多，今道年久失修，外侧大部垮塌，内侧则为坡积物堆积或为石垒田阶覆压，多变为宽 0.3～0.5 米的小道。当地主要交通自 20 世纪 80 年代后期依赖水运，无人修路，故道路大多荒废。

（五）流水沟至乱石坡古道

此段道路行政区划隶属于巫山县曲尺乡团结村。地理坐标起点为东经 109°42′88″，北纬 31°00′40″，海拔高程 138 米；终点为东经 109°43′17″，北纬 31°00′54″，海拔高程 175 米。

道路西起流水沟东口，东至乱石坡西端小沟，全长 2600 米。西与马虎溪至流水沟古道相连，东与乱石坡至川河古道相接。

通行道路一般高于长江枯水期水面 60～70 米，中间经过诸多小沟，西部山坡较陡，东部稍缓。一般多为石砭道，宽度在 1～2.5 米间。一些地段有滑坡与泥石流地区，古道被其覆压，多乱石、沙土。有些在约 45 度的斜坡上开凿出的古道保存甚好，大道宽平，路宽可达 2 米。此段山体石质破碎，多风化砾岩。

此段道路途中有许多小沟，却无桥梁，逢沟多垒石而过，或设跳石，水浅处则踏石而过。

道路行经长江河谷左岸（北岸）陡峭的山坡上。此处系三峡宽谷地带，河谷宽 200～250 米，水流颇急。山体石质破碎，多风化砾岩，疑为古滑坡区。

从古桥的宽度可以看出，旧时大道宽 1～2 米，现年久失修，道外侧大部分垮塌，内侧则为坡积物堆积或为石垒田阶覆压，多变为宽 0.3～0.5 米的小道。近年来，水上运输发达，当地沿江交通主要依赖水运，陆路作用已经很小，所以古道大多已经荒废。

（六）乱石坡至川河口古道

此段道路行政区划隶属于巫山县曲尺镇踊跃村。地理坐标起点为东经 109°43′17″，北纬 31°00′54″，海拔高程 175 米；终点为东经 109°44′00″，北纬 31°01′08″，海拔高程 157 米。

道路西起乱石坡西端小沟，东至乱石坡东端川河口宝子滩，全长约 2500 米。西与流水沟至乱石坡古道相连，东与川河口（宝子滩口）至曲尺西沟古道相接。

通行道路有上下两道，下道难以通行，故一般人皆行上道。上道一般高于长江枯水期水面 70～100 米。此区域为一大乱石区，满坡大石纵横，道路盘旋穿行于乱石中，道宽处约 1 米，一般为 0.5 米，极难行走。由于地层不断运动，古道似乎已被滑坡破坏。乱石坡至川河口间，还有一段土石道，在山坡上辟出，一般宽 0.5～1 米。川河口无桥梁，道路自高处盘下入谷，涉水或跳石过河，又向上行至对岸。

道路行经长江河谷左岸（北岸）陡峭的山坡上。此处系三峡宽谷地带，河谷宽约 180 米，但因对岸地形特殊，故水流较湍急。南岸江中有一大型石台，长约 200 米，宽约 80 米，高出江面约 18 米，洪水时节则被洪水淹没。石台向长江中流凸出，使此地谷底形成窄谷，水流湍急，对北岸也有大的冲击。北岸为近 2 公里长的山体滑坡区。乱石坡在川河口西，系一大型滑坡区域，自北向南不断向长江缓缓推进。岩石破碎，坡脚受到江水冲刷，上无土壤与植被，是一种特殊的地貌。川河为长江北岸一较大的河沟，常年有水。沟口有大的砾石冲积扇，向长江中流凸出，名为宝子滩，滩头是当地一重要码头。古道路自冲积扇顶部通过，因冲积扇顶部甚高，一般洪水水位并不影响道路通行。

据当地群众称，山坡上曾有盗墓者，墓中出土陶罐、铜钱等，当为汉墓一类。

（七）川河口至曲尺西沟古道（曲尺西沟又名窑沟）

此段道路行政区划隶属于巫山县曲尺镇伍柏村。地理坐标起点为东经109°44′00″，北纬31°01′08″，海拔高程157米；终点为东经109°45′31″，北纬31°02′39″，海拔高程144米。

道路西起川河口宝子滩，东至曲尺西沟，全长3500米。西与乱石坡至川河古道相连，东与曲尺西沟至曲尺东沟古道相接。

通行道路一般高于长江枯水期水面50～70米。道路平缓曲折，砭道与垒石道、土石道皆有，一般宽0.6～1.5米。经过农田的道路多变窄，大约是古道废弃后农民侵占道路所致。道中逢小沟或建小石板桥通过，大沟则向沟内迂回，过一沟往往道路延长500米。滑坡区则乱石纵横，道路极不规则，一些砭道因风化而变窄。

此段系三峡宽谷地带，道路行经长江河谷左岸（北岸）的山坡上。北岸沿路多中型沟，缓坡处多为耕地，不少农户散居于坡上。古道路在逢沟处多盘旋入内，周折甚远，今人多直接下沟行便道。

此处长江河谷宽约200米，水流湍急。川河口有一大型砾石冲积扇，名宝子滩，下有码头。河口下游500米的长江对岸，南来一巨沟，名下溪河。其内为一大峡，两岸山峰壁立，相对如阙。西壁上有一天子庙。川河口下游3公里处山顶为曲尺镇中学。

传说此地有古墓葬，道路年代有数百年。

（八）曲尺西沟至曲尺东沟古道

此段道路行政区划隶属于巫山县曲尺镇。地理坐标起点为东经109°45′31″，北纬31°02′39″，海拔高程144米；终点海拔高程130米。

道路西自曲尺西沟东口始，东至曲尺东沟东口，全长3000米。西与宝子滩至曲尺西沟古道相连，东与曲尺东沟至沱肚古道相接。

通行道路一般高于长江枯水期水面50～75米。道路多位于陡坡之上缘，受滑坡影响而不整齐。一般路宽1～1.2米。多垒石道与土石道，少数地点有砭道。

道路行经长江河谷左岸（北岸）的山坡上。此处系三峡宽谷地带，河谷宽约200米。两岸近处山势不高，山顶平缓，西段山坡甚陡，东段较缓。多有中型山沟分布，沿路多乱石与滑坡地貌。坡上山顶为曲尺镇中学，下有一码头。

传说此地有古墓葬。

（九）曲尺东沟至沱肚子古道

此段道路行政区划隶属于巫山县曲尺镇。起点高程海拔144米；终点为东经109°46′22″，北纬 31°02′43″，海拔高程 130 米。

道路西起窑沟东口，东至沱肚子码头之上，全长 3000 米。西与曲尺西沟至曲尺东沟古道相连，东与沱肚子至鲍公桥古道相接。

通行道路一般高于长江枯水期水面 50～75 米。道路多处于陡坡之上缘，受滑坡影响而不整齐。一般路宽 1～1.2 米，多垒石道与土石道，少数地点有砭道，越沟处道路保存状况较差。今道路主要是古道从田间经过，为农田侵占，故窄，但保存较好者道宽在 1.5～2 米间。

大沟多未见桥，沿路小中沟中则多垒石路，亦发现断桥或新改的水泥板桥，其桥台尚为老桥结构。

段内的地理环境系三峡宽谷地带，道路行经长江河谷左岸（北岸）平缓的山坡上。此处河谷宽约 200 米，水流湍急。北岸山坡宽缓，农业较发达，多树木与果园，山丘亦不高，但沿途中型山沟很多。沟中平日无水，道路过沟往复盘旋。

（一〇）沱肚子至鲍公桥古道

此段道路行政区划隶属于巫山县朝阳乡朝阳村。地理坐标起点为东经 109°46′22″，北纬 31°02′43″，高程海拔 130 米；终点为东经 109°47′20″，北纬 31°02′50″，海拔高程 134 米。

道路西起沱肚子码头之上，东至鲍公桥，全长 1800 米。西与曲尺东沟至沱肚子古道相连，东与鲍公桥至桥沟古道相接（图 48）。

通行道路一般高于长江枯水期水面 60 米左右。道路多处于坡上田地间，上下皆为梯田（图 49、50）。道路一般外侧垒石，内侧填土，坡度随田地山势回转。今道宽1米左右，古道当宽

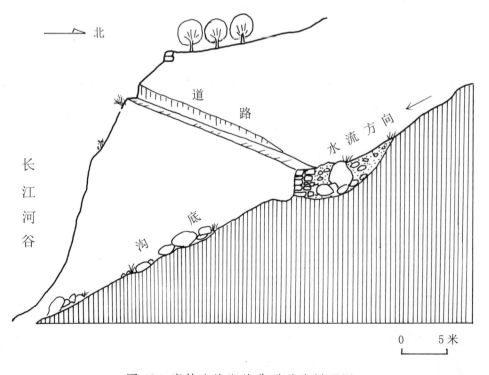

图 48　穿越小沟涧的典型道路剖面图

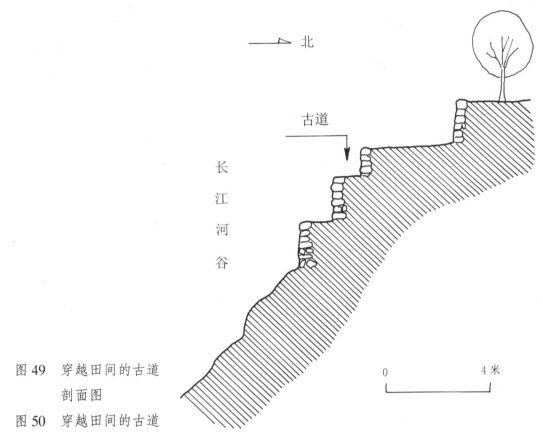

北

古道

长
江
河
谷

0 4米

图 49 穿越田间的古道
剖面图
图 50 穿越田间的古道

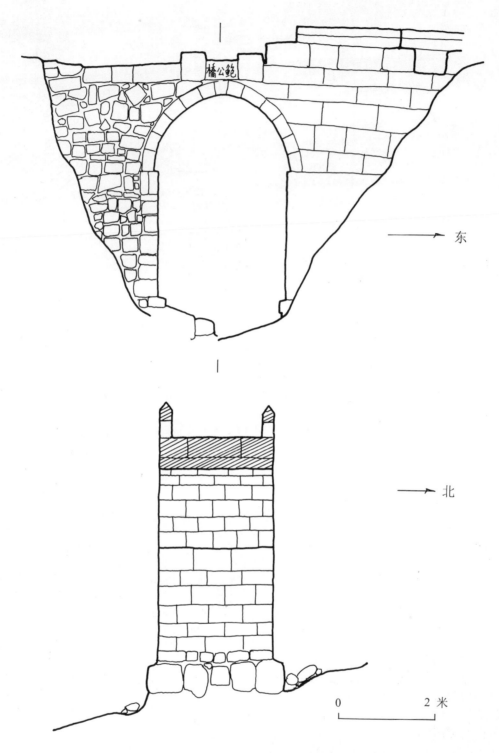

图 51　鲍公桥立、剖面图

于此。过杨家沟处古道保存较好，道宽 2.2 米，其他地方古道完好时道宽当大致如是。

　　鲍公桥位于此段古道的最东端，为建于一小沟上的石拱桥，两侧设有石桥栏，保存基本完好。这一带中型沟、大沟多无桥，但此桥所跨之沟不宽，却架设一桥（图 51）。

　　段内的地理环境系三峡宽谷地带，道路行经长江河谷左岸（北岸）的山坡上。此处河谷宽约 250 米，下游南岸有一凸向江边的小山，名为月明山。因道路多行田间，故为农田侵占，一般不宽。道中有一大沟，名杨家沟，古道越沟时向沟上游迂回 150 米。沱肚子有一简易码头。

段内地面发现有绳纹瓦砖与小石斧等，周围田间也散布有绳纹瓦砾。由此可以推断，段内地下有秦汉及更古的文化遗存分布。

历史沿革不详。《四川通志》卷二十四"山川"称："巫山，月明山，在县西三十里，月上山先得月。"

（一一）鲍公桥至桥沟古道

此段道路行政区划隶属于巫山县朝阳乡朝阳村。地理坐标起点为东经 109°47′20″，北纬 31°02′50″，高程海拔 134 米；终点为东经 109°47′43″，北纬 31°02′57″，海拔高程 124 米。

道路西起鲍公桥，东至桥沟东口，全长 2000 米。西与沱肚子至鲍公桥古道相连，东与桥沟至黄仙沟相接。

通行道路一般高于长江枯水期水面 50～60 米。大部分道路为砭道，部分地段为垒石道，宽度在 1～2 米间。最东为桥沟，内有三条道路过沟，即上、中、下三道（图 52）。上道最正规，宽大平直，但入沟甚深。终点过沟处两岸石壁有人工整修迹象，似有桥痕。传说旧时有桥，故名桥沟，今桥已不存。中道入沟稍浅，道路亦稍差，也是下到沟底通过。下道从沟口盘旋直下，越沟又盘旋上达对岸。其道路最短，亦最陡峭难行。此三处道路经过沟底时，水中都置有踏石。

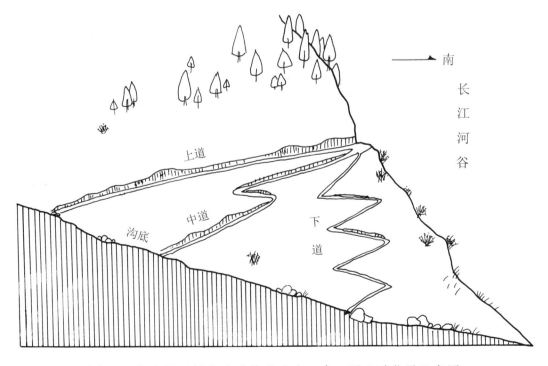

图 52　鲍公桥至桥沟古道越谷的上、中、下三道位置示意图

此段道路过大沟迂回至上游，过小沟则多垒石代桥。桥沟已经无桥，但有桥痕。

道路行经长江河谷左岸（北岸）的山坡上。此处系三峡宽谷地带，山势略陡，河谷宽约300米。

（一二）桥沟至黄仙沟古道（桥沟至下马滩）

此段道路行政区划隶属于巫山县巫峡镇柳树村。地理坐标起点为东经109°47′43″，北纬31°02′57″，海拔高程124米；终点为东经109°49′07″，北纬31°03′12″，海拔高程145米。

道路西起桥沟东口，东至下马滩口黄仙沟西口，全长约5000米。西与鲍公桥至桥沟古道相连，东与黄仙沟至巫山古道相接。

通行道路一般高于长江枯水期水面70～150米。全段道路保存基本完好，多土石道，道宽1.2～1.5米。道路在部分陡坡开辟为石砭道，小沟涧处垒石为路。此为大道，其下断崖上沿缓坡处还有一条小道，旧时亦可通行，当地人称其是纤路，今已极难行走。

通行道路途中多大沟，但未见桥，即名桥沟者亦无桥梁。桥沟的上道尽头过沟处最狭窄，两岸石壁甚陡，似经过人工修整，上可架桥。这些桥梁大约已被洪水冲毁。越沟道路以桥沟最为典型。此沟口路间宽130米，过沟亦有上、中、下三道。下道以"之"字形下行，又以"之"字形上行，路窄且陡，长约280米，路途最短。中道斜向沟上游，下坡，渡水越沟。入沟道路单侧长约420米，坡度较陡，长度居中。上道向沟上游深处延伸500米，下至沟底，过沟，总越沟长度近1000米。

下马滩沟形为典型的V形谷，谷口有大的冲积扇。但此处河谷谷底比降小，长江洪水可以侵入很深，道路越谷时，即使再深入谷中千米，也很难绕过洪水淹没区。

道路行经长江河谷左岸（北岸）陡峭的山坡上。此处系三峡宽谷地带，河谷宽200～250米。北岸有一处临江绝壁，长约2000米，其下江滨当地称回猪沱。古道于此难以通行，遂向上爬坡，至高于海拔230米的蜈蚣包山顶通过。

此为大道，多土石道，道宽1.2～1.5米。其下断崖上沿缓坡处还有一条小道，高于江面40～50米，大约是纤夫行走之道，旧时亦可通行，但今已极难行走。下马滩是黄仙沟在长江北岸的冲积扇，历来为长江的古渡口，也是一码头。

段内地下遗存分布不详。

民间多传此道自古就有，但具体不知何年修筑。

（一三）黄仙沟至乌鸡沟古道（下马滩至大乌鸡沟）

此段道路行政区划隶属于巫山县巫峡镇柳树村。地理坐标起点为东经109°49′07″，北纬31°03′12″，海拔高程145米；终点为东经109°50′19″，北纬31°03′34″，海拔高程151米。

道路西起黄仙沟（下马滩），东至大乌鸡沟口，全长约2500米。西与桥沟至黄仙沟古道相连，东与大乌鸡沟至巫山古道相接。

通行道路一般高于长江枯水期水面70～130米，主要以砭道与垒石道为主，但石质多风化疏松，大部分道路已非原貌。途中有许多小沟及一中型沟，小沟多以垒石断沟，行人从石上通过。此道下部沿江还有平行小道，据说是平时的纤道。

段内的地理环境系三峡宽谷地带，道路行经长江河谷左岸（北岸）的山坡上。此处长江河谷宽200～300米，两侧山势稍陡。南岸隔江与黄仙沟相对处有一大沟，沟东地名为平安，有公路沿江通至南陵。南陵隔江与巫峡镇相望。

黄仙沟口东侧有一黄仙庙，以及数株被乡人供为"黄仙"或"黄法"的大黄楠树。因库区搬迁，庙宇已被拆除，仅余残垣。古道即从庙前大树下通过，未发现其他遗存。

乡人称此道古来即有。《四川通志》卷二十四"山川"称："巫山，赤溪洞，在县西二十里，溪石俱赤。"黄仙沟即古赤溪，是长江北岸大宁河至白帝城草堂河间最大的沿江支流。

（一四）乌鸡沟至巫山古道

此段道路行政区划隶属于巫山县巫峡镇西坪村、高唐村与巫峡镇。地理坐标起点为东经109°50′19″，北纬31°03′34″，海拔高程151米；终点为东经109°52′26″，北纬31°04′03″，海拔高程141米。

道路西起大乌鸡沟口，东至巫山码头，全长约4500米。西与黄仙沟至乌鸡沟古道相连。道路至巫山后，渡江至南岸，沿江尚有古道向东延伸至青莲溪。

此段沿江通行道路有上、下或上、中、下数道，上道一般高于长江枯水期水面70～90米，以土石道与垒石道为主，途中小沟以垒石断沟通过。下道多不规整，大约为洪水反复淹没所致。沿江道旁发现石阶，有人工开凿痕迹。中亦有大沟，如西侧的乌鸡沟、乌鸡沟东的小乌鸡沟等共计经过三道，沟口皆有扇状沙砾冲积锥。因这些沟沟底较平，比降小，在洪水时节，长江倒灌甚深，所以多无桥梁。古道过沟时向上游斜下至沟底通过，有时可见不同高度多条古道过沟，这是不同洪水时期不同高度的古道。小乌鸡沟东一段沿江有几座小丘，对道路起伏影响可能较大。此段道路因近于县城，旧时当最为规整。据调查，道路一般宽1.5米。目前情况复杂，因巫山县城一带多年建设，加之建有平行公路，古道近年已被废弃，或被破坏，或辟为农田，或扩为公路，残存道路多变为0.5～1米的小道。巫山码头一带古道大多为垒石道，宽平易行。

近县城处西门外据说有小石桥，已毁不存。据清《巫山县志》记载，西门外有会仙桥，县西八里有竹溪桥[37]，应当都在此道之上，但调查时均未发现。

段内的地理环境系三峡宽谷地带，道路行经长江河谷左岸（北岸）的山坡上。此处长江河谷宽300～500米，沿途多大沟壑，道路曲折。

---

〔37〕《中国地方志集成·光绪巫山县志》，巴蜀书社、江苏古籍出版社、上海书店，1992年据光绪十九年（1893年）刻本影印。

第四章 孟良梯栈道、偷水孔栈道等

在瞿塘峡，除了长江北岸现在尚能使用的一条古道外，还存有其他古代所建的道路与栈道，计有长江南岸孟良梯栈道、白帝城南偷水孔栈道、长江南岸东段显圣庙至大溪古道，以及长江北岸残存的瞿塘下道等。这些道路形态各异，作用或有不同，反映出古人在此地进行的各种活动及瞿塘峡沿江古代道路种类的丰富。

第一节 孟良梯栈道

孟良梯栈道是长江三峡著名的一处古栈道遗址，位于瞿塘峡口内约1公里处的南岸，西距奉节老城约5公里。行政区划隶属于奉节县永乐镇白龙村。栈道下测得中心地理坐标为东经109°35′04″，北纬31°02′11″。起点海拔高程120米，终点海拔高程175米。此处为峡谷型河谷，河谷宽约150米，水流湍急。河谷右岸（南岸）绝壁高达百米以上，为石灰岩质，孟良梯栈道即开凿于其上（图53、54）。

此栈道下为著名的瞿塘峡口摩崖石刻群。孟良梯栈道呈"之"字形排列向崖壁上方伸延，与一般常见的水平分布栈道不同，系特殊的坡形攀崖栈道。东自江滨绝壁底部始，沿绝壁曲折而上，向西上攀至55米高绝壁处中断。其崖顶之上有一台地，传说为古杨口城，今于其地发现城址，栈道或通过云梯上崖与其相连。栈孔分布范围东西宽约50米，上下高度与宽度相近，为55米左右。今栈道木结构除中部一孔发现半截残桩，下部数孔存有现代安装的木桩外，其余已经不存，唯栈孔保存完好（图55）。

栈孔自东侧石壁陡崖底部开凿，自下而上，可依其方向分为六段。

第一段斜向西上，经七栈孔而达宽3～8米、长20余米的石台东端。此石台一面依绝壁，三面凌空，高约10～15米，自江边唯通过东侧七孔栈道方可达于台上。今台上西侧存有一仿古建筑。自台东缘向西行10米后，复于台上高1.5米处石壁出现栈孔，以约37度的斜度向西斜上，连续分布九孔，第九孔之西，又水平开凿一孔。其第八孔下多凿一方孔，与上孔相距约1.3米（图56）。此为第二段，此段共有栈孔十一孔。第三段栈孔由前段第九孔处转而向东侧斜上开凿，这一方向共十五孔，坡度约37度，至第十五孔后向东水平方向又开凿一方

图 53　孟良梯栈道周围的环境与栈道分布位置示意图（划黑线处）

0　　　　　　　15 米

图 54　孟良梯栈道立、剖面图

孔。此段西侧两孔下部发现有斜向上的箕形或方形支撑孔，与正孔相距约 1 米有余。之后，栈孔复行转折，以大约 35 度的坡度斜向西上十二孔，至一处向外凸出的石檐底下，此为第四段。之后开始向西凿孔，为第五段。向西共七孔，前三孔水平分布，后三孔略有向上坡度。此间第三孔甚小，第四孔中尚插有残断的木桩，第七孔石壁面东，故孔口也面东。相接者为第六段，又开始向西向上斜行十五孔，中断于绝壁之上。最上这一段十五孔坡度约为 45 度。

　　此处共存大小栈孔六十七孔，石孔皆保存完好。这其中有三处支撑辅孔未计，如计算在内，则

图 55 孟良梯栈道的栈孔

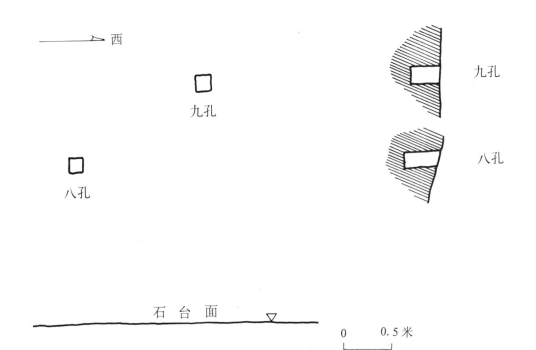

图 56 孟良梯栈道第八、九栈孔立、剖面图

共有七十孔。据计算，正栈大约六十五间。旧有资料或称此处共存六十一孔，系计算方法不同。石栈孔孔口大部为正方形，少数为竖长方形，开凿得方正规范。从下部栈孔测量情况看，大者边长 26 厘米，深 34 厘米；小者边长 17.5～18 厘米，深 27 厘米。

栈道转折处向外多开一孔，系为构建道路转折处的一段平栈而凿。

孟良梯栈道的时代目前尚无定论，但至少明代已经有记载。旧《奉节县志》中收有明《瞿塘峡》诗云："忆昔英雄割据日，插木为梯上绝壁。"[38]

英雄割据是指天下混乱时，武装占据一方的小政权。从瞿塘峡的历史上看，明代之前当得起此种称号的有元末占据四川的明玉珍与明升，这是距离明代最近的割据者。但明升在明初与朱元璋建立的明王朝对抗，明军在瞿塘关与守关的将领大战之后才攻克这处天险，并进而灭了明升政权。作为明朝的臣子，不会也不敢这样写诗歌颂明升，称其为英雄。所以，孟良梯必然是更早时代在此割据者所为，明人才能放胆写诗而无所顾忌。由此看来，孟良梯栈道开凿的年代至少在宋元或宋元之前。

这种攀崖栈道在其他地方也有发现。据《酉阳县志》记，酉阳河谷产硝处，民间往往凿栈上崖入洞采硝，故河谷处分布有很多上崖栈道。这些上崖栈道也名孟良梯。其文称，巫峡孟良梯最著名，并提到有人写诗自注，称该孟良梯为明初进攻瞿塘关的明代大将廖永忠所造。

奉节当地民间盛传，孟良梯是宋代大将孟良所建。据清光绪《奉节县志》卷三十四"古迹"所记："孟良梯，瞿塘峡上，与粉壁相连。俗传孟良欲夜过关，凿石架木为梯。今形迹犹存。"明代的《夔州府志》中亦有"孟良梯，与粉壁堂相连，俗传孟良欲夜过关，故设此梯"[39]之句。

民间对孟良梯的开凿也有传说，称孟良想夜盗杨继业尸骨，遂在石壁凿孔而上。凿至山半腰，一和尚欲坏其事，佯装鸡叫，孟良以为天快亮了，一夜难毕其功，只好放弃凿孔，以致前功尽弃。谁知天迟迟不亮，才发觉上了和尚的当，一怒之下将和尚倒吊在江边石壁之上。今其下游南岸有"倒吊和尚"一景，系一悬于江边石壁上的钟乳石，形如一光头人，头下足上，腹上的肚脐清晰可见，游人多租小舟至其处观看。

唐人戴叔伦诗云："瞿塘嘈嘈急如弦，回流势逆将覆船。云梯岂可进，百丈那能牵，陆行巉岩水不前。"[40]其中提到的瞿塘峡中不可进的云梯，如果所指是此处栈道，则瞿塘峡的孟良梯栈道有可能在唐代就已经出现。

另《旧唐书·音乐志二》中记有古今曲异名者，云："《透三峡伎》，盖今《透长飞梯》之类也"。这种表演的曲目暗示，三峡当有"透长飞梯"之类的古器具。如果与推测的孟良梯栈道有关，则孟良梯栈道开凿的时间或许早在唐前。

此处栈道起自地面，曲折盘旋而上，但中断于绝壁，且又不与崖顶相接，用途不详，致使后人产生诸多疑问。此栈道可能是一种古代战争时期的军事设施。瞿塘峡的防御，除了铁链锁

---

[38] 详见附录。
[39] 《天一阁藏明代方志选刊·正德夔州府志》卷七"古迹"，上海古籍书店，1961 年影印。
[40] 转引自明曹学全《蜀中广记》卷二十二，《四库全书》。

江及夹江的南北堡寨外，峡中七道门、古炮台与粉壁墙一带，皆是可以用兵设防之处。孟良梯栈道上部未达崖顶，也许不是未完工程，而是有意为之，说其与崖顶一城（上为杨口城）相接，甚是有理。防御一方可用长梯或绳索连接栈道与崖顶之城，当下边需要兵力、物资时，架梯坠绳而下。当退兵时，则沿梯而退，抽梯断道，我可以往，敌不可来，以此作为峡口防御的一道机关。其悬崖之下，为长江南岸一坡地，三面绝壁，一面临大江，以栈道沟通，极利于军事防御。

另外，还有一种可能，也不能不考虑，就是这一带历史上发生过崩岩，上部带有栈孔的一部分岩壁已经坠落江中，所以存留的栈道未能通至崖顶。该处石壁陡直，江畔存有累累巨石，说明这一带常常发生岩石崩落事件。

在我国的一些石窟也常见此类"之"字形攀崖栈道结构，如麦积山石窟栈道、重庆酉阳大酉洞后山栈道、乐山乌尤寺栈道等。现代一些建筑工程也常利用此类结构栈道进行施工。

栈道中下部之平台上新建有一座仿古建筑。江南悬岩顶上有古杨口城遗址，栈道底部向西为粉壁墙摩崖石刻群，东侧百米外为凤凰泉名胜。江边个别巨石上的背水面存有纤绳磨痕。

第二节　偷水孔栈道

偷水孔古栈道是瞿塘峡口一处特殊形式的古栈道，位于白帝城西南，下临长江。此段道路行政区划隶属于奉节县白帝镇。中心地理坐标为东经 109°34′11″，北纬 31°02′30″。起点海拔高程 80 米，终点海拔高程 125 米。西起瞿塘峡口北岸江边，向东、向上分布，东至白帝山南古道下，栈孔分布全长约 110 米。其上部近于白帝城南侧的古道。

此处为瞿塘峡口，系峡谷型河谷，河谷宽约 100 米，水流湍急。栈道位于长江左岸（北岸）陡峭的山坡上，南侧有一道倾斜的天然石坡。这一石坡与长江河谷平行，上游低，下游高，宽 9~15 米，长约 110 米，坡西端直入长江水中。石坡虽为天然形成，但坡面平直，似曾进行过人为整修，可作为由江边上山道路使用。

此石坡北侧即为一堵东高西低的天然石壁，石壁一般高 5~7 米，栈孔即顺坡开凿于其上，呈倾斜状分布，斜度与坡度相同。此次经调查测量，坡度约为 27 度。坡侧石壁现存上下错落排列的两排石孔，上下两排间距约 1 米，下排孔距离坡面约 2 米。下排孔一般皆为方形石孔；上排石孔稀疏，并有箕形孔（图 57）。

石孔东高西低，斜向排列，直下江边。西端栈孔深入长江枯水期水面之下，最东端高于长江枯水期水面约 40 米。下排孔计存四十九孔，上排存二十五孔，共七十四孔（未计 2002 年 12 月 23 日水面以下）。一般栈孔口高 30 厘米，宽 26 厘米，深 32 厘米，孔距 1.2~1.8 米。个别地段大约因石质风化，岩层有崩落现象，上面旧时若有栈孔，则现已不存。

上下两排栈孔中，下排栈孔排列较均匀，孔形亦方整，仅个别孔有倾斜或不方正的情况。上排栈孔比下排稀疏，一些栈孔或因崖面不平，或因开凿时有意为之，呈箕形。箕形孔深槽在

图 57　偷水孔栈道

图 58　偷水孔栈道西端

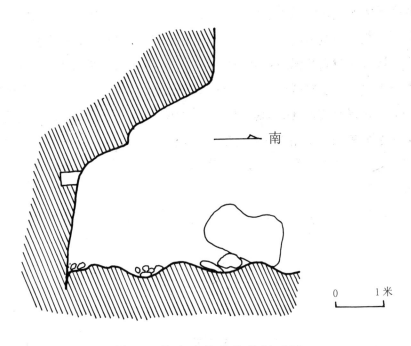

图59　偷水孔栈道结构剖面图

西，浅口向东。其用途不详。一般所插之物，另一端当还有一支撑点。在这段栈道上，偏于上部者大约距离江面较高，受洪水冲刷少一些，故保存栈孔孔数较多。

栈道中段石壁上有一方形摩崖，但无文字。栈道孔下的石坡上乱石纵横，有大量洪水冲刷石块与坡积物石块，间有带绳纹瓦砾与一侧带菱格纹的青砖。乱石中还发现有一些人工打凿的当地少见的青砂石质的石条。石条断面为正方形，一般长 0.7~0.8 米，上有凿痕。石条一端多有经再次整修者，粗细与崖上栈孔相当，推测为插入栈孔所用。石条另一端上粘有白灰，这应当是凸出于栈孔外的部分。其上存有白灰，疑为曾与他物黏结时所留。如果这样，则其方孔曾作为石栈使用，而非木栈。石栈一般出梁不长，约 0.4 米（图58、59）。

此处栈道历史沿革不详。旧志称其为西晋益州刺史鲍陋开凿。当时鲍军被困于白帝山，水源断绝，遂命工匠开凿此道入江取水，故名"偷水孔古栈道"。《水经注·江水》云："江水又东，径鱼复县故城南。……益州刺史鲍陋镇此，为谯道福所围，城里无泉，乃南开水门，凿石为函道，上施木天公，直下至江中，有似猿臂相牵引汲，然后得水。水门之西，江中有孤石，为淫预石。"[41]《水经注》所说的南开水门，凿石为函道处，与滟滪石相去不远，似与这一位置有关。

古时踏歌者手拉手或肩搭肩跳舞，这种手肩相搭即称为联臂。旧时龙骨水车的结构为一节节互相勾连，与人联臂相似，天公取水当属此类结构提水器械。函道是一种封护起来的道路，如同隧道，但偷水之名甚奇。更有一疑问，岩壁之下即为一宽平之坡道与栈孔平行，斜入江边，完全可以行走，取水也不必修此栈道，故其石孔是否为栈孔，还需进一步考证。同时，近

---

〔41〕《水经注·江水》卷三十三，岳麓书社，1995年，497页。

江边几孔栈孔开凿于向外凸出的悬崖底部，栈道孔中加梁后，其上已无供人行走的空间，故其用途也是一大疑问。此坡道与栈孔当为同一工程，因在江边仅受洪水冲刷不易形成这样规模与平直形式的坡道。这条道路自半山直达江滨，宽9～15米，大势平直，必为人力所致。另外，栈道用石桩且出桩不长，其架设栈道不易，而石孔开凿于悬崖之下，亦通行不便。所以，此处栈道必然另有用途。可以考虑，栈孔是搭建坑道类的防敌方矢石的军用通道遗迹。

偷水孔栈道下的石坡上，分布数块菱形纹条砖与一些绳纹瓦砾，可证实此地曾有汉晋古人活动。另有人称，栈孔为明末张献忠所为。如果从当时运用石灰黏结的技术看，此项工程的年代可能晚至唐宋。

在石坡中部南侧临江石岩上存有一人工开凿的大石槽，石槽外临江面。

第三节　瞿塘下道

此次调查于长江北岸光绪年间所开古道的下部，发现另一条平行古道，我们称之为瞿塘下道。瞿塘下道位于长江北岸，现存瞿塘峡古道路的下方，一般高于长江枯水期水面30～45米。自状元堆一带向西入峡，道路痕迹渐显，至白果背则清晰可辨。至风箱峡溶洞之西，上坡与上道合而为一。其年代比现存上道可能更早。这条道路多被人们忽略，虽不在此次考古调查任务之内，考虑其与瞿塘峡古道的历史有关，故对其也进行了记录。

据当地老船工说，旧时拉纤，峡中有上、中、下三道，都在北岸，上道即为现今保存较好的一条，名瞿塘峡古道；中道即为此次新发现者；而下道在枯水期方才显现，一般是纤工在江边乱石中行走，很少有痕迹保存。枯水时节，往往行走的是下道。老船工所说的下道，只是江边水畔的简易纤道，大船一般不用，远不如上、中道那么规整，且常为洪水摧毁。纤夫行于乱石中，时时涉足于浅水间，到了如石板岬那样的绝壁下，水深难涉，则须用篙顶钩挂石壁缝隙前进。但这种形式，应当是最原始的纤道，故记其情况于此。

此处所说的瞿塘下道实为老船工们所说的中纤道。

瞿塘下道在调查中，也发现并非一期，而是经过整修。在白果背导航站西50米的一处下道断面上，有两期灰浆砌筑的痕迹，说明这条道路经过长时间的使用。

瞿塘下道保存较显著者有四段，即自西向东依次分布的风箱峡段、黑石滩上段、黑石滩下段、白果背段。

一　风箱峡段

此段道路行政区划隶属于奉节县白帝镇瞿塘村。中心地理坐标为东经109°35′48″，北纬31°02′03″，海拔高程110米。

瞿塘下道西起瞿塘峡中部的七道门，东至瞿塘峡下口柜子崖东一带，全长约4500米。西与七道门至风箱峡古道相连，东至大溪口一带消失，没入梯田石阶间。其中风箱峡段西自瞿塘峡中部的七道门始，向东至红叶角止，分布区段长约700米。

瞿塘下道一般高于长江枯水期水面35～40米。此条古道低于光绪年所开古道，且在多处与之平行出现。因其高度过低，多被洪水摧毁。光绪年间所开古道高10～20米，大约就是吸收了其高度不足的历史经验。

风箱峡段西自七道门汪鉴摩崖石刻处从上道分出，向东下坡至风箱峡槽道处。此段道路沿江边石崖开辟，道宽1.3～1.5米，道路最宽处达2米。道外侧发现有长条砌石，有些则已经散乱离位。路旁残存有砌石与灰浆痕。至风箱峡槽道的下部，高于江面约20米，依江边石壁用石块垒砌成一段垒石道，保存尚好。垒砌石壁最高达10多米。此道路石块以白色灰浆黏结，有的灰浆中还夹有带铁锈的炼渣。此处道路残存部分长约50米，路面宽1.5～2米，并向下游转入干沟之内，向上攀多级石阶，至此中断不清。因洪水冲刷，石阶多已风化。但北至干沟中部又出现两侧以石条砌筑的桥台，沟西桥台存有两层石条，沟东桥台存有多层石条，并有石条垒砌的石阶道与之相连。原桥面已毁不存，桥台最宽处为3米。过桥后，此道路沿江岸有10多米人工砌筑石阶向下游同时向斜上延伸，石阶最窄处0.6米，最宽处达1.5米。石阶之东为砭道二三百米，多为乱石及荒草所掩。

干沟子残桥为两侧砌垒桥台，中间为石板梁或为拱桥结构。从其形制分析，为拱桥结构的可能性最大。

道路行经长江河谷左岸（北岸）陡峭的山坡上。此处为峡谷型河谷，河谷宽150～200米，水流湍急。古道行经处为高洪水水位区，灌木丛生。

段内地面遗存分布情况为上有上道，且大部分完好，尚可通行。

据有关文献记载，其下道年代有两种可能，一是大约为道光年间李本忠所维修的古沿江道路，整修年代比汪鉴所开后一道即上道早五十年；另一种可能是此系比道光年开凿更早的一条古道，从唐宋以来一直沿用，至清代晚期废弃。

二　黑石上游段

此段道路行政区划隶属于奉节县白帝镇石庙村。中心地理坐标为东经109°35′59″，北纬31°02′01″，海拔高程125米。

黑石上游段西起红叶角，东达黑石滩，分布区域长约2000米。

道路一般高于长江枯水期水面35～40米。此条古道低于光绪年间所开的古道，且在多处与其平行。因高度过低，多被洪水摧毁。光绪年间所开古道高度较之高10～20米，大约就是吸收了其高度不足的历史经验。

道路自风箱峡东红叶角始，在江岸上断续保存一些残段，有较长的石砭道、垒石道，多掩于乱石及荒草之中。其中以近黑石滩者一段完整的20多米垒石道保存较好，其上游还有一段长度相当的石砭道，也有土石道。

道路行经长江河谷左岸（北岸）陡峭的山坡上。此处为峡谷型河谷，河谷宽150～200米，水流湍急。古道行经处为高洪水水位区。

段内地面遗存情况是上有上道，且大部分完好，徒步尚可通行。

据有关文献记载，其下道的年代有两种可能，一是大约为道光年间李本忠所开凿的古沿江道路，开凿年代比汪鉴所开后一道即上道早五十年；另一种可能是此系比道光年开凿更早的一条古道，从唐宋以来一直沿用，至清代晚期废弃。此处部分陡峭的山岩上尚保存有较完整的人工开凿出的石砭道，但坡度稍缓处，则发现有下道路面被石渣覆盖，石渣为上道所弃，这说明上道开辟时，下道早已存在。另外，下道许多地方的垒石也有可能为建上道时移用。

三 黑石下游段

此段道路行政区划隶属于巫山县大溪镇平槽村。中心地理坐标为东经109°36′59″，北纬31°00′55″，高程海拔117米。

瞿塘下道西起瞿塘峡中部的七道门，东至瞿塘峡下口柜子崖一带，全长约4500米。西与七道门至风箱峡古道相连，东至大溪口一带消失于田间石阶中。其中黑石下游段自黑石滩始，止于白果背导航站西的桥沟，全长约800米。

瞿塘下道一般高于长江枯水期水面35～40米。此条古道低于光绪年间所开古道，且在多处与之平行。因其高度过低，多被洪水摧毁。光绪年间所开古道高度较之高10～20米，大约就是吸收了其高度不足的历史经验。

黑石下游段在黑石滩的巨石上部若隐若现，其上有一平阶，颇似人工所为。黑石相邻之下游段不清，这一带多坡积物，古道恐已经为坡积物覆盖。但至崩岩嘴，上道之下又出现下道，有石砭道，也有垒石道。有保存完好者，也有为洪水所冲，整块七八米长的垒石路体下滑移动者。一般是上道之下10～15米间为下道。自崩岩嘴的下游，下道亦存不少，只是古道荒废日久，道上平缓处比其上下较陡的石坡多生荒草灌木，远看似为一条绿带。

道路行经长江河谷左岸（北岸）陡峭的山坡上。此处为峡谷型河谷，河谷宽约150～200米，水流湍急。古道行经处为高洪水水位区，多生长有灌木。

道路上部分布有上道，即一般所称瞿塘峡古道，大部分完好，徒步尚可通行。整体滑移的垒石路体，并不破碎，也说明其道路砌石非常坚固。当然，这种坚固主要是得益于性能良好的黏结剂。

四 白果背段

此段道路行政区划隶属于巫山县大溪镇平槽村军营村。中心地理坐标为东经109°37′47″，北纬31°00′37″，高程海拔115米。

瞿塘下道西起瞿塘峡中部的七道门，东至瞿塘峡下口柜子崖一带，全长约4500米。西与七道门至风箱峡古道相连，东至大溪口一带消失，或即为田间石阶。其中白果背段西起白果背

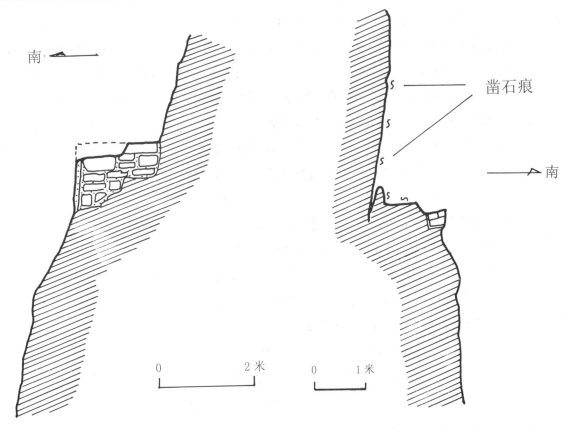

图 60　白果背下道垒石道结构剖面图　　图 61　白果背导航站下方的下道结构剖面图

图 62　白果背下道的垒石道

导航站，东至大溪口，分布区域约 1000 米（图 60～62）。

此条古道低于上道（即光绪年间所开古道），且在多处与之平行。因其高度过低，多被洪水摧毁。光绪年所开古道高度较之高 10～20 米，大约就是吸收了其高度不足的历史经验。

白果背段下道自桥沟口始，向下游延伸经白果背，其中以白果背导航站（信号台）一带保存最好，一般高于枯水期江面约 40 米。导航站西多为垒石道，道宽 1.5～2 米，外侧以石块垒砌，内侧填土石，上覆以大石板，外侧与路面石块间皆以灰浆勾缝。临水一方垒石壁上还有一层外涂之灰浆，与下层灰浆色泽有别，当为修补痕迹。其结构与坚固程度与前述上游道路相同。导航站下石壁险陡，多为石砭道，人工开凿的凿痕尚可发现，亦有在石上为破石打凿的楔形浅孔存留。此处路面一般宽 1.3～1.8 米，路外侧时有垒石结构。导航站之东亦有痕迹可寻。柜子崖一带甚至有两条下道出现，至大溪口附近与田间石阶相混而不清。

道路行经长江河谷左岸（北岸）陡峭的山坡上。此处为峡谷型河谷，河谷宽 150～200 米，水流湍急。古道行经处为高洪水水位区，此带多生长灌木与青草。由于荒废的古道是一平阶，故草木生长较其他地方旺盛，远看比较醒目。

段内地面遗存为上道，且大多完好，徒步尚可通行。

据有关文献记载，其下道的年代有两种可能，一是大约为道光年李本忠所开凿的古沿江道路，开凿年代比汪鉴所开后一道即上道早五十年；另一种可能是此系比道光年开凿得更早的一条古道，从唐宋以来一直沿用，至清代晚期废弃。

据一些老船工介绍，峡中旧有上、中、下三条纤道，上道即为现今保存较好的一条，中道即为此次新发现者，下道在枯水期方才显出。枯水时期，水位不高，江边有时反而好走。一般是纤工在江边乱石中行走，到了石板岬等绝壁处，江边水深，则用竹篙撑石壁或用铁钩钩住石缝前行。由于受到江水冲刷和洪水冲击，江边下道的乱石也不断变化，很少有痕迹保存，但这条道路应该还是存在的。

五　崩石区下道

此处沿江所见地层扭曲，岩石破碎，道路开凿于破碎岩石带中，故多崩石塌落。其区有上下两层道路，下道高于江面 30～40 米，多为在岩石上开凿出的砭道，亦有半槽道与部分垒石道。垒石道垒石高度可达 4 米，道路一般宽约 1.5 米。道路结构多视地形特点，因地制宜，交错运用。下道因断续存在，已经无法通行。

第四节　黑石至大溪古道

在瞿塘峡段长江南岸，从黑石滩（显圣庙）至大溪还有一条古道，也非常重要。此古道行政区划隶属于巫山县大溪镇。中心地理坐标为东经 109°37′01″，北纬 31°00′36″，海拔高程 118

米。起点（显圣庙）为东经 109°36′23″，北纬 31°01′14″，海拔高程 169 米；终点（大溪口）为东经 109°38′33″，北纬 31°00′26″，海拔高程 73 米。

道路西起大小黑石滩下游的大黑石，东至大溪河谷，总长度 4200 米。向南顺大溪河谷可至上游双河镇，东过大溪口渡可达旧大溪镇（图 63）。

道路位于长江南岸，瞿塘峡的东段，沿江分布，是大溪通往黑石滩古显圣庙的一条小径。道路一般高于长江枯水期水面 35～50 米，两端各有一段土石混筑的道路，中间大部为砭道与垒石道。有些地方用石片或石条依陡壁铺为石阶，也非常险要难行。中部有一段比较倾斜石壁，其上仅凿有脚窝或浅浅的蹬道。一些特别险要处有人工炸路之痕，显然经过现代整修。现存道路最窄处仅有 0.1 米，最宽处为 1 米，一般在 0.3～0.4 米（图 64）。此段道路地势险峻，且较狭窄，不但背物者难行，一般行人也多不敢行走，当是峡谷中的一种简易道路。认识这条道路，对于了解三峡沿江早期道路形态有很大的好处，古时最早的江北道路大约也与此类似。

此段道路中未发现有桥梁。其中部有一沟涧，名火抱溪。道路行经至此，以石块砌垒石梁越之，但已大半倾圮。自黑石滩东行，沿此道出峡至大溪口。大溪有舟渡，此渡清代亦为义渡，可渡过大溪河通往大溪镇。在枯水期，大溪河上还建有便桥以通行人。此路至大溪口，如不过河，循大溪向上游南行可达两河口镇。民间称此路清代即有，20 世纪 80 年代曾用炸药在局部地段扩路。显圣庙则一直有香火，大约 50 年代才被拆毁。

此段道路行经长江河谷右岸（南岸）陡峭的山坡之上。此处为峡谷型河谷，河谷宽约 100～150 米，水流湍急。

段内地面遗存东有大溪文化遗址，西有显圣庙遗址石台基。黑石滩上的小山顶，旧时曾有一庙，在旧县志上有图标明。今其地居住数户人家，旁有果园，多种橘树。庙西沿江则多荒草、陡岩，难以通行。但经多次观察，发现庙西沿江似乎也有道路痕迹，可能通到粉壁墙一带。

此路当然也可以作为纤道。黑石一带，行船险恶，两岸都有纤道，也许对于行船更为有利。

在清末至民国时期，曾开通沿江步行邮路，有步邮邮差从江北道路经过，当时大溪口与奉节各有一邮点。

奉节新县志卷十三"邮电"记："清光绪二十三年七月一日，由宜昌至重庆的步班邮路正式开通发班，经归州、西洋口至巫山，七月五日至奉节。这条步班邮路沿江岸行走，全长 900 公里，限时十三天。清宣统三年，改走长江南岸。"但今察瞿塘江南岸仅鸟道一线，且仅自大溪上溯十里，达于黑石滩，再向上游则山高崖陡，几乎无路可通，不知旧时如何行走。即便如前所述，可行至粉壁墙，但夔门一带的绝壁也是难以通行。

明人所撰《平蜀传》曰："太祖以汤和师久逗留，赐诏责之。廖永忠闻命，奋起率兵先进。……和亦进兵，自白盐山伐木通道以趋，夔州守将飞天张整众逆战，大败退走，而出峡水急，又阻于铁索飞桥，舟莫可进。永忠乃密遣壮士数百人舁小舟逾山渡关以出其上流，夏人不之觉也。度其将至，乃夜半率精锐，分水陆为二军而攻之，遂克其陆寨。舁舟者出，上下夹击，大

图 63　黑石至大溪古道

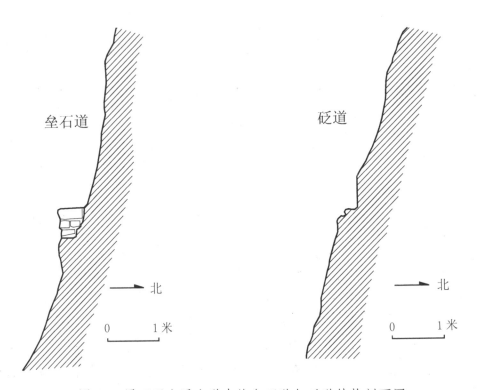

垒石道

砭道

北

北

0　　1米

0　　1米

图 64　黑石至大溪古道中的垒石道与砭道结构剖面图

破之，擒斩无算。遂入夔。"[42]

　　此文与《明史》所记大致相同，所异者为记有汤和"自白盐山伐木通道以趋"。但此处道路不知是沿江开道，还是自山上另辟道路。因文中提到廖永忠命人逾山渡关以出其上流，则此道当是不逾山的沿江道路。如是沿江辟道，则其道就是本道。

　　这条道路险窄简易，古诗文中屡屡提及的"鸟道"，大约就是这种形式。

---

　　〔42〕《全蜀艺文志》卷五十一《平蜀传》，《四库全书》。

第五章　沿线遗物与史迹

道路是连接人类不同活动区域的通道，两者之间的关系如藤之串瓜，不可或缺。研究道路，不注意其相关文化区域，则往往不能揭示道路的作用与性质，故此次栈道调查时间虽短，但我们还是尽力而为，兼收并蓄，对于道路周围较为重要的文物与史迹也一并进行了调查记录。其中许多资料过去并不为人重视，也有一些是这次新发现者，但其历史与考古价值，并不逊于古道。这批沿线遗物与史迹大多数在调查之后，即被江水淹没。

本章各点资料，大致按瞿塘峡古道三段排序，亦自上游西端奉节老城起，向东依次排列，至最东巫山县城止。

第一节　奉节至东瀼渡

（一）奉节老城与大南门（依斗门）

奉节老城又名永安镇，是长江沿线著名的古城与码头。城建在长江北岸一宽阔的古洪积阶地上，下临长江，背依龙岗山，东傍梅溪河。其下游 4 公里即为瞿塘峡上口天险夔门，为扼守三峡上口和川东的军事重地。行政区划隶属于奉节县永安镇。大南门中心地理坐标为东经 109°31′22″，北纬 31°02′32″，海拔高程 134 米。

奉节城所在处长江河谷深阔，水流平缓，系三峡宽谷地带。城南侧下临长江，江边为奉节老码头，城东校场坝为一江滨古冲积台地，今多辟为菜地。最东为梅溪河谷，南北隔断东西陆路，为城之东部屏障。奉节建城甚早，三国时为永安宫，今名永安镇即本于此。旧治曾在白帝城与今城间多次变换。自元代移今治后，历代相沿不改（图 65）。

奉节自古即为川东门户，人烟辐辏，市肆繁华，奉节码头船只过往甚多，上下水船一般都要在此处停靠。同时这里也有过江渡口，江南、江北客货往来皆在此过渡。这里不仅是一水陆交通枢纽，也是长江沿岸一处重要物资集散地，沿江东西古道即与南门外的石阶相交。自大南门码头通向城中的大道，因此一直是奉节最热闹的街道之一，沿途多客栈与货栈。大南门外为通往长江的坡形长阶，若干级间设一平台，以便洪水涨落时，调节码头之用。

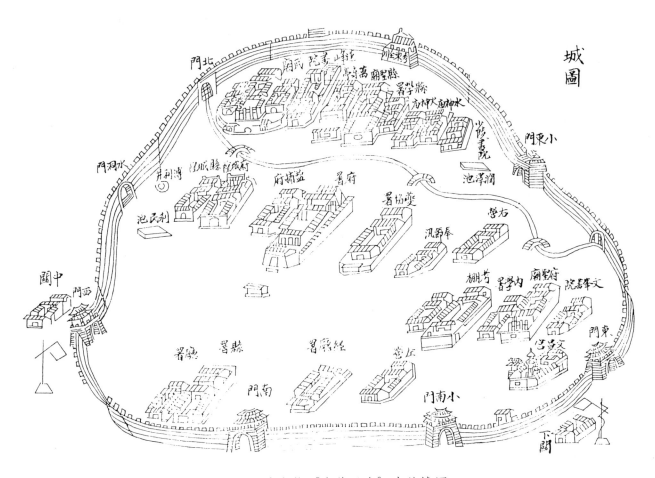

图 65 清光绪《奉节县志》中的城图

据明正德《夔州府志》称："府古无城，环立木栅。"[43] 今存奉节城墙与城门为大石条并以三合土混砌构筑而成，建于明成化十年（公元 1474 年）。"成化十年，始开筑城池，包砌砖石，周围九百七十五丈，辟门五座。正德七年，知府吴潜新创敌楼二座，串楼一百八十间。东门城楼旧毁，办材重建。上南门曰薰德，下南门曰时阜，东门曰宾旸，西门曰来思，北门曰肃成，俱吴公立额"。[44] 东门外则是教场演武亭。其后多有修缮。清道光四年至六年（1824～1826 年），曾对奉节城大修，用银两万余两[45]。在这些工程中，尤以清同治年间（1862～1874年）工程为巨。同治九年夏，大江洪水暴涨，"城没洪波巨浪中过五丈，临江一面，崩塌倾陷无完址"。知府鲍某等兴役修城，然功未半，财已毕，未果。后任萠德模继修，城墙多用大石条砌修，高 6～7 米，底宽 5.7 米，上有石城堞。城外临江南坡上又加石坎五道，每道长三百丈左右，高若城墙，层层升高，如同城墙外增设了几道坚固的屏障，使城池形成极为坚固的防洪与军事防御功能。清奉节城北高南低，设有东西南北四门。另南门东 300 米有小南门，东门

〔43〕《天一阁藏明代方志选刊·正德夔州府志》卷二"城郭"，上海古籍书店，1961 年影印。
〔44〕《天一阁藏明代方志选刊·正德夔州府志》卷二"城郭"，上海古籍书店，1961 年影印。
〔45〕《中国地方志集成·光绪奉节县志》卷五"城池"，巴蜀书社、江苏古籍出版社、上海书店，1992 年据光绪十九年（1893 年）刻本影印。

北有小东门，东西还各有水门一洞。旧县署在南门内西侧，旧府署在城中心。今城区主要遗址有永安宫、大南门（依斗门）、小南门等，后山上有莲花池、古塔，城东有校场坝。此次考古调查时，依斗门、小南门已经拆迁，旧城墙也大都不存。

大南门为奉节南侧城墙上所辟正门，城门设在南部地势稍平处，处于阶地南缘，面对长江，高于枯水期江面数十米。其下有古时所筑护城石堤多层，最下为奉节长江码头。门洞之外为一石铺平台，门洞内偏南部分地面与门外地面平齐，门洞内北部为向北上坡的石阶，沿石阶上至城内，城内地面几与城墙平齐。故在特大洪水时，可以闭门，在门内低处放置沙袋堵水，具有防洪功能设计。大南门门洞为一外低内高两阶石拱券结构，门洞深 14 米左右，外侧门高 8.3 米，宽 4 米；内侧门高 8.4 米，宽 5.8 米。明成化年初建时门额书"纵目"，正德时改为"薰德"；清同治年间改匾额为"依斗门"，故此门又称依斗门。门前有石梯六大阶通下江边码头，石阶宽 8 米，可随江水涨落调整码头高度。

现此城门已经开始搬迁至宝塔坪重建。

清代在大小南门外设有关卡，小南门东设有下关，大南门西设有中关，以控古道。老城位于三峡库区淹没范围，已在其西面的三马山另建新城，老城建筑居民大部已经搬迁。

（二）奉节老城码头

奉节码头处于奉节城南，大小南门外皆有长石阶通向江滨。大南门外石阶宽约 8 米，石阶每若干级间设有平台。石阶全部用大石条铺就，号为二百九十多级，高五六十米。长阶下即为奉节码头，船只停泊甚多（图 66）。这种码头可以随江水涨落调整高度，长江上下水船多在此处码头停靠，为长江上重要码头与水陆交通枢纽。因其地处三峡上口，古时船只入峡，一般都在此休整。或因夏季洪水，不能行船，亦泊船于此等待时机。奉节城南也有过江渡口，旧名永乐渡，明时称阳南渡[46]，江南、江北往来皆从此过渡。奉节东西古道又沿城南而过，与南门外的石阶相交，因此，自大南门码头通向城中的大道，一直是奉节最热闹的街道之一，沿途多客栈与货栈。1949 年后，奉节码头增多，有工业码头和可渡汽车的轮渡。

（三）奉节老城小南门（开济门）

奉节老城小南门（开济门）行政区划隶属于奉节县永安镇。中心地理坐标为东经 109°31′36″，北纬 31°02′34″，海拔高程 130 米。

其为奉节著名城门之一，大南门为其南侧城墙上所辟正门，小南门位于其东，相距约 370 米。小南门地处阶地南缘，高于枯水期江面数十米，其下有古时所筑石堤多层，最下为奉节长江码头，船只甚多，上下水船多在此处停靠，为一水陆交通枢纽。东西古道即与门外的石阶相交。自小南门码头通向城中的大道亦是奉节较热闹的街道之一，沿途多客栈与货栈。小南门外为通往长江之坡形长阶，若干级间设一平台，以便洪水涨落时，调节码头之用。

---

〔46〕《天一阁藏明代方志选刊·正德夔州府志》卷二"关梁津渡"，上海古籍书店，1961 年影印。

图 66 奉节老城码头

图 67 店子包遗址

奉节城墙南侧多为大石条砌筑而成，建于明成化十年，其后多有修缮，以清同治年间（1862～1874 年）工程为巨，重修费银达二十万两，故各门建筑坚固。小南门与大南门面临长江，兼有防洪作用，设计更是与众不同。小南门为一拱券结构门洞，明成化年初建时门额书"观澜"，正德时改为"时阜"；清同治年间改为"开济门"。门洞之下为平面，门里亦为向北石阶，故其在洪水特大时，与大南门一样，可以闭门，在门内放置沙袋堵水，具有防洪功能。门外是明清以来沿江大道所经之地，清时还建有清静庵等寺院，并设有关卡。

今城门已经搬迁至宝塔坪重建。

（四）校场坝

校场坝行政区划隶属于奉节县永安镇，中心地理坐标为东经 109°31′59″，北纬 31°02′50″，海拔高程 124 米。

校场坝位于旧奉节城东门外，南临大江，东临梅溪河，是长江北岸一处古冲积台地。其地高于江面 40 余米，面积约 5 万平方米，地势宽平。明清时为奉节演武教场，清时尚存，故获此名。其下可见江中八阵图遗址，或云此为诸葛亮排兵布阵指挥之处。古道从奉节东门或小南门出来，东行必经此处。在军事上，校场坝扼梅溪古渡之险，与梅溪东岸之店子包隔江相望，互为犄角之势，实为夔州府城东南的屏障。若店子包失守，则可倚此与梅溪河谷据险守城。

（五）店子包遗址

店子包遗址行政区划隶属于奉节县宝塔坪区。中心地理坐标为东经 109°32′12″，北纬 31°02′43″，高程海拔 141 米。

店子包为长江北岸一小山丘，位于梅溪河东岸，所在地实为梅溪河左右山前古洪积台地。台地下临江滨沙碛，与八阵石碛相距，约 200 米（图 67、68）。

店子包四周原有民居，今已搬迁，故显露出古时地貌。顶部建有一高于地平 3～5 米的人工夯筑土台，台顶平坦，状若一小城或堡垒。土台平面大体为三角形，东侧最尖，东西长约 120 米，西端宽 50 米，东端宽 10 米。北侧有一道沟，东部亦有一短沟，将台与山体分开，形成一孤立高地。此二沟当为人工所开，既有排水功能，也有防御功能。北沟至店子包台有二阶带，沿沟分布，上阶宽 8 米，高 1.5 米；下阶宽 15 米，高 2～3 米。此台南对大江，背倚子阳城所处高山，高出四周地平，与山相连处又有大沟相隔，左大沟，右梅溪，孤立高耸，隔河与校场坝台地相对，互为犄角之势，确系一重要军事建筑。台顶高出江面 50 余米，南对大江，或为子阳城外的卫城，下瞰八阵石碛。

店子包应当是宋人所记的古八阵台，用于指挥八阵演武，许多文献对其都有记述。宋刘昉《八阵图记》曰："命作武侯祠于城上，以俯临之。"范荪《八阵图说》云："以暇日登崇台而纵观之，台高而碛平，累石粲然，一一数之而无差。"这说明台与八阵相去不远。《四川通志》卷二十六"古迹"也说："夔州府八阵台。在县东武侯庙前，下瞰八阵石碛。"武侯庙在西瀼水东岸，正值此地。清光绪《奉节县志》卷十九说："武侯庙在瀼东，去城三里。"店子包大约在明时尚保存

圖 陣 侯 武

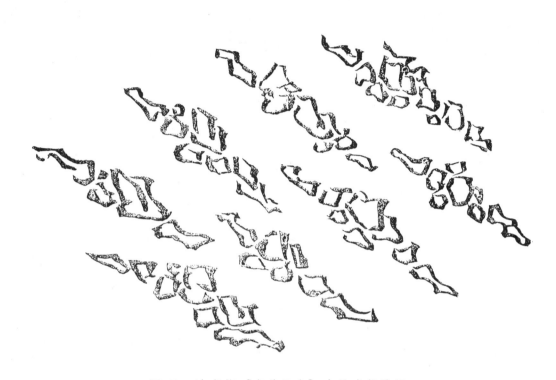

图 68 清光绪《奉节县志》中的武侯阵图

完好，明《夔州志》中有图，西瀼之东岸，即今店子包处绘有一城，内有建筑，当是此城。

店子包一带，在唐时大约属于夔州的西市。唐刘禹锡《八阵图录》中说："夔州西市，俯临江岸，沙石下有诸葛亮八阵图。"

据新《奉节县志》卷三十二记，店子包一带曾发现有旧石器时代文化层。

（六）八阵碛（水八阵）

八阵碛行政区划隶属于奉节县白帝镇。中心地理坐标为东经 109°32′10″，北纬 31°02′29″，海拔高程 86 米。

其所在地为梅溪河入长江处的一大洪积扇，也称大沙碛，东西长约 3 公里，南北宽 1 公里。长江枯水期时，梅溪河从沙碛中心穿过注入长江主流。八阵碛位于梅溪河出谷口外 200 米的东侧，北距店子包约 200 米，西北为奉节老城，正东为白帝城。因县境还有所谓"旱八阵"，故一般也称此为"水八阵"（图 69）。

八阵碛传为三国时诸葛亮所创。其于长江沙碛之上，堆石为阵，以演兵法，又名八阵图。八阵主阵为天地风云龙虎鸟蛇，主阵之旁有辅阵，名为"游兵二十四阵"，总号为八阵图。或曰：八阵为四正四奇，余奇为握奇。《水经注》与唐宋著作中多有涉及。《水经注·江水》云："江水又东，径诸葛亮图垒南，石碛平旷，望兼川陆，有亮所造八阵图，东跨故垒，皆累细石

图 69　八阵碛

为之。自垒西去，聚石八行，行间相去二丈，因曰：八阵既成，自今行师，庶不覆败。皆图兵
势行藏之权，自后深识者，所不能了。今夏水漂荡，岁月消损，高处可二三尺，下处尽磨灭殆
尽。"《李卫公问对》卷上记："靖曰：诸葛亮以石纵横布为八行方阵之法，即此图也，臣尝教
阅，必先此阵，世所传握机文，盖得其粗也。"

　　宋时曾对八阵重新依势排布。《四川通志》卷二十六"古迹"云："夔州府八阵台。在县东
武侯庙前，下瞰八阵石碛。"

　　一般所说的八阵石碛，或泛指此处大沙洲，或指八阵图，常常混淆。也有人将八阵图定位
在今臭盐井一带。臭盐井位于枯水期的江中沙碛上，距岸约 800 米。经考察，八阵沙碛长
2500 米，宽约 800 米。其东侧顶部盐泉出露，旁存有一些较大的石块，并有建筑遗址与熬盐
之遗物，已可证实该处为臭盐井。指认该处为八阵图系后代之误，因其距岸太远，目力所难看
清，不便于演阵。西瀼水出山口东侧，今店子包下沙滩中大石累累处，才是八阵碛（八阵图）
遗址。从此处石块分布看，多有堆垒之迹，有的为江水所冲，形成条带状，与古人所绘之图相
合。若此地与其北店子包相配，则一于山上指挥，一于山下演习，倒是十分合拍。所以，此地
才应是真正的八阵碛。与其他由小砾石为主组成的石碛不同，此处在小砾石基础上分布有一些
高出石碛面且较规则大石块群。石块甚大，大者径 0.3~1.5 米不等，共两组，北组石碛边长
约 150 米，面积 20000 余平方米；西南石碛边长约 100 米，面积约 10000 平方米。因江水历年

冲刷，所谓阵形已经不易看清。

唐宋至明清时，奉节县城之男女老少于人日（农历正月七日）结伴游八阵图，谓之踏碛，也有踏歌、拔河等风俗。唐人刘禹锡至夔州，正逢巴儿"联歌竹枝，吹短笛击鼓以赴节，歌者扬袂睢舞，以曲多为贤"。他的《竹枝词》就是采用当地民歌的形式而作。所以，此处也可称为古代巴人的歌墟。《方舆览胜》引图经云："夔人重诸葛武侯，于人日倾城出游八阵碛。"妇女拾小石子，吊在钗头，以求一岁之吉。官府长官也常常在石碛上大摆宴席，热闹非凡。此风俗至清末渐息。

奉节旁的江边石碛古时也可能常常形成集市。苏东坡有《竹枝词九首》，其中一首曰："江上乘船何处客，列肆喧哗占平碛。速来忽去不记州，罢市归船不相识。"这些船只上可能载有商品，沿江赶市墟做生意，如同今日开着大货车到商品交易会上卖货相似。宋代碛上能形成"列肆喧哗"，可见有一定规模。

其地长江之南旧有水中石梁，号为龙脊滩，也是古时行船的一处险滩。因其影响航道，1949年后已经被治理。

（七）旱八阵

奉节境内另有一处旱八阵，地属白帝镇草堂区，位于白帝城东北十五里的草堂河东支流石马河谷，旁（西岸）即白帝乡的八阵村，东岸亦有一小村。其地背山面水，形势险要，是巴蜀通往荆襄和中原地区的一条陆路要道。此处河谷宽约200米，两岸皆为小山丘，河谷中偏左岸（东岸）滩地原有石垒多座（或云八座）。石垒约有一人高，皆用河滩中的大石块堆成，间距二三十米，其平面分布或说南北排列，或说无规则排列，是为旱八阵。

旱八阵也是当地著名的一处古迹，后因开辟河滩荒地而将石堆平毁。传说，东吴大将陆逊攻蜀曾战于此，诸葛亮设八阵，逊不识，误入死门，左冲右突，无法出阵，后得人相救，方从生门逃出。据称，小说《三国演义》所写就是此地。其南八阵村旁小山上原建有高耸的八卦楼，毁于近年。村民说，原还有一八卦井，并一碑，今亦不知去向。

此处为奉节通巫山大道中的要隘，也是防御奉节的门户之一。它与长江水道瞿塘关互相倚重，瞿塘失守则奉节不保，此处失陷则瞿塘难保，古时可能为军事重地。诸葛亮于此置兵守险，极有可能。

另外，在其南临草堂镇的草堂河滩，有一临河小丘，当地传说也是旱八阵，并指出八阵村河滩为水八阵。诸说各不相同，难辨真伪。从高程看，草堂河上这一旱八阵大约也要被水淹没。

（八）鱼复浦古盐井遗址（臭盐井）

鱼复浦古盐井遗址行政区划隶属于奉节县白帝镇。中心地理坐标为东经109°33′40″，北纬31°02′19″，海拔高程88米，高于枯水期江面3～7米。

该遗址位于白帝城西长江江湾之内，长江主流的北侧，梅溪河（西瀼水）入长江口之东的大沙碛上。大沙碛又名八阵碛，实为梅溪河入长江的冲积扇在长江洪水作用下形成的沙洲，号称

图 70　盐泉

长十里。据光绪《奉节县志》称，在"江滨沙碛八阵图下，有盐泉五口，以木为桶，水可煮盐。冬出夏没，俗呼臭盐井"。《太平寰宇记》亦曰："碛上有盐泉井五口。"[47]光绪《奉节县志》又引唐李贻孙《夔州都督府记》云："峡中之郡，夔为大梁，为信州，今称将夔州，初治在瀼西之坪上，王述徙白帝城，今衙是也。东南斗上二百七十步，得白帝庙，直南城一里，得巨石为滟滪；之左五里，得盐泉十四，又西稍南三四里，得八阵图。"杜甫居夔州时所作《负薪行》说夔女："筋力登危集市门，死生射利兼盐井"，大约指的也是臭盐井。说明唐时此盐井已开，位置与今相近。关于盐泉之数量，亦有称七泉或十四泉者，大约出泉孔随时间不同而有多少之变，且其泉所出的地点不同时代亦有所不同。枯水期江水退，沙碛出露，此时有盐井，江水上涨则没于水下，水退则土人至此煮盐。清咸丰时，每岁水落，乡民即下滩编茅砌灶，蒸气成云，产盐极旺，其盐号为碛盐。至20世纪初，盐的生产规模更大，曾有百户以上进行生产，开始抽其盐税，至1951年全部停产。

今其地北侧江岸为一运煤码头，遗址除少数井址外，大部分井址已无迹可寻。经此次考察发现，存者有沙洲东南侧二盐泉，其中一口泉眼直径约1.3米，深0.4米，向南流10余米注入长江。泉水清澈见底，含盐量高于大宁厂盐泉。其水以手试之微温，冬有热气上腾，故也称

---

〔47〕《太平寰宇记》卷一百四十八"夔州"条下。

温泉。泉周东西 300、南北 200 米范围的沙碛上，另存有大量建筑遗址，皆为用大卵石与经凿刻的方石块垒砌的房基，有方有圆，大小不等，当为煮盐者居住或工作的地方。据老人讲，这些房基都是用石灰、猪血加上糯米汁混合后砌筑，非常坚固。有些盐泉归于某家，水退后寻其旧迹，重新开张。其地还发现有与巫溪、宁厂相类似的加工食盐的红色盐砖，以及铁渣、煤渣等。但其地枯水时为江滨，洪水来时，则成江心，洪水滔滔，一切房舍皆席卷不存，故年年重修，岁岁水毁，只能进行季节性生产。

据当地老人讲，过去靠北岸处也有盐泉涌出，现已经被煤码头破坏。由此可见，古时盐泉分布面积远大于今日所见。此处具有千年以上生产历史的盐泉，虽然是间歇生产，但因其交通便利，故一直绵延不绝。

这里的盐泉有一定的温度（图 70）。在其地江南偏上游处，有上温井和下温井，水是温的，同时也含盐，亦可以熬炼。光绪《奉节县志》卷七称："上温井下温井在龙脊滩南，近岁水落井出，村民四集煮盐供食。官府因榷其利，以济国用。"

（九）耀奎塔与子阳城（宝塔与紫阳城）

此地行政区划隶奉节县永安镇宝塔坪，小地名为窑湾村。中心海拔高程 190 米。距旧城大南门约 1.9 公里。

此地地处长江北岸子阳山南麓，山南坡有一小山峰，向江面凸出。因距离奉节老城五里，故名五里山，又名卧龙山。山上修建有一塔，下俯大江，南临古道。其地亦因塔而得名宝塔坪。

塔为一风水塔，系清嘉庆二十三年（1818 年）夔州知府杨世英为振兴夔府文风而修，本名文峰塔，后改为耀奎塔（图 71）。因其色白，民间或名白塔，或因其地名宝塔坪，亦有称之为宝塔者。塔计七重，系楼阁式六角石塔，塔刹饰有铜质宝珠。此塔通体皆用当地所产青石砌就，通高 28 米，一层底边一侧长 4.1 米，周长 24.5 米。一层南门为正门，门为石拱结构，门拱上为五块券石，上皆浮雕花卉。门券上横嵌一方石额，但文字已经风化，难以辨识。按旧志系"直上青云"四字，门侧刻有联，其文为"万丈文光环六邑，三条瑞气溢三巴"。二层正面嵌一竖石匾，上刻楷书"耀奎塔"三字。一、二层檐角饰有兽面，每层檐下绘有饰带一周。内部有木质楼梯可登塔，系原梯毁后重修。

耀奎塔所在的后山上，汉时建有城垣，名子阳城，或讹为紫阳城。山上尚存城墙与城门遗址，城内有建筑遗址与大量汉瓦。山坡上曾发现大批汉代至南朝墓葬，并散布许多一侧印菱形花纹的墓用青砖。其当为始建于汉代之城，是最早的奉节城之一。《旧唐书·地理志》曰："奉节，汉鱼复县，属巴郡，今县北三里赤甲城是也。梁置信州，周为永安郡，隋为巴东郡，仍改为人复县。贞观二十三年，改为奉节。"城建于唐前，或云汉公孙述筑，即鱼复城，或名赤甲城，或混称白帝城。按清代县志附图，三城相连为一，东为白帝城，中为下关城，西为子阳城。按《后汉书·公孙述传》云："公孙述，字子阳，扶风茂陵人也。"[48] 城以子阳命名，当与

---

〔48〕《后汉书·公孙述传》，中华书局，1982 年，533 页。

图 71　耀奎塔

公孙氏有关。

　　赤甲城在此，赤甲山也当在此。正德《夔州府志》卷三"山川"云："赤甲山，在府城东十五里，土石皆赤，如人袒臂，故曰赤甲。或云汉人尝取巴人为赤甲军，因其上有孤城，即古鱼复县基。"[49]《太平寰宇记》中说"涪州……汉末为赤甲军所聚，此地有赤甲戍存焉，后汉亦然"[50]。涪州与此处相去不远，则以赤甲军得名之说或近之。此次考古调查时，已对子阳城

---

〔49〕《天一阁藏明代方志选刊·正德夔州府志》，上海古籍书店，1961 年影印。
〔50〕《太平寰宇记》卷一百二十"涪州"条下。

进行考古资料的留取工作。《水经注·江水》中曾提及此城并记有城垣周长。

此处地下遗存有建筑遗址与古墓葬。宝塔坪一带也发现有旧石器。

（一〇）石灰窑

石灰窑位于长江南岸，是一处古代采石烧灰之处。据光绪《奉节县志》所附地图，此处名为古灰窑。遗址位于长江南岸对县乡白龙村东 1500 米的白腊坪西下，今为永乐镇所属，距离江滨约百米，与鱼复浦隔江相对。

今尚有一灰窑保存，灰窑东侧有一小山沟，自南而北通向长江。灰窑西侧山坡有一石质陡崖，当为历代采石形成。灰窑下临长江江岸，多为高约 10 米的陡岸，但此处却有一宽约 40 米的缺口，呈坡状与江岸相连，有人工开凿的迹象，当为一运输码头。明清时期曾多次大修奉节城，需要大量的石灰。瞿塘峡中的古道路与桥梁，也有许多材料需用石灰砌筑。此处灰窑当是古代灰窑之一。

据古代文献记载，石灰与猪血或糯米汁合，黏结性能极强。

但据《重修昭化县志》中记有黏砌道路拦马石墙的配方："用石灰六十斤，糯米市斗一斗，合白矾六斤，桐油八斤。"而其后又给出一个培补之方，与此稍有不同。其曰："凡石匠培补，每宽一丈，长高各一丈，用石灰二百斤，糯米市斗三斗，合白矾一斤四两，桐油十斤。"[51] 由此可见，石灰是修筑古道路的重要材料。瞿塘峡古道所砌垒石路基、桥基大约都是按此类配方修筑。

另外，还有一处老灰窑位于瞿塘峡南岸大溪至黑石古道途中，也是临江而建，性质大约与此处灰窑相同。

（一一）白帝镇

白帝镇行政区划为奉节县白帝镇镇政府驻地。中心地理坐标为东经 109°34′03″，北纬 31°02′40″，海拔高程 137 米。

白帝镇为瞿塘峡口一大古镇，西连老城奉节，东达巫山，北通城口县，地近瞿唐峡口，是古今交通咽喉地带。它位于长江与草堂河间的山腰，南邻大江北岸的白帝城。镇西侧为鱼复浦，东侧与东瀼水相邻，北侧与西北依子阳山。

白帝镇即古夔州，是一座人烟辐辏的大市镇，而白帝城位于临江小山上，是扼守瞿塘峡口的军事要地。山上面积窄小，供水困难，不宜居民居住。《杜工部集》卷十四《夔州歌十绝句》曰："白帝夔州各异域，蜀江楚峡混殊名。"说明唐时已经开始将白帝镇、白帝城二者混淆。

光绪旧志引唐李贻孙《夔州都督府记》云："峡中之郡，夔为大梁，为信州，今称将夔州，初治在瀼西之坪上，王述徙白帝城，今衙是也。东南斗上二百七十步，得白帝庙，直南城一里，得巨石为滟滪；之左五里，得盐泉十四，又西稍南三四里，得八阵图。"则今白帝镇正为

---

〔51〕 清同治三年《重修昭化县志》。

白帝层峦

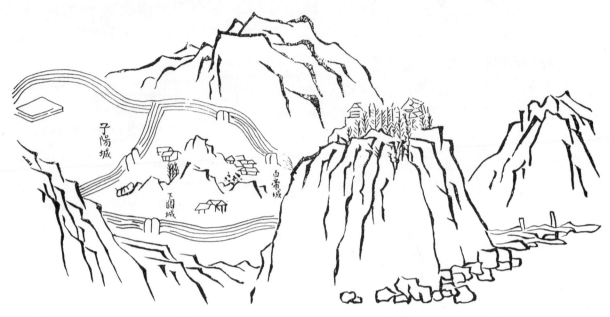

图72　清光绪《奉节县志》中的白帝层峦图

文中所称的古白帝城，而在今夔门南山顶者，唐人称之为白帝庙。后人将白帝庙称为白帝城，而将古白帝城称白帝镇。

　　从军事上讲，白帝庙为防守长江要地，位于大江北岸一小山上，南侧、西侧皆为大江，东与北侧为东瀼水环之，唯北有一山梁与他山相连，而白帝镇正扼其颈，实为守御白帝城之要害之处，也是白帝城的倚恃。

　　今白帝镇不大，镇中主街沿山弯曲，镇内旧道已经改建为公路。因三峡库区蓄水在即，今公路亦将被淹没，新建公路高于此道数十米。镇内古建筑甚少。

　　此道口距旧城大南门约4公里。

　　白帝城西江滨有一码头，是为古时白帝镇的码头，今作为登白帝城者上下的旅游码头。

　　唐人刘禹锡《竹枝词》曰："城西门前滟滪堆，年年波浪不能摧。懊恨人心不如石，少时东去复西来。"则为唐城在此一明证。

　　按清代县志，古者三城相连为一（图72），东山为白帝城，中低洼处为关城，西山为子阳城，今白帝镇即为关城，或曰下关城，此说最近。

（一二）鱼复浦

　　鱼复浦位于白帝城长江上游，西至梅溪河口，行政区划隶属于奉节县白帝镇。

　　鱼复浦实为长江北岸的一大江湾，瞿塘峡系一地质抬升区，其上游一带成为江面宽阔的淤积区。但在峡口一带，洪水时江流因峡口狭窄，加之滟滪堆等阻拦，多在鱼复浦一带回旋，不但泥沙不易沉积，连平日所积泥沙也荡涤泛起，汇入江流，遂形成一大面积平静水湾。长江下游的鱼类洄游溯江而上，至此产卵，产完孵后又返回下游，如古人所说："炎鳇鱼至此，而复洞庭"，故古人称其地为鱼复浦，过去在此捕鱼者甚多。今因葛洲坝拦断江水，且三峡大坝再次拦断江流，旧时逆水而上的鱼类已不能再溯江至此，鱼复浦已空有其名。加之种种原因，浦中的鱼类也已经很少了。

鱼复浦的特殊地理形势，使其成为一处长江上少见的良港（图73）。

鱼复浦以东为白帝山，上有白帝城，城下临江浦有南门沱古码头。此处实为古白帝城西门的码头，亦为古今白帝镇的码头，有石阶曲折上通白帝山。其西与八阵碛相接，碛上多古盐井遗址。

白帝镇所处之地古即为鱼复国，或鱼复县，秦汉之前即有此名。鱼复古为军事要地，其东南长江峡口设有江关，常有驻军。《汉书·地理志上》云："鱼复，江关都尉治，有橘官。"《后汉书·公孙述传》卷十七记："九年，公孙述遣其将任满、田戎、程泛，将数万人乘枋箄下江关。"其地古皆归鱼复。《后汉书·公孙述传》记：建武"六年，述遣戎与将军任满出江关，下临沮、夷陵间。"注曰："《华阳国志》曰：'巴楚相攻，故置江关。'旧在赤甲城后移在江州南岸，对白帝城。故基在今夔州人复县南。"[52] 人复县即鱼复县。

（一三）滟滪石

滟滪石或称滟滪堆，民间俗称燕尾石，位于夔门之前，瞿塘峡的上口，白帝城西南方。此系江心的一巨大的石礁，长30米，宽20米，高40米。巨石正当中流，如黄河三门峡中的砥柱（图74）。长江流至此处，江水被这块江中巨石分为两股急流，绕过巨石，复合为一。行船至此，无不胆战心惊，稍不小心，便会撞上礁石，或为躲避此石而撞上左右两岸岩石，常常船毁人亡。此系长江水道绝险处，历代以其为舟船之患。名曰"滟滪"，或以"滟滪"即"犹豫"，称船工行船至此惊恐无措。

江水上涨，滟滪石便淹没不见，水落则高耸中流，旧时舟师或以其出没高下为行船的水文标志。《水经注》记其谚曰："滟滪如象，行人莫上；滟滪如马，行人莫下。"或曰："淫豫大如马，瞿塘不可下。""淫豫大如鳖，瞿塘行舟绝。淫豫大如龟，瞿塘不可窥"。唐宋以来，古人诗文记之者甚多。宋人范成大《瞿塘行》诗序曰：水大时，"土人云，'水与青草齐，可以冒险而入。'遂鼓棹掠其顶而过，郡中遣候兵立于山上，每一船平安，则摇帜以招后船"。山上白天有兵士导航，这与后边镇江王庙悬灯夜间导航可以作为对照。范成大诗云："不知滟滪在船底，但觉瞿塘平如镜。"这说明，自古出入峡口，舟子就将滟滪视为一种标志，与人工导航设施共同发挥作用。

滟滪石也是一处名胜，江水至此卷起波澜，在水面回旋良久，人称滟滪回澜，是奉节八景之一。石上原有古人测水题记与其他题刻若干。因其影响航道安全，1959年被炸毁。

〔52〕《后汉书·公孙述传》，中华书局，1982年，537页。

图73　鱼复浦

图74　滟滪石（张祖道摄于1956年）

其上古人遗迹，所知者有宋人成镛滟滪测水题记。其内容如下："开封成镛子韶，同塞渥泽、郭公临东去，过高斋，览形胜，遣人撑舟，垂绳坠石，测滟滪之水，约八十四丈。子韶曰：'夏中江涨，滟滪上水犹三十余丈，可想见矣。'"〔53〕道光《夔州府志》载："开封成镛子韶，寄瞿塘关。怀安塞渥泽民，成都郭公临舜卿东去，过高斋，览形胜，遣人撑舟，垂绳坠石，测滟滪之水，约八十四丈。子韶曰：'夏中江涨，滟滪上水犹三十余丈，可想见矣。'泽民之子庆胄侍。淳熙乙巳正月二十五日。"《全蜀艺文志》亦近此，当以后者为准。另苏辙《栾城集》卷一《滟滪堆诗》题称："或云上有古碑。""上有古碑刻奇篆"〔54〕。可能石上不止一处题刻。

另江北水滨有一巨石，大小、质地均与其相仿，系其所存余脉。

滟滪石是长江瞿塘峡口的巨礁，同时古人也利用其进行长江水文观测。"滟滪堆，……峡人以此为水候"〔55〕。不但有人测量其旁水深，并进行标注，还有长期流传于民间的谚语，以其出水深浅决定入峡航行的安全系数。

滟滪石耸立于瞿塘峡口，不仅与地质结构有关，也与瞿唐峡口突然变窄有关，对于此处长江流水也有影响。鱼复浦的形成，与八阵图沙洲的消长，沿岸江水侵蚀的强弱，以及著名的滟滪回澜有关。滟滪回澜的回流激荡冲刷着鱼复浦沉积的泥沙，使鱼复浦每年在洪水与枯水变化中获得一种周期性的沉积和涮淘，不仅为古白帝城造就了一处长江上少有的良港水湾，也给回游的鱼类创造了一处产卵的理想水域。滟滪石的炸毁，通畅了江流，保证了航道安全，但也改变了这一带长江的自然环境。从这一点反思，人类改变自然环境的每一举动，无不牵一发而动全身。

（一四）峡口题刻

据旧志，瞿塘峡口石壁上也有题刻，但其字多磨灭。光绪《奉节县志》卷三十记其一诗曰："白帝城边春草生，黄牛峡口水波清。追思昭烈千古事，长使英雄气不平。"后有"大元至元十九年，岁次壬午，镇国上将军四川宣慰使何公同男到此吟"。现在已经不知原刻位置，推测当在白帝城一带。道光《夔州府志》卷三十三"古迹"中提到，瞿塘峡道中还有一处题记，今亦不知其处，兹录志文如下："夔峡题诗。《竹坡诗话》：夔峡道中，昔有杜少陵题诗一首，叶天字韵，榜之梁间，自唐至今无敢和作。有一监司，过而见之，辄和其韵，大书于侧。后人嘲之云：'想君吟咏挥毫时，四顾无人胆似天。'"〔56〕这些题刻之所以未被发现，可能是由于古今道路位置不同的缘故，如新发现的瞿塘下道，因路断难行，对于其周围就没有加以搜寻。当然，前一题刻也有可能刻于江边，已被洪水磨灭。而后一题记，在"夔峡道中"，即位于瞿塘

〔53〕 转录自清光绪《奉节县志》卷三十四"古迹"，奉节县志编纂委员会，1985年重印，230页。
〔54〕 宋苏辙《栾城集》卷一《滟滪堆诗》。
〔55〕《天一阁藏明代方志选刊·正德夔州府志》卷三"山川"，上海古籍书店，1961年影印。
〔56〕《中国地方志集成·道光夔州府志》卷三十三"古迹"，巴蜀书社、江苏古籍出版社、上海书店，1992年据道光七年（1827年）刻本影印。

图 75　白帝城

峡古道上，而且其诗"榜于梁间"，也很值得回味，此梁不知是什么梁。

另光绪《奉节县志》卷三十四中记瀼峡将至滟滪，左岸岩上首题有"圣泉"二字，但今未发现。

（一五）白帝城

白帝城行政区划隶属于奉节县白帝镇。中心地理坐标为东经 109°34′09″，北纬 31°02′41″，海拔高程约 235 米。

白帝城位于大江北岸一名为白帝山的小山上，高出江面 100 多米。山南、山西皆为大江，山西的江湾曰鱼复浦。东侧与北侧为东瀼水环之，唯西北有一山背与他山相连，古人将连接处称为马岭山，而今白帝镇正扼其颈。长江自白帝城始，上游两岸山势宽缓，江面非常宽阔，下游为古夔门峡，即瞿塘峡。峡中水道狭窄，两岸绝壁悬崖，形势险要。白帝山高耸大江北岸，与白帝城隔江相对有古杨口城遗址，两城夹江而建，共控峡口，下有铁链锁江，实为一扼守长江峡口的险关要塞。同时，山北扼奉节至巫山大道的要道处亦有关城（图 75）。

东汉初，公孙述据此建城，其后历代相沿，或为城，或为庙，称谓不一。今山上主要建筑规模为清代鲍康重修时所定。

《后汉书·公孙述传》记：建武"六年，述遣戎与将军任满出江关，下临沮、夷陵间"。

图 76 白帝城园林

注曰："《华阳国志》曰：'巴楚相攻，故置江关。'旧在赤甲城，后移在江州南岸，对白帝城。故基在今夔州人复县南。"[57]

　　白帝城遗址、遗物异常丰富，为此地一大名胜，今城上设有文物管理所。山顶地面上现尚可发现汉魏时期的绳纹瓦砾，半山腰上存有南宋所筑城垣遗迹。城垣为就山坡削堑而成，外侧砌垒大石，内侧以土石填夯，外侧高5～7米不等。山上有白帝庙建筑群，计有庙门、托孤堂、明良殿、武侯祠、观星台、仿西洋建筑新楼（亦名白楼）等历史建筑。碑林与文物陈列室内，存有许多碑石与文物。另有园林及桥阁花木（图76），风光旖旎。这些建筑物因高踞山顶，库区涨水后，不在淹没之数。山南古西阁遗址建有纪念杜甫的西阁。西阁是望江观景的胜地，也是古时江边接送人的地方。

　　西阁东侧有明代即存的古观音洞，洞周围还有一些碑石。因在三峡水库淹没线下，能移动

〔57〕《后汉书·公孙述传》，中华书局，1982年，537页。

的都正在搬迁。

白帝城正南江滨，有偷水孔古栈道，传说为东晋时遗迹。古文献或称白帝南有水门，水门西有淫预石，这一栈道下端也有可能是古白帝南水门。

《四川通志》卷四下云："夔州府南坪寨。在瞿塘峡口，大江南岸，对羊角山。"白帝山抑或古时曾名羊角山，或说羊角山距县东十里，下临大江，不知所指。

据宋人范成大《瞿塘行》诗序曰：水大时，"郡中遣候兵立于山上，每一船平安，则摇帜以招后船。"此山即指白帝山，则其地又是指挥峡口行船的重要地点。

这一带古今地名变化很大，郦道元所述地名与今多异。据《水经注》，奉节是永安宫，宝塔山与其后山是赤甲山，白帝城是鱼复城，其间小道是马岭。东瀼名不变，县之夷溪疑为西瀼。广溪峡即瞿塘峡，瞿塘则是指黑石滩，白盐山在长江北岸。这些与今日地名并不完全一致。据前白帝镇所引古文献，今白帝城实为古白帝庙。

《四川通志》卷四下记："夔州府瞿塘关。即古之捍关也。旧在赤甲城，后移大江南岸，对白帝城故基。唐天祐元年（公元904年），蜀王建章武请于夔东作铁缆绝江中流，立栅于两端，谓之锁峡。……用铁索拦江，故呼为铁锁关。"又云："夔州府三钩镇，在瞿塘峡口，当时铁锁断江，浮梁御敌处也，镇居数溪之地，故曰三钩。"另外，还记曰："夔州府南坪寨，在瞿塘峡口，大江南岸，对羊角山，洪武四年汤和等讨明玉珍时，玉珍用铁索横断江口，又于铁索外凿壁引绳为飞桥，以御明师于此。"杜甫诗《秋风二首》云："秋风淅淅吹巫山，上牢下牢修水关。吴樯楚舵牵百丈，暖向成都寒未还。"下牢关在夷陵（今湖北宜昌），这里还可能曾叫上牢关。

（一六）杨口城遗址

杨口城或名阳口城。据新修《奉节县志》记，遗址位于长江南岸对县乡白龙村东1500米的白腊坪上，与白帝城隔江相对。白帝城与杨口城为自古以来扼守瞿塘峡口南北的两处重要军事城堡，互为掎角之势。杨口城海拔高度450米，面积2450平方米。初建于南朝梁时，为一防御性军事堡垒。城址呈长方形，东西长70米，南北宽35米。西南两方残存城墙100余米，高1~3米不等。城由条石砌成，城内出土大量绳纹瓦片。旧《奉节县志》卷三十二"纪事志"载：梁简文帝大宝元年（公元550年），梁将西征，有陆法和守峡，筑二城于峡口两岸，运石填江，铁锁断之。

其实，此城也许更早就已经出现。在公孙述守蜀时，为阻汉兵，已经"结营跨山，以塞陆路"。《资治通鉴》卷四十二云："公孙述遣其翼江王田戎、大司徒任满、南郡太守程泛，将数万人下江关，击破冯骏等军，遂拔巫及夷道夷陵。因据荆门虎牙，横江水起关楼，立攒柱，以绝水道。结营跨山，以塞陆路，拒汉兵。"[58]

在江两岸结营防御，必有栅寨沟壕。南岸这种工事，就是杨口城的前身。

---

〔58〕 晋袁宏《后汉纪》卷六记此事同，其文作"营垒跨山，以塞陆路"。此段所说横江水起关楼之处，或以为其地在瞿塘。

明时南岸亦有城寨，名南平寨或南坪寨。旧《奉节县志》卷十四"关梁"云："南平寨在瞿塘峡口，大江南岸，对羊角山，并建有索桥沟通两岸。"明洪武四年，汤和等讨明玉珍时，玉珍用铁锁横断江口，又于铁锁外凿壁引绳为飞桥，以御明师于此"。疑后文所提石槽即此飞桥工程所存遗迹。

《明史·太祖本纪》云：洪武"四年春正月……丁亥，中山侯汤和为征西将军，江夏侯周德兴、德庆侯廖永忠副之，率舟师由瞿塘。颍川侯傅友德为征虏前将军，济宁侯顾时副之，率步骑由秦、陇伐蜀。魏国公徐达练兵北平。戊子，卫国公邓愈督饷给征蜀军。……夏四月丙戌，傅友德克阶州，文、隆、绵三州相继下。……六月壬午，傅友德克汉州。辛卯，廖永忠克夔州。戊戌，明升将丁世贞破文州，守将朱显忠死之。癸卯，汤和至重庆，明升降"。

《明史·明玉珍传》卷一百二十三记：洪武"四年正月，命征西将军汤和帅副将军廖永忠等以舟师由瞿塘趋重庆，前将军傅友德帅副将军顾时等以步骑由秦、陇趋成都，伐蜀。初，寿言于升曰：'以王保保、李思齐之强，犹莫能与明抗，况吾属乎！一旦有警，计安出？'友仁曰：'不然，吾蜀襟山带江，非中原比，莫若外交好而内修备。'升以为然，遣莫仁寿以铁索横断瞿塘峡口。至是又遣寿、友仁、邹兴等益兵为助。北倚羊角山，南倚南城寨，凿两岸石壁，引铁索为飞桥，用木板置炮以拒敌。和军至，不能进。傅友德觇阶、文无备，进破之，又破绵州。寿乃留兴等守瞿塘，而自与友仁还，会向大亨之师以援汉州。数战皆大败，寿、大亨走成都，友仁走保宁。时永忠亦破瞿塘关。飞桥铁索皆烧断，兴中矢死，夏兵皆溃。遂下夔州，师次铜罗峡"。

又据《明史·廖永忠传》卷一百二十九云："瞿塘精兵西救汉州，留老弱守瞿塘，故永忠等得乘胜捣重庆。""明年，以征西副将军从汤和帅舟师伐蜀。和驻大溪口，永忠先发。及旧夔府，破守将邹兴等兵。进至瞿塘关，山峻水急，蜀人设铁锁桥，横据关口，舟不得进。永忠密遣数百人持糇粮水筒，异小舟逾山渡关，出其上流。蜀山多草木，令将士皆衣青蓑衣，鱼贯走崖石间。度已至，帅精锐出墨叶渡，夜五鼓，分两军攻其水陆寨。水军皆以铁裹船头，置火器而前。黎明，蜀人始觉，尽锐来拒。永忠已破其陆寨，会将士异舟出江者，一时并发，上下夹攻，大破之，邹兴死。遂焚三桥，断横江铁索，擒同金蒋达等八十余人。尽天张、铁头张等皆遁去，遂入夔府。明日，和始至，乃与和分道进，期会于重庆。永忠帅舟师直捣重庆，次铜锣峡。"

另《后汉书》卷十三注引《华阳国志》曰："巴楚相攻，故置江关。""在赤甲城，后移在江州南岸，对白帝城，故基在今夔州鱼复县南。"此处可能在先秦即设有军事堡垒。

阳口城（南平寨）或与峡中孟良梯栈道有关联，因为两者都位于长江南岸夔门一带，虽然一在山上，一在江滨，但相距很近。也许是作为一种军用设施，通过栈道控制夔门内南岸高地。这是与长江北岸白帝城相对的瞿塘峡口的南北防御体系，但此次因时间关系未能至南岸考察。

（一七）观音洞

观音洞行政区划隶属于奉节县白帝镇，位于白帝城南侧半山腰，西阁之东，下临长江。中

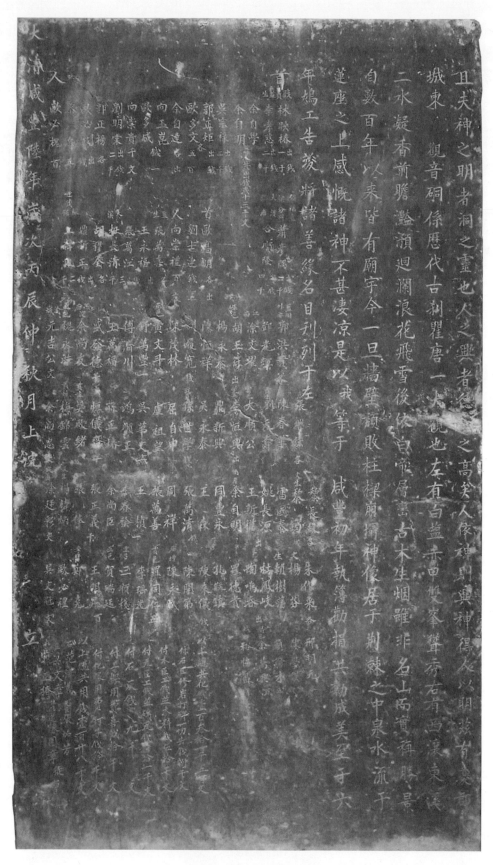

图 77　观音洞善缘碑

心地理坐标为东经 109°34′11″，北纬 31°02′42″，海拔高程 134 米。

此处为一经人工就山扩凿的古洞，古道从洞前通过。洞内平面呈方形，面积约 50 平方米，洞口面南，额题："观音洞"。据旧志，观音洞系明正德十四年（1519 年）凿建，清乾隆十四年（1749 年）重建，然亦有称其始于元代者。洞北侧壁下凿有石坛，坛上塑有千手观世音像，两侧有龙女童子像。塑像姿态妙曼，旧时香火颇盛。洞门前依山崖立有一批碑石，其中一方为光绪三十二年（1906 年）立"观音洞告示碑"。碑系奉节县正堂告示，记观音洞僧状告首士欠僧人灯火香资，判责首士按规给付。另一方为清咸丰六年立"观音洞善缘碑"（图 77）。其曰："观音洞系历代古刹，瞿塘一大观也。左有白盐赤甲，双峰耸秀，右有西瀼东溪，二水凝香。前瞻滟滪回澜，浪花飞雪。后依白帝层峦，古木生烟。"碑文记庙宇墙壁柱梁朽坏，诸善士助缘数目。据此两碑所述，观音洞曾有僧人住持。其有柱梁，当还有木构，今木构早已不存。两碑均为方首，青石质，文字竖刻。今因库区水淹而迁移至白帝城。

洞东还有"塑观音大士像功德碑"，为红砂岩质，文字风化，难以辨识。另有嘉庆癸酉年吉林英贵所立诗碑一方。

据旧志，旁还有梓潼宫，明万历二十九年（1601 年）创建，清乾隆四十九年（1784 年）重修。其址不详，大约系木构建筑。由此看来，清代白帝山南，除观音洞外，还有镇江王庙、梓潼宫、西阁等，建筑密布，甚是壮观。

更重要的是，据当地老人讲，古时江中行船，岸上拉纤，商贾行旅，凡出峡入峡，多要至观音洞上香祈求平安。这也是三峡地区一大特点，许多险路两端都建有大大小小的庙宇佛龛，以满足行人的这种祈求愿望。

（一八）镇江王庙碑

在观音洞东侧，古道北依石壁立有一碑，方首，名曰"募建镇江王庙碑"。碑立于清宣统二年（1910 年），文字为楷书竖刻。据碑称："白帝城麓旧有观音洞，供养大士神像。洞前一楼，祀镇江王于其上，祈祷均著灵矣。每届夏秋之交，瞿塘峡下滟滪堆旁，□□□□，奔腾万状，舟行至此，靡不动魄惊心。……咸丰初，银□首士募捐……渝城各帮，镇江王楼，焕然一新，□□□□数层以□保障，每晚洞外巨灯高悬，是谓天灯。神光普照，俾水患潜消，由是舣舟而来□□□□□然不惊……。"

由此碑可知，清时在观音洞前建镇江王庙，高数层，此处每晚要悬巨灯，作为长江往来行船的导航标志，称为天灯。许多船只赖此夜间得以安全航行，故此处可称为一古代夜间导航台，这一点对于古代交通史是颇有意义的。因为，宋代诗人范成大也记载当时在白帝山上白天用旗帜指挥舟船入峡航行之举，说明此处就是一古代的导航站，日有旗帜，夜有灯火。

其庙今仅存三碑，除前碑以外，还有"修观音洞镇江阁碑"一通，立于洞旁，方首，青砂岩质，风化剥蚀严重，仅余数十字，有"创自元代"数语。观音洞的年代也许可由此断为元代。根据碑文推测，镇江阁大约是观音洞的附属建筑。另有一碑存于白帝城碑林内，为光绪年间下关城（白帝镇）码头船户为镇江王爷诞辰的集资碑。长江一线供奉镇江王处甚多，镇江王庙祈祷者，除船户水手外，还有行客商贾。其庙宇的兴旺，间接反映出长江古时航运的繁荣与风险。

（一九）白帝城南石槽

白帝城南石槽系此次新发现的古代遗迹，行政区划隶属于奉节县白帝镇。南石槽位于瞿塘峡口北岸白帝城南侧半山腰，西阁之东，下临长江，与偷水孔栈道相近，其北正对偷水孔栈道中部。中心地理坐标为东经109°34′11″，北纬31°02′30″，海拔高程125米。

此处江面狭窄，宽仅100多米。两岸皆岩石暴露，长江北岸尤为陡直，石槽即开凿于江岸上。石槽后有简易道路可通至白帝城南大道上。

此处工程系在临江的岩石中开凿了一道与长江江岸垂直的宽2.2、长约6、最深处为4米的大石槽。石槽底部高于2002年12月枯水期江面23米，大石槽底部东西两侧石壁下，各有一道向下开凿放置方木的小石槽，左右石壁上也分布有大小不等的方形凿孔。其中一对位于小石槽后部的正上方，大约是用来穿木栓压制固定槽中的木梁。从其临江绝壁上看，其大石槽正下方的石壁上还有其他地方少见的垂直痕迹，或许是吊运物资所遗留（图78、79）。

这些开凿痕迹与其旁现代一些新开凿的设置水文标志的工程相比，已经严重风化，可见所历时代甚长。又据史籍记载，早在唐武德二年（公元619年）以前，古人就建有瞿塘浮桥，这

图78 白帝城南石槽

当是长江三峡上最早的"长江大桥"了。据《太平寰宇记》载："三钩镇在（夔）州东三里。铁锁断江，山横江逗，张两岸造舟为梁，拖战床于上以御寇焉，为镇居数溪之会，故曰三钩。唐武德二年废"。

另一种可能这里是自宋元以来历代所修跨江飞桥遗址。光绪年《奉节县志》卷十四"关梁"云："明洪武四年，汤和等讨明玉珍时，玉珍用铁索横断江口，又于铁索外凿壁引绳为飞桥，以御明师于此。"[59]中国的索桥出现很早，比较有名的早期索桥有成都的古笮桥，其以用竹索为桥，《晋记》中有桓温伐蜀，战于笮桥的记载。《太平寰宇记》载：笮桥去州里四里，名夷里桥。以竹索为之，因名笮桥。古人传说司马相如宅就在笮桥北。

如果白帝城南这处遗迹是飞桥建筑所留，则其可谓是早期的长江大桥遗迹。

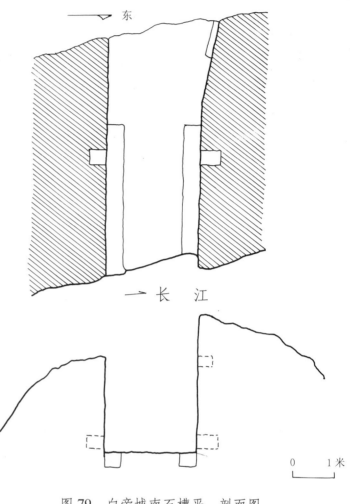

图 79　白帝城南石槽平、剖面图

此处如果是一桥址，也许是宋元以来负有盛名的三峡桥。

宋人黄庭坚作有《三峡桥铭》，其曰："二山剑立，泷落天路，北垂康王之帘，南曳开先之布，银潢倾泻，起蛰千雷。斲山为梁，无有坏瓍。骊龙守珠，不可钓罩，式告游者，登危思孝。"[60]可见三峡桥在北宋时已存。黄庭坚铭中所说"二山剑立"、"斲山为梁"都可以与此处形势及开凿石槽对应。

元人揭傒斯也写有一首名为《三峡桥》的诗，其中云："两山束飞桥，下堑不测渊。……常恐桑田变，中有瞿塘船。"[61]说明此处三峡桥确是位于瞿塘峡。

按理，长江对岸也当有建桥遗迹，但此次未及调查。从北岸初步观察，尚未发现有相应的遗迹。峡口一带，江水湍急，破坏力较强，遗迹或许已经被冲毁。

〔59〕清光绪《奉节县志》卷十四，奉节县志编纂委员会，1985年重印。
〔60〕宋黄庭坚《山谷集》卷十三"三峡桥铭"，《四库全书》。
〔61〕《中国历代考工典·桥梁部》卷三十三，江苏古籍出版社，2003年，第一册，338页下。

宋乾德二年（公元964年）征蜀，刘光义为将，"破西川兵，拔夔州，杀其节度使高彦俦"[62]。时"蜀于夔州锁江为浮梁，上设敌棚三重，夹江列炮具"[63]。此处即有桥。

《明史·明玉珍传》云：洪武"四年正月，命征西将军汤和帅副将军廖永忠等以舟师由瞿塘趋重庆，前将军傅友德帅副将军顾时等以步骑由秦、陇趋成都，伐蜀。……升以为然，遣莫仁寿以铁索横断瞿塘峡口。至是又遣寿、友仁、邹兴等益兵为助。北倚羊角山，南倚南城寨，凿两岸石壁，引铁索为飞桥，用木板置炮以拒敌。和军至，不能进。傅友德觇阶、文无备，进破之，又破绵州。寿乃留兴等守瞿塘，而自与友仁还，会向大亨之师以援汉州。数战皆大败，寿、大亨走成都，友仁走保宁。时永忠亦破瞿塘关。飞桥铁索皆烧断，兴中矢死，夏兵皆溃。遂下夔州"。

《明史·廖永忠传》云："明年，以征西副将军从汤和帅舟师伐蜀。和驻大溪口，永忠先发。及旧夔府，破守将邹兴等兵。进至瞿塘关，山峻水急，蜀人设铁锁桥，横据关口，舟不得进。永忠密遣数百人持糇粮水筒，异小舟逾山渡关，出其上流。蜀山多草木，令将士皆衣青蓑衣，鱼贯走崖石间。度已至，帅精锐出墨叶渡，夜五鼓，分两军攻其水陆寨。水军皆以铁裹船头，置火器而前。黎明，蜀人始觉，尽锐来拒。永忠已破其陆寨，会将士异舟出江者，一时并发，上下夹攻，大破之，邹兴死。遂焚三桥，断横江铁索，擒同金蒋达等八十余人。尽天张、铁头张等皆遁去，遂入夔府。"

这场瞿塘关激战，明军"遂焚三桥"，如果铁链锁江浮桥为一座，此处为一飞桥，则还应当有一处桥梁。可惜史料记载不详，第三桥所指不明。

从瞿塘峡口地形看，最宜于架设跨江飞桥的地点就是此处。

历代反复于瞿塘峡口建桥，有飞桥，也有浮桥，基本是出于军事目的。这不但反映了此一地点的战略重要性，也反映出我国古代军事工程技术手段的丰富多样与当时的建筑科技水平。在一处地方能同时建有三处跨江桥梁，在长江古桥梁史上，也是颇为罕见的。

（二〇）锁江立栅遗址

锁江立栅遗址行政区划隶属于奉节县白帝镇。中心地理坐标为东经109°34′17″，北纬31°02′30″，海拔高程80米。

遗址地处白帝城东南长江中的一块大礁上，大礁枯水期出露部分东西长约35米，南北宽15米。礁上原立有锁江铁柱两根，旁边石上分布有方形石孔多处，约二十孔。孔口呈正方形，边长16～18厘米，深14～18厘米，间距40～60厘米不等，为东西向排列，分布长度约10米。孔的分布并非直线，而是向北侧凸出，大约是由于凸出部分的南部有一凹坑，故为避开凹坑而弯曲（图80）。

---

〔62〕 宋司马光《稽古录》卷十七，《四库全书》。
〔63〕《续资治通鉴长编》，中华书局。

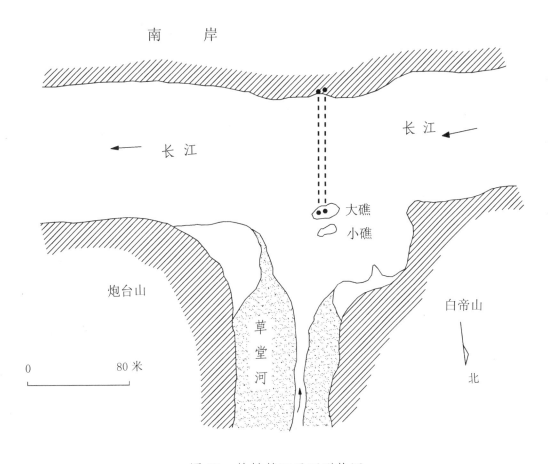

图 80 铁链锁江平面形势图

据孔形与分布密度推测，应为立柱或立栅之孔。据《五代史》记载：唐天祐元年（公元904年），王建将张武，请于夔东作铁缆绝江中流，立栅于两端，谓之锁峡。但从《五代史》看，似乎江中横铁链，栅当立于两岸，防备行人从江岸私自通行，以达到必由关卡通过接受检查的目的。但这些孔或许是栏柱孔，因为江关是盘查船只，将大礁以南江面锁死，只留大礁北一条不宽的水道，船只由此窄道过关，水道两侧则有关吏把守。大礁即处于水道的南侧，此柱孔也许有分隔不同管理区域的作用。

此外，石礁上还有两处大的方形石孔。石孔呈东西向排列，间距约 2 米，其中西侧石孔边长南北 40 厘米，东西 30 厘米，深度在 30 厘米以上；东孔规模相当，大约为原立铁柱石孔。但宋代铁柱为圆形，据有关资料其径为 40 厘米，与此孔孔径不合，也许是另一时代所凿。除此以外，石礁上还有大的圆孔。一圆孔位于西端，直径 40 厘米。另一圆孔没于石上水洼中，直径似更大。据当地船工说，石上还有古人题诗。

此外，石礁水滨处还开凿有数级石阶，并发现有人工开凿的小牛鼻孔。

这些石孔与石阶等，主要分布在大石礁的西侧与南侧。

据《资治通鉴》记："公孙述遣其翼江王田戎，大司徒任满，南郡太守程泛，将数万人下江关，击破冯骏等军，遂拔巫及夷道夷陵。因据荆门虎牙。横江水起关楼，立欑柱，以绝水道。结营跨山，以塞陆路，拒汉兵。"[64] 其后，"闰月，岑彭令军中，募攻浮桥，先登者上赏，于是偏将军鲁奇应募而前。时东风狂急，鲁奇船逆流而上，直冲浮桥，而横柱有反杷钩，奇船不得去。奇乘势殊死战，因飞炬焚之，风怒火盛，桥楼崩烧。岑彭悉军顺风并进，所向无前。蜀兵大乱，溺死者数千人，斩任满，生获程泛。而田戎走保江州。"[65] 此处江桥，或云即在瞿塘。依此记载，则公孙述据川中时亦曾在江中立横柱，以绝水道。这种横柱，与栅无别，其下非凿孔不能立柱。但其能装上倒钩，钩挂船只，必然要柱大孔深。今石上所存一些大圆孔，也许即为汉时所开。

在宋人设立锁江铁柱前，汉唐也有可能在礁上开凿大孔锁江。

（二一）锁江铁柱遗址（锁江铁柱）

遗址行政区划隶属于奉节县白帝镇。中心地理坐标为东经 109°34′17″，北纬 31°02′30″，海拔高程 80 米。

其地处草堂河入长江口处，近北岸江中有北小南大两座礁石，枯水期出露。大礁枯水期出露部分大约东西长 35 米，南北宽 15 米；小礁长 10 米，宽 8 米。锁江铁柱即竖于大礁上。

锁江铁柱是古代封锁长江航道的设施，是用数道巨大铁链一端挂在江南石壁上所开的牛鼻孔上，另一端则系于近北岸的江中铁柱上，江中铁链横张，使过往船只无法通行。这种举措主要用于军事目的，平日也可用于航道管理与征收江船赋税。

此段长江因此而得名"锁江"。《清史稿》卷六十九记："瞿塘峡，自峡以下谓之峡江，亦名锁江。"

锁江铁柱原立于草堂河与长江交汇处的水中礁石上，有生铁柱两根，高 2.3 米，径 0.4 米，基座高 0.27 米（图 81、82）。柱身有五节宝顶，上部有纹饰，一铁柱下部残存"……大将军徐……"字样（据旧志，原文为"守关大将军徐宗武……"）。因清理库区文物，铁柱已由白帝城博物馆取下置于古象馆陈列。大礁上原有题诗一首，也凿下移入博物馆，内容不详。大礁西部另存两大方槽，南侧偏西存一人工开凿石阶，有三四级，两个小牛鼻孔，约十七个装柱的方孔。方孔大约是为设栏而置。另外，还有一处周围凿为浅圆槽，中心凸起的圆坑，大约是临时安装柱旗类定位用的。白帝山上有锁江亭，宋元祐年间改名三峡堂。

历史上有在瞿塘峡口锁江的传统，因此，石礁上可能有历代安装桩柱的大孔。

两汉之际，长江上即有铁链锁江的行动。公孙述据白帝，汉将吴汉曾以舟师伐公孙述，此地即为一战场。旧县志卷三十二"纪事志"：南北朝大宝元年（公元 550 年），梁将西征，有陆法和守峡，筑二城于峡口两岸，运石填江，铁锁断之。后为梁武陵王萧纪攻绝铁锁。《五代史》记：唐天祐元年（公元 904 年），王建将张武，请于夔东作铁縆绝江中流，立栅于两端，谓之锁峡。其后，宋人又仿其锁江而建铁柱系链。据《宋史》云：景定五年（公元1264年），宋将

---

〔64〕 晋袁宏《后汉纪》卷六记此事同，其文作"营垒跨山，以塞陆路"。
〔65〕《资治通鉴·汉光武中兴上》卷四十二，中华书局，1986 年。

图 81　锁江铁柱

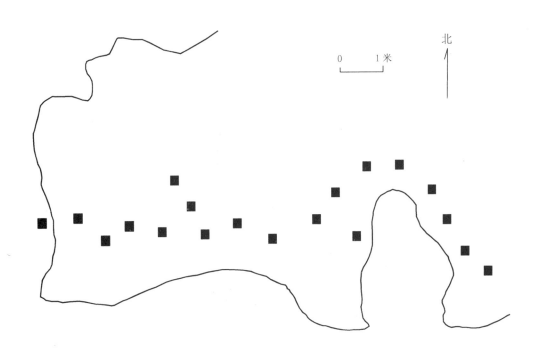

图 82　锁江铁柱遗址大礁上的柱孔平面分布图

徐宗武于白帝城下岩穴设拦江锁七条，又为铁柱二，上刻徐宗武字，后人因称为铁锁关。县志又称明升开熙四年（公元 1369 年），复有守将铁锁断江，并凿两岸石壁，引铁索为飞桥。此处即为古江关。光绪《奉节县志》卷十四记："瞿塘关在瞿塘峡口（《地理通释》记：古江关即今瞿塘关。《元一统志》记：瞿塘关去城八里，管锁水铁锁二条）。"《四川通志》卷四下云："夔州府瞿门关，在巫山县西六十里。"锁江铁链有称七条，有称两条，大约因时代不同，数量也有所不同。如是七条，也有可能设计成三或五为底，下系浮船，四或二为侧，以为左右拦式的铁索桥。

此地又名三钩，有三钩城之名。《太平寰宇记》曰："三钩镇，在州东三里，铁锁断江，山横江逗，张两岸造舟为梁，拖战床于上以御寇，为镇居数溪之会，故曰三钩。"[66]《四川通志》卷四下云："夔州府瞿塘关，即古之捍关也。旧在赤甲城，后移大江南岸，对白帝城。故基唐天祐元年蜀王建章武请于夔东作铁絙绝江中流，立栅于两端，谓之锁峡。……用铁索拦江，故呼为铁锁关。""夔州府三钩镇。在瞿塘峡口，当时铁锁断江，浮梁御敌处也，镇居数溪之地，故曰三钩"。江关是古代于江河航道中所设的关税征收处与检查站。此类关卡古时甚多。今大礁上多石孔，应当是立栅遗迹。

《后汉书》卷十三记："六年，述遣戎与将军任满出江关，下临沮、夷陵间。"注曰："《华阳国志》曰：'巴楚相攻，故置江关。'在赤甲城，后移在江州南岸，对白帝城，故基在今夔州复县南。"五代十国时，高季昌攻蜀，张武守夔，为铁链所阻，大败。

《宋史·刘廷让传》云："初，夔州有锁江为浮梁，上设敌棚三重，夹江列炮具。廷让等将行，太祖以地图示之，指锁江曰：'我军至此溯流而上，慎勿以舟师争胜，当先以步骑陆行，出其不意击之，俟其势却，即以战棹夹攻，取之必矣。'及师至，距锁江三十里，舍舟步进，先夺其桥，复牵舟而上，破州城，守将高彦俦自焚，悉如太祖计。"[67]此锁江浮梁，即当为铁锁关，其下游三十里，是大溪口。步进之路，也许就是今两岸古道，此是北宋初年时事。及南宋时，又有徐宗武锁江事。光绪《大宁县志》记有《大宁监创筑开赐城记》，时为南宋理宗景定年间（公元1260~1264年），徐宗武兼夔州府事，曾摄四川防务。

锁江是季节性的工作，在枯水期，铁链横江，可对船只进行盘查。但在洪水期，则有封峡或封江之举。其管理细节，尚待研究。白帝城还有"锁水记碑"，当也与此地有关。

根据诸史料与南宋权臣贾似道告示所记，此处除以铁链锁江外，还建有浮桥。浮桥当是将一批舟船固定于铁链上建成，这也是长江一处古桥梁。早在商代晚期，我国就已经有了成熟的浮桥技术。对于这一古代浮桥，历代都曾加以维护修建，在我国古代桥梁史上应具有一定的地位[68]。

（二二）北岸摩崖石刻

此摩崖石刻行政区划隶属于奉节县白帝镇。地理坐标为东经 109°34′17″，北纬 31°02′30″，海拔高程 100 米。

此处为白帝东南侧山脚，位于草堂河入长江口处的西岸。其地东为草堂河，南为长江，江面宽 100 余米。枯水期面南石崖下有一石台，摩崖石刻即位于石台的崖壁上。摩崖石刻高于石台约

〔66〕《太平寰宇记》卷一百四十八"夔州"条下。

〔67〕《宋史·刘廷让传》卷二百五十九，中华书局，1985 年。敌棚，《蜀鉴》卷八作"上设敌棚三重。"

〔68〕《后汉书·岑彭传》中也记有建武八年公孙述遣将领任满等于荆门虎牙处长江上，"横江水起浮桥、斗楼"事。

8米，高于枯水期江面22米。其东侧下方与贾似道告示摩崖石刻相邻，东西相距4米，垂直间隔5米。自崖壁壁脚有一排斜向石阶延伸至摩崖下，可能是当年开凿时供匠人攀爬之用。

其呈长方形，面南，宽1.65米，高1.8米。文字甚大，竖刻。但因风化严重，多不清晰，仅辨识出"……面……四川……凿……"等字，具体内容不详。此处摩崖石刻形制、字体均与贾似道告示相类，内容可能相近，或系同一时代所为。

此摩崖石刻后似未能切割搬迁。

（二三）北岸锁江告示摩崖石刻（贾似道告示）

此摩崖石刻行政区划隶属于奉节县白帝镇。地理坐标为东经109°34′17″，北纬31°02′30″，海拔高程95米。

当地东瀼水西岸古道之下，临长江有一枯水期露出江面的天然石阶。在石阶上部的石壁上存有两处人工摩崖石刻。东侧下方高于枯水期江面15米处的一方，内容为南宋贾似道所署发的告示。

此处为草堂河入长江口处的西岸。其地东为草堂河，南为长江，江面宽100余米，枯水期石崖下有一石台，摩崖石刻高于石台2～3米，高于枯水期江面15米。其东与造像相邻。此方摩崖石刻西侧上方另有一摩崖石刻，尚存文字。

此处摩崖边宽1.9米，高2米，最深处凿入石壁0.5米，上有竖刻楷书文字二十一行，内容与锁江等有关（图83）。其文曰："四川策应司申据夔州路徐安抚申照会……瞿唐关两岸凿/洞，打造铁缆桥舡（船），于中堆铸铁柱两条，又于狮子石系缆一条，过照镜……急调民舡□除/已遵禀一年有余，铁缆已成，桥舡铁柱已就，石洞□柱？十二月初六日系桥锁江乃毕，/并将诸项兵舡就行水教，今将图本缘由，本司乞备申朝廷，照会造……/石洞，人工所费，约用过十八界贰拾余万，即不曾申请朝廷……/□□□及本司自行□□计置即□□廷一体……/备申朝廷，劄下本司镌石于……/枢密院劄子□挥□于卫。景定甲子（公元1264年）初春/谨□/当朝丞相贾公似道。"

南宋贾似道所发的告示，较之南岸碑子洞摩崖石刻晚刻一年，其中对于锁江的描述更为详细。

文中注明当年"十二月初六日系桥锁江乃毕"，说明全部工程进行了一年左右。另外，文中还记述还有浮桥之类的建筑，后明人诗中也提到桥的问题。贾似道为南宋权臣，其人声名狼藉，故此摩崖石刻长期不为世人所重视，许多方志均未著录其文。但此文中的记事非常重要，具有较高的史料价值。此次调查后不久，文物部门开始对该摩崖石刻进行切割搬迁。

文中所说于"中堆铸铁柱两条"表明，则大礁宋时称为"中堆"，这与滟滪石称滟滪堆是一样的。同时也可以断定，文中所说的狮子石，不是小礁，便是北岸石名。此摩崖石刻记述自江南岸牵铁链至中堆铁柱，锁住长江主流河道。锁江铁链下平时可能架有浮桥。而在北侧小礁于北岸之间，"系缆一条过照"，即一般船只都要从此处通过并接受检查。这大约就是当时江关的主要设施，各代的锁江形式也许与此相差不多。

图 83　北岸锁江告示摩崖石刻（局部）

（二四）北岸观音造像

观音石造像行政区划隶属于奉节县白帝镇。地理坐标为东经 109°34′17″，北纬 31°02′30″，海拔高程 95 米。

此处位于白帝山脚，为草堂河入长江口处的西岸。其地东临草堂河，南临长江。江面枯水期宽 140 余米。此处临江石壁陡峭，约 80 度，上边凿有北岸锁江告示摩崖石刻及造像等。枯水期其下露一石台，行人可于石台上活动。造像高于石台 2～3 米，高于枯水期江面 15 米。其西与贾似道告示摩崖相邻，

观音造像位于北岸锁江告示摩崖石刻的东侧，相距 4 米，高度稍低于贾似道告示。观音造像正面为一浅龛，龛宽 1.3 米，高 0.85 米，顶部下凿最深处达 0.2 米。龛正中刻有观音大士浅浮雕坐像。观音背有圆光，坐于莲台之上，左右各刻有一持笏、戴冠、着宽袍大带之人。各像皆大致雕出轮廓，眉、目、口、鼻及衣纹细部多用线刻表达。侍奉者后（即外侧）各线刻一方框，框内均刻有竖行小字，内容未及调查。造像座下有一向外凸出的窄阶，宽度为 0.15 米。此阶下 0.32 米处有一小槽，外高内低，宽 0.1 米。由小槽再向下 0.22 米，又向外凸出一 0.1 米石阶，外高内低，形如小槽，用途不详，似为焚香供奉用。此处造像时代大约在宋代至明代之间。因石质不佳，又兼地近长江，经洪水反复冲击，风化甚是严重。2003 年已经决定由文物部门切割搬迁。

（二五）北岸"牛鼻孔"群

此地行政区划隶属于奉节县白帝镇。中心地理坐标为东经 109°34′17″，北纬 31°02′30″，海拔高程 86 米。

此处"牛鼻孔"群位于草堂河入长江口处的西岸。其东为草堂河，南为长江，江面宽 100 余米。枯水期面南石崖下有一石台，崖壁上分布有摩崖石刻两方及造像一处。石阶上部高于枯水期江面 10～15 米。石台表面长期为江水侵蚀，凹凸不平。

石台近江边处分布有一批人工开凿的"牛鼻孔"，有十余处，分布不规律，宽度约 20 米，主要分布在北岸摩崖石刻下部一带。"牛鼻孔"是在岩石上开凿出的石环，左右两孔凿入石内，令其相通，中留一小石梁，使绳索可穿入其内。因状如牛鼻，故名，当地船工亦称鼻石。此类石孔多在水边石岸上开凿，用于拴船系缆（图 84）。

这些"牛鼻孔"均于岩石上就势开凿，其中有两孔最大，相距约 10 米，高于枯水期水面 8～10 米，隔江与南岸"牛鼻孔"相对应。两孔尺寸不同，东侧大，西侧小。东侧最大者，孔径 50～60 厘米，石鼻径 45 厘米。西侧小者孔径约 45 厘米，石鼻径 40 厘米。这两大孔与江南名为碑子洞的石洞中的两石孔相对，当为安置锁江铁链用。其余诸孔，大者孔径为 30 厘米或 25 厘米，小者孔径为 15 厘米或 10 厘米，最小者仅 8 厘米。这些孔分布并无规律，大约用来拴系舟船或系缆检查过往船只。

历史上曾先后有汉公孙述及南朝梁、南宋、元朝等的数次锁江工程。目前北岸所存"牛

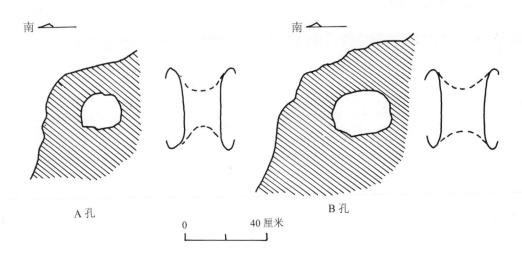

A孔   B孔

0   40 厘米

图 84 北岸锁江铁链用"牛鼻孔"立、剖面图

鼻孔",其时代不详。但可以看出,这些石孔岩面的风化程度并不相同,大约不是同时代所为。据其旁石刻文字推测,两大孔以南宋开凿的可能性最大。这些遗迹至少可以断为宋元时遗存,如果宋元都沿用梁的设施,则也有可能为南朝梁的旧迹。

此外,在岸边还发现一处人工在石面上刻划的状如棋盘的方格网,当为闲暇时游戏所用,可见此处是古人常常活动的地方。

晋伐吴时,吴人亦在长江丹阳处设铁链封江,并在江中沉下许多长丈余的铁锥,阻拦船只。后铁链为晋将王濬攻破,大军顺江直下,故唐人有"千寻铁锁沉江底,一片降幡出石头"之句[69]。丹阳,据《蜀鉴》卷四记:"丹阳城,属秭归。"[70]《水经注》亦在"秭归"后记曰:"江水又东,径一城北,北对丹阳城。城据山跨阜,周八里二百八十步,东北两面,悉临绝涧,西带亭下溪,南枕大江,险峭壁立,信天固也。楚子熊绎始封丹阳之所都也。"[71]则丹阳其地亦在三峡之中,可见古来三峡中铁链锁江不止一处。

北岸一对大"牛鼻孔"暗示,古时锁江,也可自北岸直通江南,将长江航道完全封锁。在大礁上设铁柱,则可封锁大礁之南的长江主航道,控制北侧副航道,以维持通航。这两种情况可能是战时与平时封江的不同措施。

(二六)南岸锁江铁链用"牛鼻孔"

此地行政区划隶属于奉节县永乐镇白龙村。中心地理坐标为东经 109°34′18″,北纬 31°02′29″,海拔高程 72 米。

此处枯水期江面宽约 140 米。与铁柱相对的长江南岸山岩上有一洞,洞下有人工开凿的三

〔69〕 唐刘禹锡《西塞山怀古》诗,《全唐诗》第六函第三册,上海古籍出版社,1986 年影印,898 页下。
〔70〕 宋郭允蹈《蜀鉴》卷四,《四库全书》。
〔71〕《水经注》卷三十四,岳麓书社,1995 年,500 页。

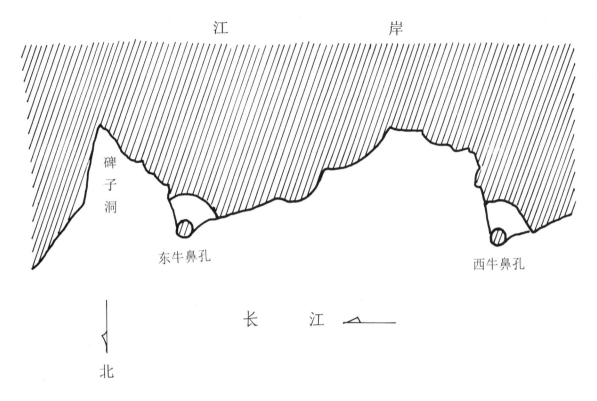

图 85　南岸锁江铁链用"牛鼻孔"平面分布图

个牛鼻孔。其中有两个巨型牛鼻孔，孔内外与四周皆存有细凿痕。东侧一孔，孔口高约 70 厘米，宽约 60 厘米，中间石鼻高约 70 厘米，正面宽约 60 厘米，侧面宽 35 厘米。该孔底部高出枯水期水面约 1 米。西侧一孔，孔径约为 60 厘米，鼻径 40 厘米，孔底部高出枯水期长江水面约 0.8 米。两孔相距约 8 米，东孔稍高于西孔约 0.5 米。此两孔古时用于穿系锁江铁链，今皆保存完好（图 85）。

两孔之间，向洞内深处更高处，还发现有一稍小的"牛鼻孔"，孔径为 35～40 厘米。因历史上曾先后有汉公孙述及南朝梁、五代蜀、北宋、南宋、元等数次锁江工程，目前南岸所存"牛鼻孔"，最迟也应为宋元时开凿。如果宋元都沿用梁的设施，则也有可能为南朝梁的旧迹。此处"牛鼻孔"只有枯水位出露水面时才能看到。东孔的东侧上方有南宋锁江题刻一方，锁江题刻左下有题记一方。其内容皆为宋人记锁江事。也许此处石孔即为宋人开凿。其中的小孔与此两大孔非同一体系，或许是更早所为。据旧志记录，曾有七条铁链系锁大江，至今铁链早已不存。

自此处石孔扯铁链至大礁的铁柱，横断长江之后，大礁之北尚存一条水道，枯水期宽二三十米，可通行船只。贾似道告示中称："又于狮子石系缆一条，过照镜。"疑铁柱与北岸"牛鼻孔"间亦要扯缆封江，但其缆开启方便，用于盘查往来船只，所谓"过照"是也。

这些都属古水关的设施，旧有瞿塘关、捍关、三钩等名，疑皆指此处。

《清史稿·施世纶传》云："自砥柱至神门无纤道，唯路旁石往往有方眼，又有石鼻，从前挽运，其迹犹存。"这虽然是说黄河上的石孔与石鼻，但也说明两件事，一是称此类石孔为石鼻，二是其与纤船有关。

（二七）南岸锁江题刻（碑子洞大碑）

此地行政区划隶属于奉节县永乐镇白龙村。中心地理坐标为东经109°34′18″，北纬31°02′29″，海拔高程约79米。

题记位于瞿塘峡口的长江南岸临江石洞内的洞壁上。此处江面枯水期阔约140米，南岸为裸露的陡崖，高约15米。其上形势稍缓。这一内凹之地周围无路可通，仅乘船能达。当地船工皆呼为碑子洞，盖其洞内有碑，故名。其地北与江北草堂河口西岸的锁江摩崖相对。

碑子洞西有三个"牛鼻孔"，两大一小。洞为天然溶洞，是经水江冲击，复加人工扩凿而成。洞中凿痕密布，均为上下方向凿痕。据洞的形势看，似仅将原洞形状进行整修，并未做太大的扩凿。洞高5～6米。东壁刻有上下两方题刻，内侧上方较大，外侧下方较小，皆面向长江上游。由于其高度较低，仅枯水期露出，平时多没于江水中。

较大题刻高约2.15米，宽约2.1米，上斜刹两角。竖刻文字八行，其中人名皆用小字，其余为大字。文曰："帅两淮右徐宗武面奉／开府两镇节度□湖制／置大使四州宣抚大使／吕公文德指授凿洞打舡／铸铁柱造铁缆锁瞿唐／关永为万万年古迹景／定癸亥季冬吉日记石／当朝大丞相贾公似道"。字体楷书，有颜书意味。

此题刻为南宋理宗景定四年（公元1263年）十二月所刻。文字内容为徐宗武奉命在此开凿石洞、打造船只，铸铁柱、造铁缆，以锁瞿塘关之事。此洞石壁上尽为细凿之迹，当是题记中所说的石洞。

历史上瞿塘峡有多次锁江之举，此为南宋徐宗武锁江时所刻。

（二八）南岸记名题刻（碑子洞小碑）

此地行政区划隶属于奉节县永乐镇白龙村。中心地理坐标为东经109°34′18″，北纬31°02′29，海拔高程75米。

题刻位于瞿塘峡口的长江南岸临江石洞的内壁上。此处枯水期江面宽约140米。南岸为裸露的陡崖，高约15米，其上陡峭形势稍缓。此洞周围无路可通，仅乘船能达。当地船工皆呼其碑子洞，因洞内有碑，故名。其北与草堂河口西岸的锁江摩崖石刻相对。其西有三个牛鼻孔，两大一小（图86）。洞为天然溶洞，是经江水冲击，复加人工扩凿而成。洞中凿痕密布，均为上下方向凿痕。据其洞的形势看，似仅对原洞形状进行整修，未进行大的扩凿。洞高5～6米，其东壁刻有上下两方题刻，内侧上方较大，外侧下方较小。较小题刻高约1.3米，宽约1.2米。底部1.3米下凿出一平台，平台高出长江枯水位约1米。题刻上斜刹两角，两角各宽0.25米。上刻文字五行，其中人名皆用小字，其余为大字（图87）。其文为锁江工程诸人记名，内容如下："石匠作头田大／部役路将王明／锁江路钤□永写／总管总制□／督单元亨／"。字体楷书，略具魏碑意味。由于高度较低，题刻仅枯水时露出，平时则没于江水中。

图 86　碑子洞"牛鼻孔"

图 87　南岸记名题刻

此摩崖疑与洞中大碑同时所刻。据大溪老船工称，此碑子洞系古时防盐船偷税所用，旁边的地名，船工称为娘望片。

（二九）铁柱溪桥

铁柱溪桥建于草堂河口，系悬索吊桥，为沟通白帝城与古炮台间的现代观光桥梁。其下即为东瀼渡。此桥建成后，行人东行可免受下沟涉水之苦。因受库区水位影响，现已拆除。

第二节　东瀼渡至金沙溪

（一）夔门

夔门行政区划南岸隶属于奉节县永乐镇，北岸属奉节县白帝镇。中心地理坐标为东经109°34′39″，北纬31°02′26″。

此处为长江瞿塘峡口最狭窄处，北岸与陡壁上的古炮台相对，南岸亦为陡崖，崖高约百米，峭陡如壁。长江浩荡水流至此为两山所束，其形如门，形势天然，自古相沿称为夔门，系

图88　夔门

长江天险。《杜工部集》有《长江二首》，其一曰："众水会涪万，瞿塘争一门。"说尽夔门的险要形势（图88）。

夔门是古时军事防御重地，也是著名的风景名胜。其东粉壁墙上有摩崖题刻"夔门"二字。因夔门之故，瞿塘峡也别称夔峡。

（二）夔门古洪水痕

在夔门南岸东侧的石壁上，存有珍贵的古洪水痕迹，下层为黄色带，上层为暗黑色带。黄色洪水痕迹覆压于黑色水痕之上，是稍晚的水痕。黄色水痕的上缘，大约与峡谷中一种灌木中华文母分布带的上缘齐。能达到这种高度的洪水，已经是长江的大洪水。上部的黑色带，上缘高出黄色带近10米，应当是更早历史时期一次特大洪水所留的痕迹。

此次调查因条件所限，未能测量其绝对高程。

（三）老观庙遗址

老观庙遗址行政区划隶属于奉节县白帝镇。中心地理坐标为东经109°34′27″，北纬31°02′26″，海拔高程约180米。

遗址位于长江与草堂河交汇处的东北山坡，古炮台西150米处的道路上部。旧时为一坪，面积约1500平方米。原建有老关庙，故名。旧志称，老关庙在铁柱溪。今建有导航台，南临长江。

段内地面遗存有一处新石器至商周时代古文化遗址，为已经发现的老观庙遗址。在上山的道路铺石中，即可见到为数不少的红色陶片。道路上方的坡积物中，更是夹杂有一定数量的陶片。计有器物口沿、圆饼形器，以及带绳纹和素面的夹砂红陶片。路边的断壁上还存有数处灰层堆积，堆积中夹有石块与陶片。遗迹分布东西长约120米，宽度不详。遗址的中心大约位于道路的上方，即今瞿塘峡西口导航站处。清《奉节县志》卷七"山川"提到马岭曰："在白帝、赤甲间，东十四里。"可知其地之山，清时称为马岭。

遗址下部古道内侧有一小溶洞。

（四）赤甲炮台（古炮台）

赤甲炮台行政区划隶属于奉节县白帝镇瞿塘村。中心地理坐标为东经109°34′39″，北纬31°02′26″，海拔高程189米。

炮台位于长江南岸一凸出的山嘴上，南侧石崖如壁直下江中，高出长江常水位水面百米以上，西隔东瀼水（草堂河）与白帝城相望，南与长江南岸石壁相对，形成如门之峡口，即为夔门。

炮台上新建有三重台阁，阁前为平台，建有城堞，可以俯看江峡胜景。最下一台有两尊仿古铁炮，架于炮台东西两侧，两炮炮口皆指向长江河道。此处原系控制江中通航道路的古炮台，守此可扼长江天险。古炮台今为白帝城景区的东门。

炮台的历史沿革不详，传说汉时此处即为关隘。此地居高临下，或守御用木石为炮亦未可知。据《宋史·刘廷让传》云："初，夔州有锁江为浮梁，上设敌棚三重，夹江列炮具。"所谓夹江者，是于两岸设炮，大约宋时这一带就曾设置过炮台，且历代相沿。由此看来，长江南岸也应当有古炮台遗址。夹江设炮守峡之举，为后代沿用。抗日战争时期，在瞿塘峡内也曾修建过炮洞。

按瞿塘峡口形势，自下游向瞿塘关进攻，进攻方如果未越过古炮台，兵力便都被压制在长江峡谷中，无法展开，只能沿江逆攻，形势非常不利。进攻方如果越过古炮台，即使未能冲破铁链锁江处，也可分兵沿草堂河东岸向北迂回，对白帝城侧翼形成威胁。所以，对于防御方来说，古炮台处是一必守之地，是白帝城的前哨，自古就设有防御工事。

（五）瞿塘峡摩崖石刻群（粉壁墙）

此地行政区划隶属于奉节县永乐镇白龙村。中心地理坐标为东经 109°35′58″，北纬 31°01′55″，海拔高程 115 米。东起自孟良梯栈道西 40 米处，向西延伸 180 米。摩崖下有东西向人行小道。

摩崖石刻位于长江河谷的右岸（南岸）陡峭的绝壁之下部，绝壁高近百米，摩崖高出枯水时水面 35～40 米。其下有石坡连接江滨，坡上乱石甚多。此处为峡谷型河谷，两岸皆系陡壁，河谷宽约 150 米，水流湍急。

摩崖石刻分布长度近 200 米，最高处达 10 多米，刻有自宋至近代摩崖石刻十三品，总面积达 600 平方米（图 89）。其中著名者有南宋书法家赵公硕"宋中兴圣德颂"，清人张朝墉刻"瞿塘"，刘心源书"夔门"，冯玉祥书"踏出夔巫，打走倭寇"，杨开鹏书"夔门天下雄，舰机轻轻过"，李瑞浩书"巍哉夔峡"，毛子献书"夔门铭"，马林书"夔门诗"，鼎实父书"白帝城怀古"，沈庆书"赋瞿塘上峡"，蔡希齐书"入峡"等。大部分字体较大，与瞿塘夔门气势相互映衬，为这一带著名胜景。此摩崖题刻有关资料完备，此处不多述及。近因库区搬迁，部分摩崖已经切割上移至他处，其余部分亦被妥善保护。其东侧为孟良梯栈道，再东有仿古栈道通往凤凰泉。

关于其历史沿革，《四川通志》卷二十六"古迹"云："夔州府粉壁堂。在县瞿塘峡口白盐山，昔人摩崖刻石，兴颂于上。"其地大约自唐宋时即出现摩崖，早期可能叫粉壁堂，后讹称为粉壁墙。今孟良梯下石台之上有一仿古建筑，也许就是古粉壁堂当年所建之地，因题刻一带只有此石台才是一块难被水淹的平坦之处，可以修建房屋。

瞿塘峡粉壁墙一带，为江滨陡壁下的一片石坡，旁有泉、有洞，可驻军，能与古炮台互相呼应，守御瞿塘。但此处除长江水面可行舟外，别无退路，系古兵书所说的绝地。绝壁上有一处孟良梯栈道，盘旋直上，可能就是古人修筑的与崖上防御系统连接的通道。

（六）仿古栈道

在长江南岸自粉壁墙至凤凰泉以东的一段石壁上，建有一条仿古栈道。栈道高于崖底部15～

图 89　瞿塘峡摩崖石刻群（粉壁墙）

20 米，长 200 多米，用钢筋和混凝土修造，行经处石壁若削。栈道西接粉壁墙石台，向东经凤凰泉上部，为瞿塘峡内现代景点之一。

（七）凤凰泉

凤凰泉行政区划隶属于奉节县长乐镇白龙村。中心高程海拔 130 米。

凤凰泉位于长江河谷右岸（南岸）陡峭的绝壁下。此处为峡谷型河谷，河谷宽约 150 米，水流湍急。当地有一大石台，台上甚平。台南为一大天然溶洞，洞西自石壁上下流泉水，泉华结为一近 10 米高的泉华石柱。柱上绿苔遍布，清泉沥沥，下有细叶翠竹。因泉华石形如凤凰，故名其石为凤凰石，其泉曰凤凰泉。又因凤头向壁，泉流自壁而来，也称凤凰饮泉。

泉水下沥，集入一池，凤凰泉旁向江岩壁上有一匾，上有隶书"凤凰泉"三字，似为近年所为。凤凰泉为当地一风景名胜，泉旁石洞经人整修，可以入内游览，但其洞甚浅。门前有石桌、石凳，可供游人小憩。

（八）"倒吊和尚"

"倒吊和尚"系瞿塘峡中一处名胜，位于长江南岸，北与石板岬相对。此地行政区划隶属于奉节县长乐镇白龙村。

南岸江边一凹形陡岸间有一岩缝,上有由渗流形成的一处人形钟乳石,长三四米,如一光头和尚,头下足上,悬于壁间。如果细看,和尚腹间还有一石窝,状如肚脐,甚是有趣。其地高出枯水期江面30余米。传说宋时大将孟良为盗杨令公遗骸,夜间暗凿栈道于江南,被此和尚得知,夜半学鸡叫,孟良以为天将亮,只好停止开凿,所以凿路盗骨之事半途而废。后来得知是和尚有意坏事,大怒,将和尚倒吊于此,以示惩罚。其北岸石板岬,一名石板峡,峭壁生有石板,状如鳞甲。

史称此处江水上涨时,浪涛汹涌,为瞿塘峡中一行船险地。石板岬与"倒吊和尚"都是峡中航道地名,也是瞿塘峡中一航行标志。

由于此地常常翻船,故清代时在此设有救生红船。

(九)"开辟奇功"摩崖石刻

"开辟奇功"摩崖石刻行政区划隶属于奉节县白帝镇瞿塘村。中心地理坐标为东经109°35′31″,北纬31°02′16″,海拔高程153米。

摩崖石刻在江北四道桥西50米处。此地位于瞿塘峡中部,两岸山势陡险,北岸上部为高200多米的悬崖,下部为由岩石结构形成的阶地。阶地至江面处地势陡峻。与悬崖相接处,坡度稍缓,且有土壤,可事耕种。有人工堆石为阶,上种果树与庄稼,古道从其下阶通过。上阶在绝壁壁脚处,摩崖石刻即位于道旁上阶石壁之上。

摩崖石刻开凿于道路北侧约6米远的崖壁上,高3.7米,长11米,底边高于路面约5米,上刻"开辟奇功"四个楷书大字。其字径约1.5米,前有"大清光绪十五年夔郡太守汪公创开峡路因敬题"两行小字,后有"知开县事济南柳文洙"题款,系清末开县知县柳文洙为颂扬知府汪鉴修通此段峡路而刻凿。摩崖石刻周围有小方孔多个,当为搭建脚手架时所存。

在摩崖上凿刻如此巨大的字,大约是按远距离观看而设计的,以便乘船从江中观赏。

(一○)石壁平槽

"开辟奇功"摩崖石刻向东200米处为四道桥。此处路北陡直的石壁上发现一段水平石槽。石槽系人工开凿,长约4米,高于路面4米。石槽口宽0.25米,深0.15米,断面上部向内、向下倾斜,内部形成一洼槽,槽底深于下口。其作用不详,推测可能有两种功用:一是导水,将石壁上渗水截流,导入桥下,保持路面干燥;二是建筑遗迹。

(一一)两观亭遗址

两观亭遗址位于七道门石窟前,南临长江。此地行政区划隶属于奉节县白帝镇瞿塘村。

两观亭为一六角亭子基址,三重石阶,临江一侧最下一重为道路,上两层共高0.34米。其中上层阶高0.16米,下层高0.18米。上面石条宽0.3米,中阶石条出露宽0.35米,最下一阶宽0.43米。临江一边方向为52度,所用石条一般长约0.6米。其地位于瞿塘峡中部转折处的北岸,高于江面50米,立此亭上,东可见下峡口,西可见上峡口,全峡一览无余。亭名已经失传，今据其特点暂名为两观亭。也有老船工称此亭旧为一导航台，为民国时期修建。

自此洞口向下游沿路边崖壁下分布有多个石洞，中间依崖有数个天然石洞，俗称七道门，传为古时驻军江防之地。有的洞内有凿孔与炸痕。传说抗日战争时期曾于此设炮洞。

(一二) 七道门与七道门泉

七道门为瞿塘峡中部的一处名胜，行政区划隶属于奉节县白帝镇瞿塘村。中心地理坐标为东经 109°35′38″，北纬 31°02′11″，海拔高程 145 米。

此地两岸皆为绝壁，北岸绝壁下部临江处为一坡状结构，古道即行于其上。古道依崖处有诸多石洞，分布长度约百米，俗称七道门。有的洞内有凿孔与炸痕，当为近代扩凿，并有人工居住时留下的烟炱。

最东 20 米处石壁有上下两洞，上洞为一自然溶洞，口外有石阶可上，或称上洞名为七道门，传说内有七道洞门。洞内有一些不太发育的钟乳石，也有游人题记。惜时间仓促，内部又过于黑暗，未能进行细致调查。入洞后向内不远，即有人工修筑的高石阶，可连上两级。再向前行，洞西侧有小阶向上 10 多米，向南出现一如门小口，可见光亮。这是此洞的一个旁口，位于一大石缝旁，在江上亦能看到。

此洞东不远处一洞口石壁上有一方形摩崖石刻，高 1 米，宽 1 米。但摩崖上未发现凿刻文字，仅有近人用红漆所书"巴魂"二字，原有内容或许已经被破坏。

"巴魂"二字处的洞内有泉，但洞内面积不大，仅可容十多人。前人将洞中流泉引入石槽，石槽凿为"目"字形，再由石槽引至洞外。洞外建有相连数池，层层流淌。泉水细流涓涓，甚是清澈，传即为呼之即出、屡呼屡出的圣姆泉，也作圣姥泉。《夔州府志》卷三十六"艺文"记有陆游《入蜀记》所说圣姥泉，文曰："二十六日发大溪口，入瞿塘峡，……过圣姥泉，盖石上一罅，人大呼于旁则泉出，屡呼则屡出，可怪也，晚至瞿塘关。"从其叙述顺序，则在黑石与白帝城间，与此地相近。而光绪《奉节县志》卷三十四"古迹"中则曰："圣泉石，夔峡将至滟滪，左岸岩上首题有'圣泉'二字，泉上有大石，谓之'洞石'。初无泉，过者击石大呼，则水自石下出。……"所云其地又似在白帝城对面一带。但古人所说左岸，一般是面向下游而言，也就是说此泉位于北岸。宋范成大《吴船录》称圣姥泉在瞿塘南岸，入峡百余步处[72]。所说各异，也许为两处不同之泉。

也有人称此处泉水为古时有名的"上峡水"。按上峡水之名当与"下峡水"相对，《方舆览胜》卷二十九"峡州"（今湖北宜昌）条下引唐张又新《水记》言："峡州扇子峡，石中突而泄水独清泠，俗谓虾蟆石。其水煎茶为第一。"[73] 其泉在三峡下游，两者相对，皆为天下名泉。

---

〔72〕 宋范成大《吴船录》卷下，《四库全书》。
〔73〕 《方舆览胜》卷二十九"峡州虾蟆碛"条下，《四库全书》。

民间亦有关于圣姥泉传说。相传，赤甲山上有一眼圣姥泉，说是天上的圣姥在这里布施圣水。从这里路过的人走得口干舌燥时，只要对圣姥泉呼一声"圣姥，圣姥，口渴了"，泉水立刻流出。行人喝够了，泉水也就没有了，泉眼也随之干涸。俄而再呼唤时，泉水又再喷出。其实，这是大自然中的一种间歇泉。传说称其泉在赤甲山，峡中赤甲山在长江北岸，且在白帝城以东纤道上，应当指的就是此泉。

段内地下遗存分布不详。

这一带传说古时为屯兵守峡之处，其说可信。

（一三）男女孔遗址

男女孔系瞿塘峡中段两岸石壁上的景观，以山崖上天生孔洞似男女性器官而得名。各地此类景点与传说甚多，此次在瞿塘峡仅发现一女孔与古遗址有关。

女孔位于长江北岸七道门处"天梯津隶"摩崖石刻右上方陡直的石壁间，距古道高约 60 米，高于枯水期江面约百米，险不可攀。洞口为竖立的梭形，高约 15 米，最宽处 4～5 米。洞孔内低处可见横置的木梁一根，当为古人活动遗存。此处洞穴系由岩隙经流水侵蚀发育出的溶洞，未发现人工开凿的痕迹。

这一带溶洞密集，如黄金洞等，多有悬棺等古代遗存，若对内部探索当有所获。旧志称其地距离县城十五里。其下江岸，亦为瞿塘峡中的险滩，名为男女孔滩，清代在此设有救生船。

（一四）"天梯津隶"摩崖石刻

此地行政区划隶属于奉节县白帝镇。地理坐标为东经 109°35′59″，北纬 31°02′01″，海拔高程 145 米。

摩崖石刻位于长江北岸七道门与风箱峡古洞之间。其地在瞿塘峡中部，两岸山势陡险，尤以北岸为险。上部为高 200 余米的悬崖，石壁上部向外凸出，势若欲倾，望之惊心。下部为江边斜滩。悬崖与斜滩上部交接处，为一平阶，古道从其阶上东西通过。石刻即位于道旁向外倾斜的石壁上。

崖题石刻高 3.3 米，长 11 米，下缘高出古道地表 8.5 米，堪称巨制（图 90）。上刻楷书"天梯津隶"四字，字径约 1 米，意谓此道犹如登天之途。后有小字四行："大清光绪□子己丑集赀创开夔、巫两峡桥道，均逾年乃成，余万六千金，尽以涪文教。其倡议则泾县查宗仁，督工则合肥蒯德相也。旌德汪鉴书并识。"其下有刻印两方。此处摩崖石刻面积巨大，由于崖面不平，凿崖最深处达 1 米。

石刻下部石壁上有多个方形石孔。东西两竖边下，各有竖直排列的三孔。此两排中央两孔间还均布三孔，其孔皆为正方形。此外，还有小圆孔数个，大约皆为开凿摩崖石刻时搭建脚手架之用。

此处于清代晚期开凿的摩崖石刻，仅崖面西侧有少部分石壁剥落。

凿刻这样巨大的字，大约与"开辟奇功"摩崖石刻用意相同，是为远距离观看而设计的，

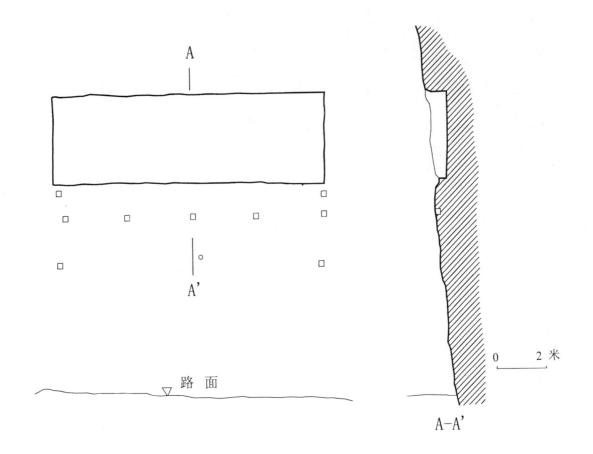

图 90 "天梯津隶"摩崖石刻立、剖面图

从江中乘船即可望见。

(一五) 风箱峡溶洞 (大洞子)

风箱峡溶洞行政区划隶属于奉节县白帝镇瞿塘村。中心海拔高程 145 米。

风箱峡溶洞也是瞿塘峡中一景,地处长江北岸。其位于瞿塘峡中部,两岸山势陡峭,尤以北岸山崖为险。石壁上部向外凸出,高约 200 米,下部为江边斜滩,溶洞即位于悬崖与斜滩相接处。洞前有一平阶,古道从阶上通过。洞口斜向下游方向,此即著名的风箱峡溶洞 (图 91)。

溶洞洞口形如拱门,规模甚大,高宽皆 14 米左右,洞深约 38 米。洞内地面平坦,最深部为层层淤泥堵死,淤土皆为水平层理。据其结构分析,洞内顶部似为一漏斗结构,从山顶漏斗口流水。经漏斗冲刷下来的淤土填满了竖洞,断面外侧层理已被扰乱,有人工挖掘取土之痕。其洞口内东西洞壁上皆发现有人工开凿的方形石孔。西壁三孔,距离地面 3.2～3.5 米,间距 1.5～2 米。外两孔长方形,高 20 厘米,宽 14 厘米,深约 15 厘米。内一孔孔口高 18 厘米,宽 8 厘米,深 10 厘米。东壁发现三孔,高度与西壁相当。内两孔为长方形,高 20 厘米,宽 14 厘米,深约 15 厘米,相距约 1.2 米。外一孔为正方形,边长 18 厘米,深 10 厘米,位于北

图91　风箱峡溶洞

3.5米处。这些洞壁石孔当为古时窟内搭建房屋建筑时开凿，现洞中西侧还存有半堵石块垒砌的残墙。

　　民间传说此洞为古人所开，实为一自然溶洞，可能经过加工。洞前有一石台，亦甚宽阔。在洞口外石台上，回首可上望古悬棺。根据洞内地面平坦，洞底部有层层淤土，旁有人工取土之痕等情况推测，此洞原已淤死，古人大约因修路或其他原因在此取土。洞中建筑石孔，当为居住遗迹。在瞿塘峡中，风箱峡槽道算得上是一道天险，扼此道口，可阻下游沿陆道向瞿塘之途。所以，此处溶洞中的建筑遗迹，或是古时守峡者所留。

　　在大石洞外西侧数十米处沿石壁上有一则民国时期的墨书题记，高出古道路面约1.5米。方框中写有"三民主国"四字，其后一字上加方框，似为人所改。其大框外下又有小字"三民主义"四字。其字迹陈旧，上有风化痕迹，疑为民国初年所为。

（一六）风箱峡溶洞悬棺（鲁班风箱）

　　此地行政区划隶属于奉节县白帝镇瞿塘村。海拔高程约200米。

图92 风箱峡溶洞悬棺

悬棺位于长江北岸（图92）。其地在瞿塘峡中部，两岸山势陡险，尤以北岸为险，为顶部凸出的悬崖，高200余米，下部为江边上下古道。据新县志记载，此处海拔120米高度有悬棺五具，皆系用铁柱将悬棺架在岩隙上，行于江边方能看到，不知其所指是否为江北诸悬棺。

此处悬棺共有两处，一处位于"风箱峡"大字西侧20米，风箱峡溶洞东侧50米的上方，高于道路70米，高于江面约120米。当地江面枯水时海拔70余米。

悬棺置于一巨大石缝的东侧，一岩石顶部。棺下有两三层人工堆垒的大石，石块大者如同棺之断面。推测重有数百斤。棺呈褐色，从崖下可见其一半。盖与棺底前各有一凸出部分，中支有一浅色圆木棒。棺盖半开斜向东侧，大约已经被盗。此棺或称为风箱，传为鲁班的风箱，故此地又称风箱峡。也有说是古兵书匣者。明正德《夔州府志》中记："兵书匣，在瞿塘峡，半岩远望若露一匣，高悬不能至。"[74]

另一棺置于较前棺更高的水平大石缝中，其处阴暗，不仔细观察很难看到。石缝中横置三根木梁，外侧一根，内侧两根。上顺石缝架有一棺，大头向外。后侧两木梁一横架，一斜架，保存尚好。

〔74〕《天一阁藏明代方志选刊·正德夔州府志》卷七"古迹"，上海古籍书店，1961年影印。

悬棺的悬架方式有放置在悬岩石台上者，也有安置于洞中者，有在石缝支木架之者，也有在石壁上凿孔插木架棺于其上者。《水经注·江水》记："江水历峡东，经宜昌县之插灶下。江之左岸，绝岸壁立数百丈，飞鸟所不能栖，有一火烬，插在崖间，望之可长数尺。父老传言，昔洪水之时，人薄舟崖侧，以余烬插之岩侧，至今犹存。"[75] 这种情况，大约是其上棺木已经坠落所致。

（一七）风箱峡古关遗址

此处遗址行政区划隶属于奉节县白帝镇瞿塘村。

在风箱峡溶洞与风箱峡槽道之间的垒石道旁，书有"风箱峡"大字处道路北侧石壁上，发现一道连排石槽。石槽呈竖立状，分布长度约 8 米，高于路面约 1.8 米，上下长约 0.25 米。其下石壁，开凿整齐，凿痕细密，为他处所不见，大约是路上一处建筑的遗迹。此段道路上下皆为绝壁，在正路上修有建筑，设关的可能性很大。因其地东为风箱峡槽道，此处有"一夫当关，万夫莫开"之险。且其西不远即为风箱峡大溶洞，内有建筑遗迹，可以居住。再西则有七道门，多石洞，亦可供人居住。另有一证，即这条古道下还有一条古道，称为下道，下道与上道建筑遗迹正对处的路面，被人工有意挖去，而宽度与之相当，大约是怕有人从下道偷越关卡而为。此处关卡史无记载，亦无传说，但在清代，许多险道处都设卡驻兵，盘查行人或征收关税。仅依推测，暂名风箱峡古关。

（一八）风箱峡悬棺

此地行政区划隶属于奉节县白帝镇瞿塘村。海拔高程约 220 米。

在风箱峡大溶洞的东侧，"风箱峡"大字的上方偏东处，陡峭的岩壁上有一垂直大石缝，缝内深处可见两壁上横置支木多根，上架棺木一具。在其上部，有人工垒砌的石阶，东高西低，长 5～7 米。其高度与下述悬棺相近。

在"风箱峡"大字的东侧上方，平面相距 35 米，高于道路 70 米处，又一石壁裂隙中，暴露悬棺两三具。其呈上下分布，色褐，多已倾斜散乱。

在两道石缝中间，还有一道竖缝，其中分布有乱石，似乎也有一些人工活动的遗迹。

这些悬棺，包括风箱峡溶洞悬棺，时代大约为战国时期至汉代。传说长江北岸，清时有人将其一处古棺木取下，后被官吏发现，令其重置崖上。1949 年后，南岸黄金洞悬棺亦有人入内勘探，取下遗物多件。

《水经注·江水》云："江水历峡东，经宜昌县之插灶下。江之左岸，绝岸壁立数百丈，飞鸟所不能栖，有一火烬，插在崖间，望之可长数尺。父老传言，昔洪水之时，人薄舟崖侧，以余烬插之岩侧，至今犹存。"[76] 这大约是悬棺支梁一类的遗迹。在峡江地区，此类悬棺还有不

---

[75]《水经注·江水》卷三十四，岳麓书社，1995 年，501 页。
[76]《水经注·江水》卷三十四，岳麓书社，1995 年，501 页。

少。《隋唐嘉话》中记，王果经铁棺峡，仰见悬崖间一棺，即为此类悬棺。《方舆览胜》卷二十九"峡州"（今湖北宜昌）引宋苏东坡《出峡》诗云："忽闻巫峡尾，崖腹有穿圹，……石窦见天囷，瓦棺非古葬。"[77]

风箱峡一带岩隙与石缝甚多，从已经发现的悬棺分布看，这一区域是一悬棺密集区，如风箱峡槽道东端之上高于道路50米处，有一竖长方形大洞，洞口规范，似乎经过人工整修，很可能也有人工活动遗迹。

（一九）黄金洞

黄金洞行政区划隶属于奉节县长乐镇白龙村。

黄金洞一说位于瞿塘峡七道门至风箱峡一带长江南岸绝壁上，其地石壁上天然孔洞甚多，是一岩溶发育区。在陡壁上有一天然石窟，口高约6米，上距崖顶约30米。传说古巴人避秦兵入内，不知所终。因内藏大量巴人所携黄金珍宝，故名。这一带江南、江北洞窟内多有悬棺与古人活动遗迹，许多洞窟由于高险难攀，内部情况不明。黄金洞内有悬棺，曾有老船工悬绳入内，得巴式青铜剑等物。或曰南岸临江绝壁上有所谓黄金洞，系一自然溶洞，1958年与1971年皆有人入内，取得悬棺内遗物，中有柳叶青铜剑、四铢半两钱等，当系战国时期至汉初的悬棺葬。此处悬棺从江面无法看到。

光绪《奉节县志》卷二十八记："胡绍兴，家中资，性慷慨好施。其最著者，同治二年（1863年），补修白果背、黑石、黄金兜、风箱峡等路，费工资五百串。"其中所说黄金兜，介于黑石与风箱峡间，大约就是今所说的黄金洞。

（二〇）避险岩

避险岩行政区划隶属于奉节县白帝镇石庙村，系瞿塘峡峡路旁一向江面凸出的小山嘴，位于风箱峡与黑石滩间的古道旁。道北一陡岩，其形如折扇，高达10米，下有石缝隙，可以避雨，岩面上有油漆红字"避险岩"。据江上老船工称，这一带有扇子岩，也叫扇子石，不知所指。此块巨岩正面形状如张开的大折扇，也许就是民间所说的扇子岩。扇子岩是瞿塘峡行船的标志之一，也是旧时行船易于出事故处。

（二一）江防工事（地堡）

此地行政区划隶属于奉节县白帝镇石庙村。此系抗日战争时期于长江瞿塘峡中所建江防工事之一。在瞿塘峡北岸共发现四处，此为位于黑石滩以东者，向东还有两处。

此处工事依其结构，当为碉堡。此系人工在岩石中开凿而成，西侧有一窄门，入内为一段长约5米的弯道，宽1.2米，高1.8米。尽头辟为方室，边长约1.8米。东侧开凿有一方形枪眼，朝向长江航道下游方向。窄门的外侧有一堵块石砌筑的石墙，当作掩护之用。因高山崩石

---

〔77〕《方舆览胜》卷二十九"峡州题咏"条下，《四库全书》。

图 93 黑石滩

下落，故枪眼位置显得甚低。此处碉堡大约是守御瞿塘峡航道中最险要的黑石滩航道的军事工程。

（二二）黑石滩（黑峡嘴）

瞿塘峡中部有一处三峡中著名的险滩，名为黑石滩，又名黑峡嘴。此地两岸皆为高大山峰，南为白盐山主峰，北为赤甲山主峰，高度都达到海拔 1400 米之上，而其处江面海拔高度却不足百米。赤甲、白盐是瞿塘南北两岸最高大的山峰，峡谷从中切穿。此处江面狭窄，两岸皆为背斜结构。石层向上拱起，其中夹有很厚的一层黑石，与峡中所有岩石色泽质地不同。经江水长期冲刷，在背斜的中心处形成一结构特殊的险滩。滩有上下游两对石嘴，向江心凸出，皆为黑色岩石，坚硬如铁，石多孔隙，名为大小黑石滩（图 93）。

光绪《奉节县志》卷七称："小黑石滩，在江下游，离城二十五里。该滩上下各有石梁一道，约长里许。每年自四月起至十月止，江水泛涨，水淹石梁，二面急水直冲黑石，连发喷漩，滩深无底。船至喷漩，艄舵不应，顷刻覆溺，为大水极险之滩。"[78] 下游一对石嘴为大黑石，大黑石又分为北黑石与南黑石。上游一对石嘴为小黑石，规模稍小，亦分为南黑石与北黑

---

〔78〕 清光绪《奉节县志》卷七，奉节县志编纂委员会，1985 年重印。

石。上下游石嘴间距约 300 米，中间水面名黑石沱。黑石沱形似巨盆，船家说水涨时此处甚险。盖此处江流狭窄，水下又有石嘴暗伏，江水湍急，并有大漩涡，自古翻舟覆船，为害极大。清代专门设有救生红船，巡行于此。

因黑石沱形状如盆，死人又多，所以也被称为人酢瓮。《说文》曰："酸，酢也。"酢瓮本指巴蜀一带腌泡菜或腌浆水菜的坛子〔79〕。这里称其处为"人酢瓮"，是指此处如同腌人之坛。明人周洪谟诗曰："赤甲下映人酢瓮，黄牛高抗鬼门关。"〔80〕宋代的范成大在《吴船录》中则称此处人酢瓮为"茶槽"。其曰："然而黑石滩最号险恶，两山束江骤起，水势不及平，两边高而中洼下，状如茶碾之槽，舟楫易以倾侧。谓之'茶槽齐，万万不可行'"〔81〕。

现在看来，黑石滩相当于横亘于长江峡谷中的两道相距约 300 米的平行石梁。此处江面狭窄，江流至此先被抬起，然后翻过第一道石梁，跌下后立即又翻越第二道石梁，两次跌宕与长年水流冲击，使石梁间与石梁下游，形成两处深渊。涨水时期，江流跌宕更为剧烈。舟船经过时，一波未平，一波又起，往往在两石间颠簸倾覆。

关于黑石的记载很多，《四川通志》卷二十四"山川"称："黑石滩……谚云：滟滪冒顶，黑石下井。"宋人范成大《瞿塘行》诗序云："黄嵌，黑石，皆峡中至险。"黑石滩北道路开辟于草石之间，其路下多长江淤土，与其他地方明显有异。当与此处江狭水高，从而造成两岸淤土存留过多有关。这一带岸上茅草旺盛，植被也与其他地方迥然不同，是此处地质环境特殊的另一个标志。

《水经注·江水》云："江水又东，径广溪峡，斯乃三峡之首也。其间三十里，颓岩倚木，厥势殆交。北岸山上有神渊，渊北有白盐崖，高可千余丈，……峡中有瞿塘、黄龛二滩。夏水回复，沿溯所忌。瞿塘滩上有神庙，龙至灵验。刺史二千石径过，皆不得鸣角伐鼓。商旅上水，恐触石有声，乃以布裹篙足。今则不能尔，犹飧荐不辍。"〔82〕郦道元所说的瞿塘滩，位置和环境都与黑石滩相合，则黑石滩曾名"瞿塘"。后世称此峡为瞿塘峡，盖因瞿塘滩而得名。

黑石滩石嘴，在清代曾人为削凿过。关于此次工程，仅道光《夔州府志》中有些记载："现水势较平，挽纤得力，商民赖之。此案经万令通详，大宪批准，查取李本忠履历，咨部奖赏。而李本忠不敢邀名，禀县转详在案，抑以黑石滩系天设之险，人力仅去十分之二三，不敢居功也。"〔83〕如果不凿去这一部分石礁，黑石之处应比现在更为险恶。

黑石滩也是奉节与巫山两县交界处，黑石以西归奉节县所辖，以东归巫山县。历史上一直以下游的大黑石归巫山，上游的小黑石归奉节，两县之界即二黑石间的人酢瓮。

---

〔79〕 在陕西泾阳郑国渠首考古调查时，曾发现汉代陶制残器一件，其口沿如同今泡菜坛子。

〔80〕 清光绪《奉节县志》卷十三所引。另三峡中下游归州一带还有一处险滩也为此名，见宋范成大《吴船录》卷下。

〔81〕 宋范成大《吴船录》卷下，《四库全书》本。

〔82〕 《水经注·江水》卷三十三，岳麓书社，1995 年，497 页。

〔83〕 《中国地方志集成·道光夔州府志》卷六"山水志"，巴蜀书社、江苏古籍出版社、上海书店，1992 年据道光七年（1827 年）刻本影印。

（二三）赤甲山与神渊

神渊也称天池，位于赤甲山。据《水经注·江水》云："江水又东，径广溪峡，斯乃三峡之首也。其间三十里，颓岩倚木，厥势殆交。北岸山上有神渊，渊北有白盐崖，高可千余丈，俯临神渊。土人见其高白，故因名之。天旱，燃木岸上，推其灰烬，下秽渊中，寻即降雨。常璩曰：'县有山泽神渊，旱时鸣鼓请雨，则必应嘉泽。《蜀都赋》曰：所谓应鸣鼓而兴雨也。'"[84]现在一般文献都将瞿塘峡中部北岸最高山峰称为赤甲山，江南最高峰称为白盐山。对照《水经注》则知处于江北者为白盐山，江南之山则未提及。而《水经注》中所说的赤甲山实为白帝城与奉节老城间长江北岸之大山，上有古城，名赤甲城。《太平寰宇记》也引《荆州记》曰："三峡之首，北岸有白盐峰，下有黄龙滩，水最急。"[85]本书依今俗，还称瞿塘峡北高峰为赤甲山，其下险滩为黑石滩。

赤甲山高峻万仞，直插云天，仰之弥高，如在云际，为瞿塘一景。其山又名桃儿山，颇像桃子。因山体呈红色，又称火焰山。遥望其西一峰绝壁下部，有一些孔洞，当地人称为铜钱洞。传说内有许多珍宝，并有盗宝传说。疑洞中或为悬棺，或者有其他古人活动遗迹（图94）。

《水经注》所说的神渊，当在瞿塘黑石滩北的大山之下，小山之上，晋人左思《蜀都赋》中也提到这一地区。其文曰："于东则左绵巴中，百濮所充。……潜龙盘于沮泽，应鸣鼓而兴雨。"李善注曰："巴东有泽水，人谓有神龙，不可鸣鼓，鸣鼓其旁，即便雨也。"[86]《华阳国志·巴志》曰："鱼复县。……有泽、水神，天旱，鸣鼓于旁即雨也。"[87]此处求雨的神渊，至少从汉魏至郦道元所在的北魏时期，都被奉为神异，不断进行求雨活动。也许其地的兴旺，与黑石有关，我国自古多认为易翻船之地是蛟龙作怪，同时龙又往往居于深渊。《奉节县志》也有相类似的记载："天池，在治东三十里，少陵句云：'天池马不到，岚壁鸟才通。百顷青云杪，层波白石中。'"[88]《巫山县志》附图上也绘有天池。因其地势极高，不在淹没范围，故未能考察，在此注明，以供研究者今后探考。

赤甲山顶部的断崖与其南散乱的峰群，形成一巨型地质大滑坡景观。黑石滩一带的乱石与崩崖及江滨扭曲的岩层都与此地大的地质活动有关。《旧五代史》曰：长兴三年（公元932年）七月，"夔州赤甲山崩，大水漂溺居人"[89]。赤甲山这种滑坡运动，至今还在缓慢地进行。

据说，在赤甲山绝顶的崖壁上有一个幽深的古洞，洞口刻着"余公洞"三个大字。余公名有爵，是明熹宗天启年间（公元1621～1627年）的夔州知府。他在明末大规模战乱之时弃官避居此洞。当时，余有爵在洞口供奉着"天地君亲师"的牌位，并在洞里刻下自己和儿子的石

〔84〕《水经注·江水》卷三十三，岳麓书社，1995年，497页。

〔85〕《太平寰宇记》卷一百四十八"夔州"条下。

〔86〕《文选》第五卷，岳麓书社，1995年，上册，152、159页。

〔87〕《华阳国志·巴志》卷一，《四库全书》。

〔88〕《中国地方志集成·光绪奉节县志》卷七"山川"，巴蜀书社、江苏古籍出版社、上海书店，1992年据光绪十九年（1893年）刻本影印本。

〔89〕《旧五代史》，中华书局，1976年。

图 94　赤甲山

像，还在洞壁的高处留下了许多摩崖题刻。洞中器具皆为石制，如石桌、石凳、石床等。洞外有平台，似农家场院。近旁还有一片耕地，虽在海拔1400米的高山上，但仍宜种植作物，如甘薯、玉米、蔬菜等。洞旁有一眼清泉，至今汩汩作响，如世外桃源。

余公洞未能考察。

（二四）显圣庙遗址（王爷庙）

此为瞿塘峡中一处古庙遗址，行政区划隶属于巫山县大溪镇。地理坐标为东经109°36′23″，北纬31°01′13″，海拔高程169米。

大小黑石间的南岸有一小山峰。小山峰坡上旧时建有一庙宇，叫王爷庙，亦称江神庙。庙中原供奉龙王，民间称为大王、王爷，内置神像，头戴冠。过去庙中有一住持和尚，并有庙产田地。志书称其为"显圣庙"，香火甚盛。盖此处多翻船之故，故设庙以求保佑。据大溪老船工说，旧时新造船，船主必至此处求神，将一小船模型敬献于神前，上书船主姓名，以求神灵保佑行船平安。庙中小船模型甚多，一般长约二尺。

自江滩上坡处名王爷庙坡，上存大石垒砌的台基两处，当为庙的旧址，也有人说庙宇本建于小山上。1949年后，庙宇被拆毁，砖现堆放在新大溪镇西头。砖为青色，长32厘米，宽20厘米，厚9厘米，比一般砖大，但长度显得较短。

从庙址至小山顶，地势渐渐平缓，上有居民数家，旧时号称七户。民舍周围有大片橘林。由此向东，沿江南岸有一条山路通至大溪。此路即前述大溪西长江南岸古道。

据《水经注·江水》记，其庙当在魏晋时已经存在，龙至灵验，是所敬为龙王无疑[90]。清光绪《奉节县志》绘有奉节与巫山交界图，上有大溪与黑石。黑石之上建有庙宇，状如层楼，当即此庙。所以，此处庙宇的历史相当久远，是长江上最古老的神庙之一。

三峡地区旧时行船者多信奉王爷，大宁河庙峡中沿河也有数处叫王爷的地名，船家敬畏，丝毫不敢亵渎，以求护佑。这些王爷都是指当地龙王。

自黑石滩向东，长江南岸还有一些景点，向下游有芝麻石，说是石上有许多奇异黑点如芝麻，再向下游则为白蛇吐涎、火抱溪。火抱溪为南岸一条小溪，再向下即为大溪口。

黑石滩的上游，有犀牛望月，水滨一巨石如兽，称为犀牛。民间称其头对之处有一石礁，上生一孔圆如皓月，故俗称为犀牛望月，是当地江边一处名胜。

（二五）白果背桥题刻

白果背桥在此次考古调查中被编为十道桥，行政区划隶属于巫山县大溪镇平槽村。中心地理坐标为东经为109°36′57″，北纬31°00′57″，海拔高程137米。桥旁发现现代修路题刻，为修桥工匠所为。题刻凿于白果背石桥上游西侧石壁上，现距桥约7米，刻字高度大致与桥面平，为楷书，字径约18厘米。文曰："重建白果背/徐孙二石工/重修此路/公元一九七三年九月廿

---

〔90〕《水经注·江水》卷三十三，岳麓书社，1995年，497页。

日"。

　　白果背题刻说明，瞿塘峡古道在20世纪70年代尚在使用，并经民间整修。经调查，通行者主要是居住在瞿塘峡口东长江南北的大溪乡农民。其沿江步行，许多人背挑农产品，往来于奉节。也有用于拉纤者，但数量不多。80年代以后，水上交通发达，一般人多取道于水路，乘船而行，此道遂近于荒废。同时，一般小船均安装了柴油动力，已经不再需要拉纤。此题刻是三峡历史上纤道尚在使用的最后记录。

（二六）白果背导航站

　　此为现代建筑，是瞿塘东口内长江北岸山嘴上的一处导航台，行政区划隶属于巫山县大溪镇平槽村。其扼峡口，位置醒目，夜设灯光，昼悬标志，以引导上下水航船。自白帝城至此古道长9公里。自导航站至大溪口对岸道路约长1000米。自白果背桥始，至白果背导航站，全长约500米。古道从导航站后山崖下通过。据大溪老船工称，导航台所建处就是白果背，是古地名，白鸽背即为白果背之讹名。导航站下部临江一侧还有一条与瞿塘峡古道平行的古道，称为瞿塘下道。

　　长期以来，由于地理位置独特，此处红白相间的导航站建筑已经成为瞿塘峡下口的标志性建筑。其东侧下部江边有一古渡口，可达大溪，实为江边一处水势稍缓的乱石滩，便于泊船。大溪一带居民至奉节城，多由南岸渡江至此码头，然后才沿北岸栈道步行。

（二七）白果背江防炮洞

　　位于白果背导航站东35～40米处的古道旁，行政区划隶属于巫山县大溪镇平槽村。地理坐标为东经109°37′04″，北纬31°00′42″，海拔高程131米。

　　炮洞依山面南，是抗日战争时期为防止侵华日军沿江而上修建的江防工事之一。此次调查在瞿塘峡北岸共发现三处。此为其居中者，向东还有一处，与其东一炮洞结构相近。此炮洞依古道北侧石壁开凿，东西两口，内部平面作弧形相通，最深处北壁开有一方形石室，以供放置物资与居住。左右洞口均分别朝向长江上下游航道，可安置大炮，守卫长江航道。炮洞口部形状如拱门，上圆下方，高1.5～1.7米，宽2.7米。入内后地平又下凿深0.5米，内高1.8～1.9米。弧形隧道总长约10米，从其下游洞口（即东侧洞口）入内3米处为石室西壁。内石室深3米，宽2米（图95）。

　　炮洞的下游方洞形较直，推测是安置大炮的主要洞口。另据当地老人称，旧时在大溪镇附近的南岸还有两处炮洞，并筑有碉堡，都是抗日战争时期所建。另外，还有七道门也是当年防御的重要工事。

　　炮洞旁向东有一小径，从乱石间可下至江边，为一简易码头，是介于古炮台与导航站之间的简易码头。

　　自此炮洞沿古道路再东有一平坦地，上有房数间，已拆。再前有一小庙，建于路内侧石台上，人称土地公庙。此庙至调查时尚有香火。

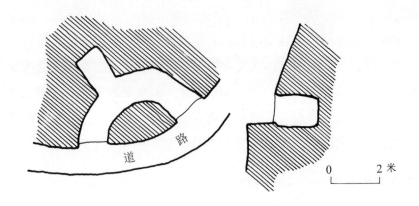

图 95　白果背江防炮洞平、剖面图

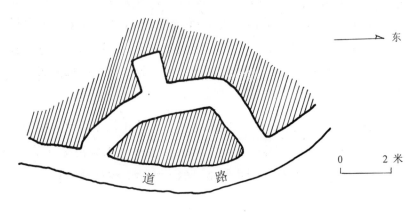

图 96　白马方江防炮洞平面图

（二八）白马方江防炮洞

此地行政区划隶属于巫山县大溪镇平槽村。中心地理坐标为东经 109°37′14″，北纬 31°00′42″，海拔高程 131 米。

其位于瞿塘峡下口内的北岸，西距白果背导航站约 460 米。此处两岸高山峻峭，中间一江奔流，江面狭窄，宽约 150 米。炮洞建于古道旁，两口分指上下游江面，正扼瞿塘峡下口长江天险。炮洞系人工在灰岩石壁上开凿而成，为一平面弯向山腹的弧形隧道，南北两口分别对准长江上下游。炮洞内长 13 米，口部宽 2.2～3 米，高约 2 米。洞内地平比其外地表低 0.3 米左右，故内部高度可达 2.5 米上下。炮洞内中部，还有一向山腹所开的小岔洞，高宽同前，深约 2 米，大约是放置炮弹与军用物资之处。炮洞的下游方洞形较直，推测是安置大炮的主要洞口（图 96）。

此洞系抗战时期的江防工事。此类炮洞瞿塘峡内有三处，一处位于七道门，一处位于此洞西导航站下游 40 米处。两处石洞结构相同，大小亦相近。据说，此类洞大溪口有两处，结构大致与白果背江防炮洞相同，但此次未能探查。

此炮洞东距柜子岩槽道约 200 米，自白马方之东，归大溪乡军营村，其西归大溪乡平槽村，平槽村西界至黑石峡，再上游属奉节地界。

152

（二九）大溪文化遗址

此遗址行政区划为巫山县大溪镇。中心地理坐标为东经 109°38′，北纬 31°01′，海拔高程约 115 米。

遗址位于长江南岸与大溪河河谷左岸（西岸）山前古洪积阶地上，背后所依之山名乌云顶，与江北岸桃花山相对。遗址面积并不是很大，今多为农田。此地位于为瞿塘峡东口的南侧，黑石至大溪古道路的东端至此。其地高于长江枯水期江面约 40 米。大溪口常年设有桥渡，大溪口东即为旧大溪码头。

遗址地表可见大量红色、褐色、灰色古陶片，间有烧土。最早发现于 20 世纪 20 年代。1958 年至 1976 年进行三次考古发掘，发现巫山大溪遗址——新石器时代墓葬和哨棚嘴文化早期遗存的，以及大溪文化墓葬一百五十六座，葬式多以屈肢葬为主，也有少量直肢葬。发掘灰坑近五百座。另有商周与南朝遗址与墓葬。出土有陶、石、骨、玉等类器物，是大溪文化的代表性遗址。因此次调查重点为古道路，同时该遗址已被列入清理项目，故仅做简单记录，以示古道路之文化与地理环境。

显圣庙至大溪古道经过该遗址。此次调查时有关部门正进行清库前的发掘。

（三〇）康茂才进兵碑

碑石原置地点行政区划隶属于巫山县大溪镇。

碑文内容与明初平蜀战争有关。此碑原立于长江北岸江滨，南对大溪口。今清库移于大溪新镇镇西。原碑立处具体地理坐标与海拔高程不详。竖碑处经多次访问，为大溪谷口入江处的北岸，其上为柜子崖。石碑为灰岩质，呈长方形，石面平整，高约 2.3 米，宽 1.56 米，厚 0.6 米。上刻有三行大字，楷书，字径 20 厘米（图 97）。文曰：“大溪口/皇明康茂才进兵/处”

康茂才系明初大将，曾辅佐朱元璋，《明外史》有传。此碑镌刻年代不详，从冠有“皇明”二字看，当为明代所立。明初，盘踞四川的明升将莫仁寿建铁索横断瞿塘口，以御明军。明将廖永忠出其上流，夜攻胜之。此次战争见于《明史》。康茂才也参加了此次战事，并中流矢而死，葬于此地。光绪《巫山县志》记：“明康茂才墓，在西南九十里。官大将军。洪武初，领兵征明升，被流矢中伤，卒，葬金沙滩，即今大溪口也。碑石现存。”[91] 今当地人不以大溪口为金沙滩，而以江北相对的金沙溪口为金沙滩，故康茂才之墓，未能发现。“峡口有石刻，云康茂才行兵到此，字现存，向有康公庙，今废”[92]。文中所说石刻，当即此碑，康公庙今已无人知其踪迹。

《明史·汤和传》云：汤和“四年拜征西将军，与副将军廖永忠帅舟师溯江伐夔。夔人以兵

---

〔91〕《中国地方志集成·光绪巫山县志》卷三十一“古迹”，巴蜀书社，江苏古籍出版社，上海书店，1992 年据光绪十九年（1893 年）刻本影印。

〔92〕《中国地方志集成·道光夔州府志》卷六“山水志”，巴蜀书社，江苏古籍出版社，上海书店，1992 年据光绪七年（1827 年）刻本影印。

图 97　康茂才进兵碑

扼险，攻不克。江水暴涨，驻师大溪口，久不进，而傅友德已自秦、陇深入，取汉中。永忠先驱破瞿塘关，入夔州"。

《平蜀传》曰："太祖以汤和师久逗留，赐诏责之。廖永忠闻命，奋起率兵先进。……和亦进兵，自白盐山伐木通道以趋，夔州守将飞天张整众逆战，大败退走，而出峡水急，又阻于铁索飞桥，舟莫可进。永忠乃密遣壮士数百人舁小舟逾山渡关以出其上流，夏人不之觉也。度其将至，乃夜半率精锐，分水陆为二军而攻之。遂克其陆寨。舁舟者出，上下夹击，大破之，擒斩无算。遂入夔。"[93] 此文大致与《明史》同。但相关记载中，均未提及康茂才，康茂才在此次战争中的作用也无法详细了解。

（三一）护路告示碑

护路告示碑现置地行政区划隶属于巫山县大溪镇军营村。

---

〔93〕《全蜀艺文志》卷五十一《平蜀传》，《四库全书》。

此为一清代护路告示碑。据碑文，原碑当立于白果背一带，具体地理坐标与海拔高程不详。今碑存于大溪新镇镇西。

其地位于瞿塘峡下口最险狭处，两岸山势陡立，中间江面阔约百米，水流甚急。此处有上下两道，皆为道上拉纤者年年行经处。

碑为青石质，长方形，高1.61米，宽0.82米，厚0.15米，上刻楷书文字十三行，字径3厘米。因部分岩石崩落，上部文字已不存。

此碑内容为告示，系为防止自白果背至风箱峡道路上的石板被人毁坏，言明惩罚，立碑于路。前有叙述修路因由。残存碑文记："……监督夔渝两关税务加二级记录十二次玉为/……商农事照得湖北汉阳县职员李本忠/……自白果背至风厢峡等处无有路径/……船难修理纤道请示在案前经修造纤路因匡定/……字匠工人等将路上石板撬去经众处罚所/……之路并预塌各处仍雇工匠复兴修补齐整诚/……之徒复行毁坏合行出示晓谕为此示仰该处/……等知悉自示知后倘敢仍蹈前辄将纤路石板/……该船户水手及地方约保立即扭禀以凭尽法/……不姑宽各宜凛遵母违/右谕通知/……告示/……一日实贴白果背晓谕勿损。"

此碑应立于李本忠修路之后，原树于江北上道。因水库淹没原因，迁移至今新大溪镇西。此碑比较重要，是汪鉴修路前的记录，点明白果背至风箱峡没有路径，但此语有误。

（三二）小佛龛

小佛龛位于大溪口对岸古道上，行政区划隶属于巫山县大溪镇军营村。具体位置在瞿塘峡下口，大溪口对岸古道上，大石西侧的小桥西，与小桥相距约50米，依路旁石壁开凿，面对长江。

佛龛正面呈方形，边长0.6米，深0.6米，底部向内0.15米有一内高外低的小阶。龛内原当置有佛像，今未见。龛下底高于路面1.5米，龛下石壁似有文字，左右有竖刻线条，但已风化不清。其东间隔2.5米处有一长方框，内竖刻楷书"南无阿弥陀佛"六字，方框高0.55米，宽0.19米，底部高于路面1米。

从下游沿江岸上行，自此向西入峡，道路变险，峡口设此小佛龛，当是供入峡者祈祷路途平安之所。小佛龛至柜子崖槽道间的道路为砭道、垒石道、石阶三种结构混合变化的道路结构，道宽一般为2米。

（三三）状元堆

状元堆行政区划隶属于巫山县大溪镇军营村。状元堆为长江北岸一处乱石堆，累累大石，滨江而立，最大者如屋。其地正对大溪入江之口，甚是醒目。状元堆北侧有高山。此堆当是古时山上崩落江岸之大石，经风雨侵蚀和江水冲刷而成（图98）。

当地传说，古时有人于此石下拾得一弃婴，呱呱而泣，抱回抚养成人，甚聪慧，考中状元，孝顺父母。弃子者悔恨不已，仁心救儿者得好报，故名其地为状元堆。

状元堆为长江岸边一重要行船标志，也是出入瞿塘峡东口的标志。据老船工说，船工都熟

图 98　状元堆

悉状元堆，只要一看水淹到什么地方，就知道水位高低，行船的时候就会注意。清代汪鉴修峡路时即以此点为路段划分标志。

第三节　金沙溪至巫山

（一）大溪

大溪也有书作黛溪者，为巫山境内古镇之一，行政区划隶属于巫山县大溪镇。

大溪镇建在长江南岸，大溪河东的山坡之上，西与奉节交界。因其位于瞿塘峡下口，峡中行船不便时多泊船于此。其地又有大道通往大溪河上游两河镇一带，再南可通至湖北建始与恩施，故旧时尚称繁华。镇北江滨有码头，为巫山西境货物重要集散地。镇中原有文庙，调查时镇上建筑已经拆迁，仅存老式木构建筑数座，民国时期所建仿西洋风格建筑两座，以及大型石构涵桥一座。因三峡库区水位上升，今该镇已经移至下游的半山新镇。其处有新石器时代大溪文化遗址，新镇东侧发现一些汉代绳纹瓦砾。

大溪口一带水流湍急，加之大溪所带泥沙在大溪口形成沙滩，北侵长江航道，使航道变

图 99　长蛇梁

窄，上水船只在此行船不便，旧时至此必用纤夫。民国时期曾在江北设人力绞滩，现在江北铁滩建有绞船机，对上水重船进行拖拉。所以，大溪旧时也是行船停泊准备入瞿塘峡之处。宋陆游入峡前即泊船在此过夜。《入蜀记》中称其处"美梨大如升"。

《水经注·江水》云："江水又东，鸟飞水注之，水出天门郡娄中县界，北流径建平郡沙渠县南，又北流径巫县南，西北历山道三百七十里，注于江，谓之飞鸟口。"[94] 据《巫山县志》记，飞鸟口即大溪口。文献也有称鸟飞水在巫山西南四十里者，而一般都称巫山至大溪的古里为九十里。

（二）长蛇梁

长蛇梁系斜横于江中的两道石梁，行政区划隶属于巫山县大溪镇新镇。中心地理坐标东经 109°38′，北纬 31°00′，高程海拔 88 米。

长蛇梁位于大溪新镇北侧偏下游处的长江南岸，系两道平行的石梁自江岸斜伸向下游江中，逼江水从石梁北端流过，水流甚急。长蛇梁长约 150 米，据当地人说，原来还要长，因阻挡江流，江水斜扫下游对岸石礁猫耳石处，常常翻船，成为长江一处著名险滩，故 1949 年后

---

〔94〕《水经注·江水》卷三十四，岳麓书社，1995 年，502 页。

江中偏北部分被炸毁。今枯水期南侧石梁出水高度约 15 米，两梁间宽 50~60 米，其中水势平缓，成为一天然避风港，当地船工常常将船泊于其内。今在长蛇梁下游相邻石岸上设有大溪新码头，上有一导航台（图 99）。

传说长蛇梁上有古人题字，经初步搜索，未能发现。沿江地表发现许多灰陶绳纹瓦砾，有的为江水冲刷，棱角甚圆。其上部当有汉魏遗址存在。《明史》卷四十三云："奉节倚。洪武九年四月省。十三年十一月复置。东北有赤甲山。东有白帝山，又有白盐山。南滨江。东出为瞿唐峡，峡口曰滟滪堆。又西有南乡峡、虎须滩，东有龙脊滩，皆江流至险处。又东有大瀼水、东瀼水，俱流入江。南有尖山，又有金子山二巡检司。又东有瞿唐关。东南有江关。南有八阵碛，碛旁有盐泉。"长蛇梁与奉节城东三里的龙脊滩，都是长江中的石埂，对航道影响极大。古人就曾利用枯水期石梁出露的机会，对此类险石进行过修凿。《四川通志》卷二十四"山川"记："巫山，虎须滩，在县西四十五里，以其险名，杜甫诗'瞿塘漫天虎须怒'"。"巫山，新崩滩，在县西五十里大溪口之下，水经注：此山汉和帝永和十三年崩，晋太元二年又崩。当崩之日，水逆流百余里，涌起数十丈，今颓崖所余，尚比诸岭为竦桀。"其所记甚杂，龙脊滩当是奉节城旁的龙脊滩。此滩古名一时难定。

（三）错开峡

错开峡行政区划隶属于巫山县曲尺镇锁龙村与大溪镇开峡村。中心地理坐标为东经 109°38′46″，北纬 31°00′12″，峡口水面枯水期海拔高程约 74 米。

错开峡为长江南岸一巨大峡谷，南北走向，大致与长江河谷垂直。峡内两山对峙，极为高峻，形成一深峡，最深处达千米以上（图 100）。山为灰岩结构，此处系一大型地质断层。民间传说，当年大禹治水，劈山开道，误开南山，后发觉导江方向不对，有神女授以金简，教以导江之法，于是改而向东，大江东流，此峡遂废而不用，故名错开峡。有大道通于沟内，内有锁龙柱、斩龙台等胜迹。锁龙柱系一天然巨大石柱，位于峡谷东侧的半山腰，高于谷底三四百米，为当地一大名胜景点。但由于道路险峻偏僻，人迹罕至。《四川通志》卷二十四"山川"称："巫山，泗瀼，在县西四十里，涧水横通大江，两山对峙，一名错开峡。峡中距大江五里有斩龙台。"道光《夔州府志》云："斩龙台，治西南六十里错开峡，一石特立，俗传禹王导水至此，一龙错行水路，遂斩之，故峡名错开峡，台名斩龙台。"[95]《水经注·江水》云："江水历禹断江南，峡北有七谷村，两山间有水清深，潭而不流。又耆旧传言，昔是大江，及禹治水，此江小不足泻水，禹更开今峡口，水势并冲，此江遂绝。"[96]此与错开峡传说相类，只是其地在西陵峡中。古人传说神禹导江疏河，如《四川通志》卷二十四"山川"称：奉节，"瞿塘峡，在县东十三里，禹凿以通江"。不唯如此，还说禹通江用神龙开道。《拾遗记》说："禹

---

〔95〕《中国地方志集成·道光夔州府志》卷三十三"古迹"，巴蜀书社、江苏古籍出版社、上海书店，1992 年据道光七年（1827 年）刻本影印。

〔96〕《水经注·江水》卷三十四，岳麓书社，1995 年，502 页。

图 100　错开峡

尽力沟洫，导川夷岳，黄龙曳尾于前，玄龟负青泥于后。"[97] 长江三峡中也有很多关于神龙开峡之说，反映了古人对于三峡地貌奇观的关注。

段内有古道路自峡中南通，可达湖北建始，但此次未做调查。

段内峡口有古文化遗址，此次未做调查。

（四）福寿桥（大石桥）

福寿桥行政区划隶属于巫山县大溪镇团结村。中心地理坐标为东经 109°40′44″，北纬 31°00′22″，海拔高程 125 米。

福寿桥是巫山至奉节古道中的一座石拱桥，位于长江北岸一大沟中，两侧道路自沟口向沟内下坡，约入沟 300 米过桥。沟两侧道路宽度 1.5～2 米，多砭道与土石道（图 101）。

此沟或名为桥沟，其水名油渣溪。沟内架有大石块砌就石拱桥一座，桥身面向下游桥拱上嵌一石匾，上书"福寿桥"三字，署款："光绪己丑年□孟秋月吉日"。光绪己丑为 1889 年。桥面长 9 米，宽 3 米，桥面海拔高 125 米。其略呈尖形单拱券，拱部高 3.5 米，拱顶高于沟底约 9 米，最大跨度约 4.5 米。

---

〔97〕 晋王嘉《拾遗记》卷二 "夏禹" 条下，浙江人民出版社影印。

图 101　福寿桥

此处为一大型地质断层处，沟即为断层形成。其东南与错开峡相对，当系同一断层。溪口有大型扇形冲积锥，下游为一急滩。

据清光绪《奉节县志》卷七"山川"记载，光绪十五年（1889 年）汪鉴开修峡路，"其中分造沟涧平桥十九道。自状元堆至巫山县城九十里，中造平桥二道，拱桥四道"。此桥当为其中的一座。

（五）曲尺镇

曲尺镇为巫山境内村镇之一，原位于长江之南，今移至江北，地处巫山县城之西，长江之北的临江山头上。东有注入长江的一条小溪，沟口滨江有码头，交通便利。今镇亦建有公路通往巫山县城，是当地一文化经济中心与货物集散地。《四川通志》卷四下记："夔州府当阳镇，在巫山县西四十里。"或即指此地。

（六）天子庙峡

天子庙峡系当地一名胜，是长江南岸一大峡谷，地形与错开峡相似，也是一地质断层。两岸山势较高，峡谷极深，若天门中开。其地处曲尺镇所辖区域，峡口下游有大田村。其谷水发源于巫山县铜鼓镇大坝村，全长约 10 公里，河道甚直，峡谷两侧居民甚稀。明人撰《蜀中广记》卷二十二"巫山县"条下称为鸟飞口或鸟飞崖[98]。道光《夔州府志》记："飞鸟岩，在（巫山）县西南四十里，与燕子坡相对。王十朋诗：'坡名燕子燕思归，岩曰鸟飞飞鸟倦。'《府志》作为飞鸟，鸟飞水经其下。"所以称鸟飞，言此地山高飞鸟难越。从方位距离看，似乎天子庙峡中之水即鸟飞水。一曰鸟飞水为大溪。一说系流经湖北建始县，最后由巴东注入长江的另一河流。

由此可知，江北与天子庙峡口相对处名曰燕子坡，古道正从此处经过。

（七）关上遗址

关上遗址行政区划隶属于巫山县曲尺镇朝阳村。中心地理坐标为东经 109°47′，北纬 31°02′，海拔高程 135 米。

此处为长江北岸一处缓坡，遗址中心所在地向东 200 米为一大黄桷树，沿江甚是醒目。这一带数里地势颇平缓，土质尚佳，梯田较其他地方宽，耕地居民房舍亦较多。东有一小沟，其西有一大沟。

段内田地中多见绳纹瓦砾，亦有一些灰陶和红陶陶片及器物口沿，一些灰陶上饰有细绳纹，为商周时代遗物。另外，还发现一件小石斧，石斧长 5.5 厘米，刃部残宽 3 厘米，最厚 0.9 厘米（图 102），青绿色石质，表面磨光。其西 400 米外隔一大沟地表发现有绳纹残砖，据说地下还有，大约此地还分布有汉墓群。估计这一带缓坡区为一处大的商周至南北朝时期文化遗址。

因未能发掘，故地下遗存分布情况不详。农民说此地有古墓。

传说这一带古时设有卡子收税，因此得名关上。

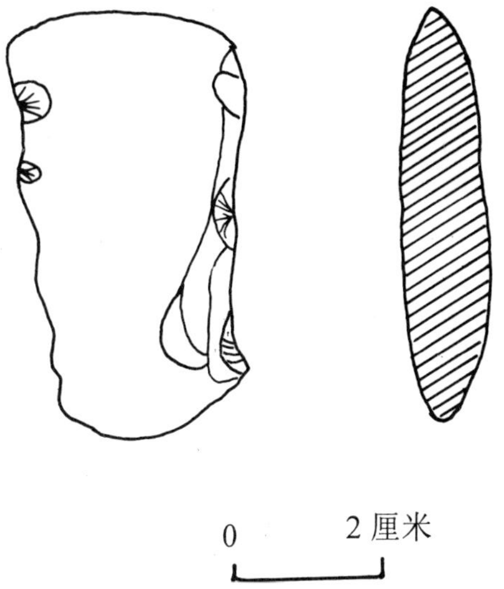

0　　　　2 厘米

图 102　关上遗址出土小石斧

（八）鲍公桥（石桥）

此桥行政区划隶属于巫山县曲尺镇朝阳村。中心地理坐标为东经 109°47′20″，北纬 31°02′50″，桥面海拔高程 134 米。

桥两端皆位于山坡之上，自上点大黄桷树东 60 米有一小沟，左右道路向沟上游迂回过桥。两侧道路为土石路，今宽约 1 米，比桥上道路窄。

此桥为单拱石拱桥，俗称石桥。桥面长 8 米，带栏宽 2.4 米，栏内道宽 1.9 米。两侧石栏皆用石条砌成，高 0.7 米，宽 0.25 米，上部为尖顶。桥拱顶高于沟底 5 米，跨度 2.7 米。桥身面向下游的桥拱上有一石匾，上刻楷书"鲍公桥"。石匾高 0.4 米，宽 0.7 米。桥中部微高，

---

〔98〕　明曹学佺《蜀中广记》卷二十二"巫山下"，《四库全书》。

图 103 鲍公桥（左侧为修补部分）

桥面中心向两端呈下坡状，以利排水。东侧桥台砌石整齐，石块方正。西侧桥台石块散乱，且小于其他石块。从桥洞下观察，北侧为大石条砌筑，南侧为乱石砌筑，所以，桥西南侧当为崩塌后补修形成，故其上部分桥栏也不存在（图 103）。

此桥位于长江北岸的山坡上，两侧皆为山坡，不甚陡峻，周有梯田，中为一小沟，旁有大黄桷树一株。

据清光绪《奉节县志》卷七"山川"记载，光绪十五年（1889 年）汪鉴开修峡路，"其中分造沟洞平桥十九道。自状元堆至巫山县城九十里，中造平桥二道，拱桥四道"。此桥不知是否在其中。当地人盛传清晚期奉节人鲍超曾修峡路，并举此为证。但《巫山县志》卷三"形胜关梁"记："鲍公桥在县西三十里，知府鲍康建。"当是实录。可见此鲍公非彼鲍公。

（九）黄仙庙

黄仙庙行政区划隶属于巫山县巫峡镇。中心地理坐标为东经 109°49′07″，北纬 31°03′12″，海拔高程约 150 米。

黄仙庙位于长江北岸黄仙沟口东侧。黄仙沟又名赤溪，为长江北岸一大沟，常年有水，流入长江。沟口有一大的砾石冲积锥，名为下马滩。此处也是长江沿岸的一处小码头。沟口两侧各有数株老黄桷树，枝叶甚浓，树冠如盖。

图 104　巫山县城

赤溪沟东口岸上的数株大黄桷树，被当地民众奉为"黄仙"，上面挂满祷告或还愿的红布条，旁有焚香之迹。据当地老人说，过去很多行路人和行船人都到此祷告。树北建有庙宇数间，传说其年代久远，至少清代已有。长年香火不绝。庙为土木结构，因位于库区淹没区，已经被拆毁，仅存残垣。另据方志所记下马滩北有赤溪，溯溪而上，有一古洞，洞口的石壁上刻有明代状元杨升庵"赤溪护国老龙王洞"的题字。其地未及调查。

（一〇）巫山县城

即巫峡镇，为今巫山县政府驻地（图 104）。巫山位于大宁河与长江交汇处的长江北岸，先秦时期即已设邑，推测当时已经建城。《水经注·江水》曰："江水又东，径巫县故城南，县故楚之巫郡也。秦省郡立县，以隶南郡。吴孙休分为建平郡，治巫城。城缘山为墉，周十二里一百一十步，东西北三面皆带傍深谷，南临大江，故夔国也。"[99] 明正德《夔州府志》云："元末伪夏明氏（明升）据重庆，命吴景昭创筑土城，岁久圮坏。正德七年知府吴、行知县唐书始开筑，城池完固。门四，东曰丛秀，南曰巫山，西曰会仙，北曰阳台。"[100]《四川通志》卷四上记：巫山县"旧土城，明正德中知县唐书瓮以石，高一丈四尺，周三里二分，计五百七

---

〔99〕《水经注·江水》卷三十四，岳麓书社，1995 年，498 页。
〔100〕《天一阁藏明代方志选刊·正德夔州府志》卷二"城郭"，上海古籍书店，1961 年影印。

十六丈。万历初，知县赵时凤重修，增高二尺五寸，门四，丛秀、巫山、会仙、阳台"。巫山的情形与奉节相似，都是早期的城建于山上，城较大，至后期移至山前临江而筑，城反偏小。县城后山传为古阳台。

（一）南陵县故址

此地行政区划隶属于巫山县巫峡镇南陵乡。从巫山县城南渡长江至老关庙，山名南陵山，或名向南山。坡有南陵村、李家湾村，传其地即为古南陵县所处。明正德《夔州府志》云："废南陵县，在县治南，与阳台对，晋置，刘宋废。"[101] 其地此次未能考察。旧有向南道路，甚险，越一百八盘险道可通往湖北建始县。此次因时间关系，未及至该处调查。

第四节　其　他

（一）纤夫桩

此段古道存有不少人工树立的灰岩石柱，名曰纤夫桩，最多的是竖在向江面凸出的山嘴上，一般竖立于路的外侧。纤夫桩是纤夫们拉纤时用来拦纤绳的石柱。石桩所立之处的铺路石上凿有方孔，孔深30厘米以上，边长约20厘米。桩柱一般高出地面80厘米，断面大致方形，边长25～35厘米。其背于江心一侧的根部往往存有多道纤绳磨痕，有的深达7厘米，表现出人与自然斗争的痕迹。纤绳磨痕向下游一侧偏，完整的纤绳磨痕宽度在6～7厘米。纤夫桩自古炮台至白果背、状元堆皆有发现，有些地段较密，有些较稀，可能有不少已经损毁。其形制不类石栏柱，一是过粗，二是其上没有与横栏相连接处，当是一种专用的石桩（图105）。

今道旁所存石桩，树立于清代所开辟的路面上，因此可以推定，均为清晚期所设。这种石柱形状基本一致，应当是同批制作的。它在汪鉴开凿的石槽道上也有分布，故推测当设置于汪鉴开道时或其后。

调查时发现一些纤夫桩已经被人挖走，路旁时时发现被掘走石桩的土坑。这些石桩他处尚不多见。石桩一般上端略粗，以防纤绳滑脱。

据《巫山县志》记载，过滩上水艰难，稍稍失力，船即下滑。有人于江岸立三石柱，每船用一次，向旁边庙中交钱若干。此石柱就是用来拴缆倒拉船的。此类桩与纤夫桩的性质有些相近。

纤绳古人记之甚多，今引徐翙《三峡考》以见其用："江舟多三板五板，六橹八橹。上下俱迂回石林间，有触立破。而狃习射利者，冒险不休。入川之舟，每于江陵制火杖一二副，各

---

〔101〕《天一阁藏明代方志选刊·正德夔州府志》卷七"宫室"，上海古籍书店，1961 年影印。

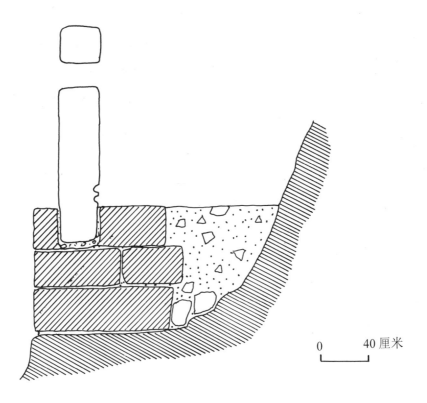

0 ┣━━━┫ 40 厘米

图 105　路旁纤夫桩剖面图

长百余丈，故一名百丈。以毛竹四破之，首尾连缀，缉以白麻。每一大杖，用夫二十余纤之。舟中一人鸣鼓，缓急节之。遇数舟骈集，则鼓声喧阗，夫声喊闹，震动峡路矣。……"白居易《初入峡有感》云："苒弱竹篾笭，欹危楫师趾。"文中竹篾即百丈，是唐时瞿塘舟船已用百丈。

据文献记载，有些长江边上的河流渡口也用百丈，以百丈横江，船上系索，两头扯渡，既方便又安全。

（二）石壁纤绳磨痕

在瞿塘峡内的道路沿线发现多处石壁上分布有纤绳磨痕，分布最多处位于为白背导航站的上下游一段。有一处石壁上竟然密布有十五道平行的纤绳槽，有的分布于道路外侧的石沿上，甚至地面上。

此处纤绳磨痕位于瞿塘峡口下游不远处，江中水流湍急，上水船全仗纤夫力挽而行，所以痕迹比较多。完整的纤绳磨痕宽度在 6～7 厘米，但深浅不一，深者可达 10 厘米，状如深槽。纤绳痕一般发现于凸出江边的石壁上，分布高度也很高，大约是洪水位时所用。旧时大船上是数十人在一船，随船下水，至上水时再拉纤。一般民船到了难行地段，能下水的都下水拉纤（图 106）。

此次调查，在瞿塘峡南岸粉壁墙斜坡大石背河侧也发现有纤绳磨痕，说明纤夫也在峡中南岸活动。

除了石壁，在砭道上或道路边铺砌的大石块上，也能找到纤绳磨痕。

图 106　路旁巨石上的纤绳磨痕

（三）沿江大小码头与渡口

长江沿岸大小码头甚多，均是历史上形成的。码头分为有石阶码头与无石阶码头两大类，有石阶者为高级码头，多是泊位固定，只是水位有高低变化；而一般小码头，则没有石阶，盖洪水冲击破坏力强，小码头不易修建。大码头，如奉节、巫山，都修筑有宽大的多层石阶，可以随江水涨落调整泊位。小码头，如白果背、大溪、金沙溪、宝子滩、曲尺、油渣溪等，多利用江边自然岸坡人易上下处，不加修饰，随洪水涨落，码头也随之上下。停泊时小船可近岸，大船则船头逆水，搭跳板。码头上部多有小道岔分向各处。更多的小码头是选择在河口或沟口的砾石冲积扇上，一方面，冲积扇顶高外缘低，可以随水位高低调节码头位置；另一方面，河口、沟口也往往有较大的道路通往各处。

　　码头是水陆运输联系的纽带，码头上往往有大道或重要村镇，或在河口旁。今沿江小码头旁多建有临时小房，卖小商品或代人看管货物，也可以称为古代码头货栈形态的延续。

　　沿江渡口也为数不少，奉节与巫山有可以渡车辆的现代渡船，也有传统的人渡。其余沿江均为小渡口，以民间小船载客。一般设立码头处都有渡口，以供两岸人员往来。自奉节至巫山一线，凡北岸有码头渡口处，均与沿江大道相连，许多当地的农副产品即通过这些小码头上船外运，同时外地的货物也多通过小码头输入。

第六章　栈道的相关研究

在一处极为险峻的峡谷中，保存有大量工程如此艰巨的古代道路遗迹，在今天看来也许令人深感不解。古人为何要不遗余力的一代又一代地开辟瞿塘峡中的道路？其中又隐含着什么样的背景，这确实值得深入探讨。

第一节　栈道的性质与特点

瞿塘峡栈道是位于瞿塘峡北岸临江山坡的一条古道，与古来东西运输大动脉长江水道平行，正是长江水道运输业的繁荣，行船的需要，才使古人努力开辟出这条道路。这种需要便是供纤夫牵船而修，故也称为纤道。其许多结构也因地形险峻、洪水涨落、纤夫行走等而与一般山区道路有别。许多地段大规模采用工程艰巨的槽道技术，既便于纤夫行走，也不影响纤绳的移动。古人所说的"舟非纤不上，纤非路不行"[102]，道出了峡江舟船与纤道不可分离的关系。因此，这条道路成为一条具有特殊意义、构筑方式与众不同的古代道路，在我国古代交通史上具有重要的意义。

自白帝城至大溪口的状元堆间所存上道，是三峡最典型的路段。现存这段道路总长约12公里，一般宽度为1.3～1.5米，大约与古代传统的山区五尺道相近。路间发现最大宽度处为3.2米，最小高度在槽道部分，为2.5米。最陡坡度如不计越沟的上下部分，则为30度左右。如不计越沟部分，古道距离枯水位最小高度为42米。路间共开凿有九段石槽道，最长者为石板岬槽道，长220米。据文献记载，共造有越沟跨涧桥梁十九座，并在草堂河口设有渡口一处。道旁埋设有许多石质纤夫桩，一些险段道路则凿有或砌有石栏，也有栽石柱装铁链或者加有木栏者。这种道路十分坚固，其中的桥梁也用大石条制作，骡马、抬轿皆可行走，较之木质栈道承载能力要大得多。同时，因多为石质结构，垒石道也用处理过的灰浆砌筑，耐风化，抗腐蚀，使用时间甚长。

---

[102]《中国地方志集成·光绪巫山县志》卷六"山水"，巴蜀书社、江苏古籍出版社、上海书店，1992年据光绪十九年（1893年）刻本影印。

一　瞿塘峡栈道首先是纤道

瞿塘峡栈道是从结构方面而言称其为栈道，如果从其主要运输功能方面考虑，也可以称为瞿塘峡纤道。纤道最重要的功能是为上水行船只增加动力，为了保持纤绳与船只的联系，所以道路必须在江边开辟，傍水而行。同时，为了使纤绳不受羁绊，首先是道路临江一侧也不能有大的障碍，如不能有起阻碍作用的大树、巨石、小山、房屋等。这就使得其道路不能采用隧道技术，而槽道正符合这种要求。至于纤道的高度，既不能太高，也不能太低，太高则路途遥远，难以拉纤；太低则易为洪水摧毁，或在水位高时被水淹没，无路可行。因此，历史上经过对道路高程的长期探索，最后一般都选定在最高洪水线之上。

所以，瞿塘峡栈道大致是一条与江流平行的古道，其纵坡一般很小。产生纵坡处，都是因地形需要不得已而为之。

中国古代的船舶运输，主要是依仗人力，下水容易，但上水甚难。长江在三峡区域水流迅急，顺流而下，一日千里。唐李白《早发白帝城》诗云："朝辞白帝彩云间，千里江陵一日还，两岸猿声啼不住，轻舟已过万重山。"描写的就是下水船行之速。而逆水行舟，不进则退，若仅凭人力划桨摇橹，困难极大。《水经注·江水》中曾提到："袁山松曰：自蜀至此（指夷陵，即今宜昌）五千余里，下水五日，上水百日也。"从蜀中下水如果走五日之途，上水返回则需百日，也就是说，上下水有二十倍的速度差距。袁氏所说，并非无据。据《唐会要》记："旧制，水行之程，舟之重者，溯河日三十里，江四十里，余水四十五里。空舟溯河四十里，江五十里，余水六十里。……其如砥柱之类，不拘此限。若遇风水浅，不得行者，即随近官司申牒检记，听拆半印。"[103] 在长江中行舟，溯水空船，在行船条件良好的情况下，按唐程式也是日行五十里，五千里程正好行百日。如果是重船，再遇风浪险滩，行进速度还要慢一些。比如自大昌出发入江的盐船也会逆流入瞿塘，宋王十朋《夔州竹枝词》云："滟滪如袱瞿塘深，鱼复阵图江水心。大昌盐船入巫峡，十日溯流无音信。"从大宁河入江溯流必至瞿塘，这里的巫峡，也就是泛指瞿塘峡。洪水时节，滟滪如袱，行船者惴惴不敢启程。百里之路，十日不能到达，可知上溯之难。

所以有民谣"朝发黄牛，暮宿黄牛，三朝三暮，黄牛如故"[104]。上水行船多仗纤夫扯，有时要依靠风帆，或纤帆并用，有些大船有大批桡手，可以划桨助行。但即便如此，上滩也得拉纤。"大舶之桡三十六，小舶之桡二十四。……上滩牵船纷聚蚁，万声噪杀鸟噪水"[105]。在这种情况下行船，其声势，几乎如同搏斗，故上水沿江自古有拉纤之途。据一些老船工说，旧时四川下去的船，因回来纤夫费用太高，于是就将船只在下游卖了，乘别人的船回四川，然后再

---

〔103〕《唐会要》卷八十七"漕运"。

〔104〕《水经注·江水》卷三十四，岳麓书社，1995年，501页。黄牛峡在三峡下游。

〔105〕《中国地方志集成·光绪巫山县志》卷三十二"诗汇"张问安诗，巴蜀书社、江苏古籍出版社、上海书店，1992年据光绪十九年（1893年）刻本影印。

重新造船，这样反而经济省钱。据有的资料记载，清代行船过险滩时，船主需要"打宽"。打宽就是当场向水手赏钱，以资鼓励。给钱多者叫"大宽"，少者叫"小宽"。

明宋应星《天工开物·舟车》中也介绍了黄河秦船。这是一种巨大的舟，自陕西黄河段顺流而下，运至淮、徐等地。但回程却非常艰苦，其"挽缱多至二十余人，甚至有弃舟空返者"[106]。大约也是从成本考虑才弃舟空返。这种情况与川江峡江相同，而峡江道路更险，由此可知古纤道的价值。

在三峡一些急滩段，有专门的纤夫受雇为人拉纤、助纤，船过滩则不用，如青滩，即古代所谓的新滩，因此成为纤夫聚集之地。大溪口一带旧时也有纤夫聚集，以受雇于入瞿塘峡的上水船。此外，一些大的码头，如重庆、万州、奉节、巫山等，也都有纤夫劳力市场。

纤绳古书或称百丈，也有称为火仗[107]、缱绳者。《宋书·朱超石传》云："时军人缘河南岸，牵百丈，河流迅急，有漂渡北岸者，辄为虏所杀略。"这是南北朝时关于黄河上用百丈引船的记录。说明百丈之名，其来也久，并非始于唐。

拉纤时，纤绳有拴在船头者，但更多纤绳的一端大多连于桅杆上部。据《中国科学技术史·水利卷》记："将纤绳一端通过卡花与引纤绳或冲子系连，另一端牵到岸上，沿纤道放开，各纤工肩上套背纤板或纤带，保持适当距离，将拉绳搭接在纤绳上，身体前倾，步调一致地拉船前进。通过纤工拉力大于水流阻力带船前进。最前面一名纤工兼管引路和收放纤绳，最后一名纤工兼管排除纤绳遇到的障碍和与船上联系。拉船的力点在船的前部，而且总有一定的纤角。"[108] 在三峡，为了拉纤时步调一致，船上设有鼓，击鼓为节。纤夫依鼓点用力，并有号子，边唱边拉。

江河中行船，除了靠纤夫拉船前进外，还有倒拉之术。其方法如下："木帆船逆流行驶，因陡岸无纤道或有碍航物不能拉纤时，将纤绳放长，拴到前方岸边牢固的树干或岩石上，船工在船上收拉纤绳带船前进。船近拴纤绳处后，用缆绳系住船，再将纤绳拴到前方倒拉。在经过停船多或急流的地方，也常采用倒拉办法。"[109] 瞿塘峡下口至巫山间月明山下有一处急滩，清代时曾名三揽子，所谓三揽子就是旧时江边所立供拉船的三根石柱。行船者上滩若用石柱，并不收费，但须向岸上小庙施香资。现三石柱早已无踪，具体位置与排列方式也不清楚。

《开工开物·舟车》中还介绍了福建清流船只使用纤绳的情况，（船）"每帮五只方行，经一险滩则四舟之人皆从尾后曳缆，以缓其趋势。长年即寒冬不裹足，以便频濡"[110]。福建的山溪，水流多急，在下水时，水流过急之处，船只速度很快，往往来不及转舵调头而触礁搁浅。为了防止出现这种危险，人们从后拖船，使其行速减慢，相当于陆地上的下坡刹车。不能排除

〔106〕《开工开物·舟车》，岳麓书社，2002年，231页。
〔107〕《开工开物·舟车》，岳麓书社，2002年，231页。
〔108〕《中国古代科学技术史·交通卷》，科学出版社，2004年，421页。
〔109〕《中国古代科学技术史·交通卷》，科学出版社，2004年，421页。
〔110〕《开工开物·舟车》，岳麓书社，2002年，230～231页。

长江三峡古代也使用过这种技术。采用这种技术，也需要岸边有能通行的道路。

宋陆游乘舟沿江上行至鄂州时，江阔，两岸皆芦苇荡，无挽纤路，"舟人用小舟引百丈"[111]。这也应当算得上是一种特殊的拉纤技术。也有在石岸上系铁链，舟人手拉铁链使船上行者，如湖南辰江的瓮子洞清时就有这种设施。"其处旧有铁链，……凿石平挂半崖，舟至此，逆挽而前"[112]。

唐人王周在《志峡船具诗序》中专门谈到唐时三峡上之船与三峡下之船的不同。他在序中说："峡上之船与峡下之船……或状殊而用一，或状同而名异，皆有谓也。下之船有樯，有五两[113]，有帆，所以使风也。尾有舵，傍有棚。上者，以其山曲水急，下有石，皆不可用也。状直如橹，前后各一者，谓之梢，船之斜正敧侧，为船之司命者。梢类舵，其状殊，而船之便于事者悉不如梢。……岸石如齿，非麻枲纠绳之为前牵，取竹之筋者，破而用枲为纫以续之，以备其牵者谓之百丈。系其船首者谓之阳纽。牵之者击鼓以号令之，人声滩乱无以相接，所以节动止进退，牵之防碍者谓之下纬，济其不通。为船之先进者。枲与竹状殊而用一也，在船先容悉不如百丈。……余……抵瞿塘，耳目熟于长年三老辈矣。……"[114]

此序记录了古时长江峡船结构与行船特点，如提到峡江船头尾设有如舵的"梢"，今长江上的船多已不用梢，但大宁河中的船只还在船头上保留有梢，船工也称其为梢。序中也提到纤绳名百丈，并述其制法，及击鼓拉纤事。另外，还说到在纤绳受到妨碍时要"下纬"，从水中渡过以连接不通的区段。

又道光七年《夔州府志》卷三十六"岁时民俗"中有"立春"条，下有夔州当地民俗，说其好于立春之时，"为拖钩之戏，以缏作篾缆相胃，绵亘数里，鸣鼓牵之"。拖钩之戏古称牵钩、拔河，这即是仿扯纤的拔河之戏。其不但用篾缆为工具，同时还鸣鼓牵之，与行船扯纤非常相像。《隋书·地理志》和《荆楚岁时记》中也都记有这种活动，而且，也都提到其风气流行于三峡、湖北一带。也许，夔府流行拔河这一游戏，也与历史上峡江行船长期拉纤有关。

二　栈道的其他功能

瞿塘峡古道是沿江的重要交通道路，故俗称峡路，古称蟠江路或沿江步道。在洪水封峡之时，行人只有通过这条道路才能往来于这一地区。清末至民国初年，峡江曾设有沿江步邮，就是顺这条小道步行送信函邮件的。即使在平日，行人沿江行走，也免去许多翻山越岭之苦。古人称其为蟠江路，或沿江步道，就是一证。清代汪鉴修完瞿塘峡道后，刘秉璋在给朝廷汇报工程状况的奏折中说："当盛涨封峡之时，行人往来山路，肩挑臂负，络绎称便。"20 世纪 80 年代之前，瞿塘峡古道上的行人还很多。

---

[111] 宋陆游《入蜀记》卷三，《四库全书》。
[112] 清刘应中《重建瓮子洞虎子矶铁练碑记》，文载《湖广通志》卷一百一十四。
[113] 五两是古代测量风向的设备，一般是挂在竿头的一束羽毛。
[114] 《全蜀艺文志》卷十八"诗·山川"，《四库全书》。

瞿塘峡古道，也是沿江的重要军事道路。瞿塘峡是沟通长江上游与中下游的咽喉，是中西部经济、政治、文化交流的重要孔道。自古以来，巴蜀地区，北有栈道之险，南有群山之障，西为青藏高原，相比之下，只有三峡一线，与外界沟通最为便捷。因此，三峡通道也就具备了战略意义。其上有瞿塘，下有宜昌（古夷陵），历代都设有水陆关隘。自巴蜀出峡，或自湘鄂入蜀，都要经过三峡。于是，一方面，雄心勃勃欲一统天下者极力要疏通这条道路；另一方面，地方割据的枭雄则极力堵塞这处孔道。锁江与通峡，战事频发，反复争斗，其冲突最激烈处，就是瞿塘峡上口这处天险。这里不但有白帝城、杨口城两座军事城堡夹江扼峡，还有锁江铁链与架炮飞桥，以及至今都难以弄清其作用的偷水孔栈道与孟良梯栈道。历史上多次在长江两岸的战役，都是水陆并进。近代沿江修建的江防工事，也是倚陆制水，所以，重要的军事地区最先发展出沿江道路的可能性也最大。军事系军国大事，系于危亡之际，为了军事目的，往往不惜人力、财力。宋明两代都曾在长江瞿塘峡架设飞桥，即是一例。所以，修筑峡江道路，至少是先行修筑一些具有军事目的的沿江通道，由此而产生早期峡谷道路，这种可能性也不能排除。

瞿塘峡古道也是沿江的游览道路。许多栈道都架设于游览区中，如华山的古栈道"华山南栈"，山西浑源的悬空寺等。在三峡地区，也有不少这样的例子，如湖北宜昌的三游洞古栈道，巫山东侧的陆游洞古道，都开山凿石，工程不小。瞿塘峡中的胜景不少，有些是从船上就可以看到的，有些则必行陆上方得目睹，如七道门、风箱峡等，不入内则不知其结构。所以，古人修筑峡中道路也有探险访胜的目的。

另外，还有处于赤甲山下的神渊，古人求雨大约也须经由这条道路。黑石滩以航道极险而令人敬畏，故建有龙王庙，往来祭祀以求神明护佑，其地也有陆上道路与峡外沟通。峡中的数处悬棺，更说明古人很早就在峡谷中活动了。

瞿塘峡古道是长江航运的辅道。所有的航道都与陆上有密不可分的关系，长江航道也是如此。其运输的人员物资主要来自陆上，然后运抵陆上。这就与沿江各港口码头有了密不可分的联系。码头的形成有两个重要因素，一是便于泊船，二是便于货物与乘客的集散。所以，凡是码头都有道路与周围地区相连。以三峡的宽谷地带而论，这样的小码头，三五里即有一处。人们赶到江边，找寻码头，不免形成短途的沿江道路。如果将这些道路连接起来，也就是长的沿江步道。在峡谷中，这种沿江步道就是峡江交通网络的重要组成部分。古代的船只上水航速甚慢，如果有急事或重要信息，以及军事消息的传递，利用沿江步道要比乘船快捷。

综上所述，对这条栈道认识如下：第一，这是一条纤道，江航运输辅道；第二，是连接沿江城镇码头的步道；第三，局部具有军事、游览或宗教朝拜道路性质。

纤道的产生是因船舶上水无力，需要人工牵船。古时有些地方也利用一些简单机械，如人工绞车、绞船（图107）。绞车一般为木制，中有一立轴，上可盘绕纤绳，轴端有"十"字推杠或更多推杠。人工推杠转动立轴，收紧纤绳，达到引船上水的目的。但这种绞车只能进行局部牵引，同时也要向过往船只收费。随着机动船的出现，船舶自身动力大增，大型舟船都装有动力，已经不需要拉纤。长江航道在一些急流险滩处，对于上水困难或动能不足的船舶采用了

图 107　长江绞滩之一的铁滩

定点牵引的办法，设牵船机。其性质与古时的绞车相同，不过改为采用机械力，牵船速度、力量、效率都比古时的绞车高得多。至 20 世纪 80 年代后期，瞿塘峡一般民用小船或直接制造，或进行改装，几乎全部采用机械动力。在这种情况下，长江上许多拉纤的纤夫早已改行，纤道最主要的作用也已经丧失，现在只能在长江支流一些小船上看到数人的短途拉纤活动。

三　多样的道路构筑技术

这一区域古道路的构筑技术手法非常丰富，有一般的土石道，有石条铺设的石阶道，有石坡上开辟出的石砭道，还有陡壁上开凿出的石槽道和石块垒砌的垒石道。另外，还有不同类型的混合结构，如内侧为砭道，外侧为垒石道等形式。

梅溪河两岸均为沙土质道路，这一区域年年受到长江洪水的冲击，即便砌石，也难以保存，因此，此段道路均为沙土道路。同是河谷，草堂河口两岸为石岸，越谷道路则采用了在石坡上开凿石阶的方式。店子包至白帝镇，地势较平缓，道路高度也在长江洪水位之上，故选用土石混筑之道。风箱峡处绝壁千尺，故采用槽道技术。干沟子沟壁稍缓，岩层呈水平分布，故此处道路则采用了砭道技术。

砭道是最坚固的道路，但开凿工程规模太大，同时也必须具有一定的地形条件，而垒石道

图 108　滑塌的垒石道

则相对简单得多。瞿塘峡中垒石道所占长度最大。古人在垒石道的基础处理上，一般都进行了清基。如果下边是基岩，还要将岩面凿平或凿出台阶，以保证路体不会滑坡（图 108）。

古道路砌石所用的黏结物也是以本地烧制的石灰为主，民间传说其中掺有糯米汁。这种黏结物的强度很高，故在瞿塘下道，一些石砌道路在洪水经常冲击处尚有很好的保存。据清四川《昭化县志》记，黏结古道石块的黏合物是由石灰、糯米汁、白矾与桐油配制而成的[115]。清代工部《工程做法则例》对于建筑砌石也有规定。宫殿建筑的石活，在对缝安砌时，为了提高灰浆强度，大都加入江米汁（糯米汁）。其配方白灰五十斤、江米五合、白矾八两。在桥梁码头等与水接触的砌石工程中，还要掺入若干猪血，调成灰浆以提高防水性[116]。在瞿塘下道风箱峡段石灰黏结物中还发现有铁渣，其用意尚不清楚，极有可能是为了增强路基抗洪水冲击的性能。

桥梁方面则出现有木桥、石板桥、石拱桥、铁索浮桥、凌空飞架的索桥，也有开凿于绝壁上的木构栈道。这些桥梁，依江河沟涧跨度深度与岸上环境不同而选择其最佳形式。在桥梁中，梅溪河枯水期用木桥，涨水用船渡。瞿塘峡中小沟涧运用平桥，即使同样的平桥也有桥台出挑与不出挑之分（图109）。为了增加桥下过水面积，在保持桥梁最大高度的基础上，还特

〔115〕　四川《昭化县志》第五章"石灰窑"条下。

〔116〕　《中国古代建筑修缮技术》，中国建筑工业出版社，1983 年，263 页。

图 109　白果背桥台出挑部分

别注意到增加桥梁的跨度，在两侧桥台上垒石出挑。这样的处理，既保证了桥梁在大洪水时不被冲垮，也使上部所架石梁不至于因过长而造成强度不足。为了不抬高路面，保持道路的平坦，同时又要使桥下有一定的过水断面，有些桥梁专门将桥下沟底凿深，这也是很有特色的技术手段。

　　在宽谷地段，道路所经沟壑甚多，现存两座石拱桥，建筑极为坚固。在小沟中，一般垒石为路穿越。这些垒石路本身就有孔隙，其上游的淤积物中也含有大量沙石，有一定的渗水作用，平日流水皆从下部渗过，洪水时节水可以从道路上方漫顶而过。因道路上方沟谷中形成了一处小塘，水势经过缓冲，对于道路破坏力也不大，保证了道路在大多数时间都能通行。个别地方也发现有类似涵洞的结构（图110）。

　　瞿塘峡口的铁索浮桥则是一处季节性桥梁，枯水期安装，洪水期拆除。在设计中，两岸岩石开凿大"牛鼻孔"，穿铁索，系浮舟，年年如此，反映出古人的建筑智慧。此处桥梁还巧妙

图 110　状元堆下游古道上的涵洞

地利用了江中石礁，封断长江主流，仅在北岸留出一条曲折航道，对过往船只进行检查管理，满足了江关的功能要求。

　　古代修建桥梁是一项大工程，特别是在长江上架桥，不仅花费巨大，也需要较高的技术条件。在瞿塘峡口白帝城一地便有多个朝代进行桥梁建设，仅明代就修造有两座以上的桥梁。这两座桥，一座是季节性的，另一座则长年可以通行。其中的索桥，跨度达百米以上。虽尚不能断定其是铁索，还是竹索，但这种索桥技术的成熟，对明清时期西南地区流行修造跨水索桥，可能都有一定的影响。

　　瞿塘峡古道是古人在缺少现代技术与建筑材料条件下构筑的一条特殊的峡谷道路。它经过的地区不但有陡坡绝壁，也有巨沟深壑，有岩层破碎带、滑坡带、泥石流区、风化区，而且下有江水威胁，上有山洪侵袭。在保证道路基本要求的前提下，道路设计中或凿或砌，或曲或直，或涉或渡，针对不同环境地貌，因形以变，乘势而为。其所用材料基本是土石。这其中不但包含历代筑路积累下来的传统经验，也反映出古人在设计与构筑道路时因地制宜、就地取材的聪明才智。

　　在该区域所出现的铁链锁江技术与长江飞桥结构、孟良梯栈道的作用等，由于记载的简略或缺乏，调查研究深度不足，目前还无法解释清楚。而关注古人的交通建筑技术与设计思想，对研究我国古代交通史具有特殊意义。

四　洪水位与道路高度的选择

　　古代道路多沿河谷而行，这就与河谷中的水流发生了一定的关系。如果道路选择过高，则可能因沿岸沟谷地形变化等原因，会使线路道远萦回，艰危过甚，或者路面高差大起大落。而道路选择过低，则难免频频涉渡，还易受洪水侵袭。所以，沿河道路选线，既要取近水捷道，又要避水流之害，高度的选择便成为必须考虑的问题（图111）。

　　通过勘测沿河古道的高度，可以间接认识古代河谷的水文与地貌，以及古水文地貌和今日的差异变化等，如河谷古代洪水涨落幅度及河床的加深、淤塞、侧蚀等等。我们在调查大宁河古栈道时发现，一些栈道的栈孔仅高于平水位1米，河谷稍微涨水，便将栈孔淹没。古人不可能将栈道的高度设计得这么低，那么，一定是河谷发生了变化，即可能河谷发生了淤塞，河床抬升了。如果再追索下去，或许可以发现河谷下游有地层抬升区。这些现象反映的就是栈道修筑以来河谷的地貌变动。认识这些变化，不仅加深了对河谷古环境的认识，对于古代的道路设计选线也有了更加准确的了解。所以，研究河谷栈道和古道路的高度是一项很有意义的课题。

　　长江三峡的沿江道路还同时具有纤道的性质，所处高度如何，同样是一个大问题。高度过

图111　夔门洪水痕迹

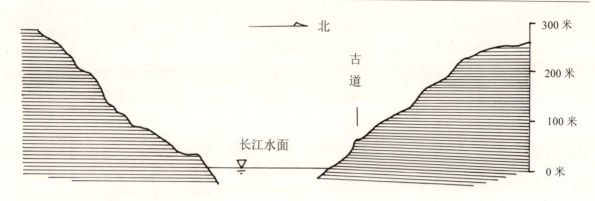

图 112　宽谷区古道与河谷剖面图

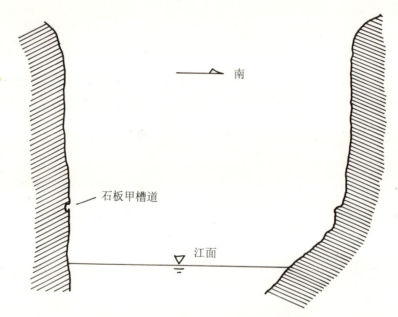

图 113　峡谷段古道与河谷剖面图

高,不仅行人难以攀爬,绕行道远,而且对于拉纤引船也极为不利。选道过低,则乱石纵横,涉水踏浪,不易行走。更重要的是,设于低处的道路极易被洪水摧毁。因此,道路高度的选择,一直是古人不得不考虑的重要问题。经过长期积累经验,瞿塘峡中的晚期道路一般是选择在洪水位之上稍高一点的地方。

长江三峡的洪枯水量变化甚大,水量小的时候每秒仅两三千个立方,洪水时节可达每秒10万立方以上。峡谷中的河床狭窄,洪水涨落幅度甚大。洪水水流湍急,对于沿江道路冲击力破坏力很强。虽然峡谷区一般多为岩岸,岩岸抗击洪水冲击的能力强,建筑于其上的道路基础也较好,同时峡谷区河道多直,水流侧蚀力不若下切力强,但面对浩荡洪水,一般土石道根本无法抵御,而许多垒石道在其冲击下,也会土崩瓦解。

宽谷地区河谷宽阔,水流相对和缓一些,洪水涨落幅度也稍小。水流舒缓,则对道路的冲击力也弱。但宽谷区一般多为土石岸,土石岸抗击洪水冲击的能力弱,建筑于其上的道路基础差。而宽谷区河道多弯,水流侧蚀力比下切力强(图112、113)。

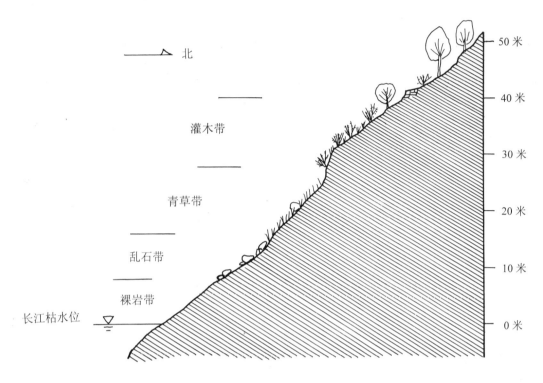

图 114　宽谷典型洪水线与道路关系图

这些特点决定了峡谷区道路与宽谷区道路有所不同。

此次考古调查所在区域，中段的瞿塘峡古道位于峡谷区，瞿塘峡上下游的道路则位于宽谷区，两区道路的选线也有一定差异。

由于洪水涨落的原因，沿江两岸形成了水平条带洪水地貌线（图 114、115）。

宽谷地区大部江岸坡度和缓，我们于冬季枯水期考察了错开峡北岸某地点。该处江岸横断面上缘坡度约 35 度，可以据其特点水平划分为六个条带。垂直高于枯水位之上 8 米左右为经江水长期冲刷而暴露的裸岩（无裸岩区则为乱石，且乱石常常呈暗色）。裸岩之上 8～16 米的区间为乱石区，乱石之下依然为裸岩，此区域开始长有稀疏的小草。乱石之上为青草区，青草在冬季呈黄褐色。此区域高于枯水位之上 16～24 米。青草区之上有一小陡坎，坎上土壤渐厚，生长有小灌木和青草。此带会出现稀疏分布的小块田地。该区域高 24～32 米，高于水面 32～40 米一带为果树与灌木区，40 米以上为田地与大片果树，45 米之上出现居民的房屋建筑。

沿江古道一般都处于 32 米以上，即果树与灌木混生地带。根据果树树龄与其他植物生长特点分析，这一范围可能是数十年一遇的洪水线。

峡谷中以瞿塘峡黑石滩南岸为例，自下而上，可以水平划分为四个条带。最下为裸岩带。此区域不生植物，全为经江水冲刷而暴露的基岩。裸岩带高于枯水期江面约 20 米。裸岩之上为黄草带（冬季景观）。此带分布在江面以上 20～30 米间。此区域草较稀疏，草色多泛黄。黄草带以上为青草与灌木混生带，灌木为常青植物，而此带生长的青草在冬季也呈绿色。此带分布在江面以上 30～40 米间。在大小黑石滩江段，自下而上其岸上此三带高度比例 2:1:1。

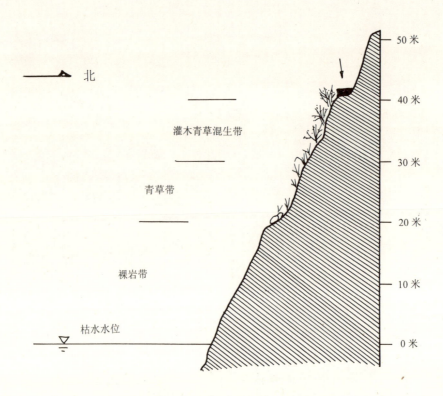

图 115　瞿塘峡南岸洪水线与道路关系图

　　峡中灌木带所生长的灌木基本上是一种名为中华文母的植物，冬季色亦青，其上缘高度约高于枯水期江面 40 米。但是在青草与灌木混生带上则植物生长反而不旺，盖洪水线所及之处存有一层淤泥，是植物生长的良好土壤，而其上则是水土流失地带，土层反而不厚或难以保存。

　　一般可以认为，裸岩地带为常年洪水冲刷所致，黄草带为多年一遇洪水冲刷所致，故少灌木。青草与灌木混生带为十年左右一遇洪水冲刷所致，不生乔木。

　　峡中古道即开凿于青草与灌木区上缘，此处洪水大约数十年一遇。

　　与宽谷区对比，灌木区大约相当于宽谷地带的果树与灌木区。

　　南岸小道大致都分布于青草区以上，而长江北岸的瞿塘古道，全线几乎都高于青草区，说明古人对洪水是有所认识的，道路位置的选择具有一定的科学性（图 116、117）。

　　古代的行船水手很早就开始注意岸上植被线与洪水的关系。他们通过观察洪水所达到的高度，认识水情，以指导行船。宋人范成大准备乘船下瞿塘，正逢洪水汤汤，舟子多不敢行。但江水涨得更大时，险滩为洪水淹没，反倒出现了航行的机会。他在《瞿塘行》诗序中说："土人云，'水与青草齐，可以冒险而入。'遂鼓棹掠其（指滟滪石）顶而过，郡中遣候兵立于山上，每一船平安，则摇帜以招后船。"这里土人所说的"水与青草齐"之青草，看来并不是本书所指的青草，而应当是指灌木与青草共生的条带。洪水涨到峡中灌木生长线上缘，就是"水与青草齐"。范成大在《吴船录》中再次提到水位高度与行船的关系。"水大涨，淹没草木，谓之青草齐，则诸滩之上，水宽少浪，可以犯之而行。余之来，水未能尽没草木，但名草根齐，

图 116　古道路与洪水线

法亦不可涉"[117]。草根齐应是指洪水仅淹至峡中灌木生长线下缘。由此可见,古道高度一般都在数十年一遇的洪水线上。

但瞿塘下道则不然,其高度低于上道,处于相当十年或二十年一遇的洪水线上,因此常常遭到洪水破坏。黑石滩上下游的下道,保存有多段受到洪水破坏后的垒石道路基。这些残存的下道说明,古人事先也曾选择过比较低的线路,大约常常为洪水冲坏,不得已才改为上道,

瞿塘峡上道,即现存古道,是古人在总结了道路与洪水位高度的关系后所定的纤路,具有一定的科学性。

可以看出,三峡两岸植被历经了千万年长江洪水涨落,已经形成了与之相应的沿江植被带。古人通过对沿江植被带的观测,认识水情,指导行船,也利用植被分布情况,认识洪水涨

---

〔117〕 宋范成大《吴船录》卷下,《四库全书》。

图 117　水位标尺旁的石板岬槽道

幅的大小，设计沿江道路，以保障道路不被洪水破坏。

　　洪水造就沿江植被带的形成，与江边人类修筑的层层码头非常相似。码头也是人类通过千百年的洪枯观测而建，低水位用低阶，中水位用中阶，高水位用高阶，从最低之阶到最高之阶，正与长江水位变幅相对应。

五　庙宇与古道

　　现代瞿塘峡中的险滩几经清理，航道通畅，船只早就不需拉纤，栈道也废坏已久。而今空山寂寞，杂草丛生。虽然纤夫艰苦拉纤的时代已经远去，惊心动魄的航行也不复存在，但从一些遗迹上，还是能看出古人对于这条航道所怀有的极大恐惧。

　　瞿塘峡是古代长江三峡最险的航道之一，千百年来，舟翻船覆，死人无数，险滩洪水，漩涡暗礁给峡江航运带来极大的威胁。《入蜀记》卷四记陆游过三峡达洞滩时，在最险处不敢乘船，"滩恶，与骨肉皆乘轿陆行过滩"[118]。从古人《吴船录》中所记江船历经风波出峡后，"舟至是皆系泊，相庆如更生，舟师篙工皆有犒赐，上下欢然"[119]，也能感觉到人们对于峡江行船的恐惧。清代乾隆年间，曾有地方官员捐设拯溺船只，其后也有官商共捐的义船，巡游于险处江面，救人甚众。清代晚期，官筹库银在瞿塘沿江险滩设有救生红船十四只，并设员管理，但

图 118　观音洞内的神像

---

〔118〕宋陆游《入蜀记》卷四，《四库全书》。
〔119〕宋范成大《吴船录》卷下，《四库全书》。

图119　清光绪《奉节县志》中的黑石滩庙宇图

这些船只所能做到的也只有抢救落水者与捞出浮尸。清代在奉节设有东西两处义冢，主要是埋葬江难死者，其中不知埋葬了多少江中遇难的人[120]。

对于如此险恶的行船环境，行船安全除了从技术上进行防范外，人们还向神灵乞求保佑。陆游之舟入峡前，"舟人祀峡神，屠一猪"。数日后修船毕，又"祭江渎庙，用壶酒特豕"[121]。诚如清人万承荫《赠李君修凿瞿塘险滩序》中所言："最险者尤莫如瞿塘诸峡，千艘鱼贯，忽惊骇浪奔腾，两岸猿啼，但觉哀音凄恻，行旅往来，以命殉之者多矣。宰斯土者，恤商有心，回天无力。虽竭诚尽敬，和诸江神，未必其灵应也。"[122]

瞿塘峡古道沿线所存的观音洞、镇江王庙及草堂河口的观音石造像、黑石滩供奉的显圣庙，都是行船者向神仙祈祷之处（图118～120）。这些祭祀遗址从一个侧面反映出古代航行的危险。

传说，夔门口有一龙，洪水时居于滟滪石下，枯水时居于北侧一潭中，人们常常祭祀它，以求风平浪静。镇江王庙、观音洞及草堂河口的观音石造像都位于峡口，是入峡者出发时祭祀祈祷之处。上水出峡顺利到达，大约也会在此感谢神灵一路庇护之恩。对于祭神的礼仪，此次未能深入调查，仅知祭江神要杀牛。

《水经注》中提到的赤甲山上的神渊，可能也是古时人们祭江神之处。其山下江中，正是事故频出的别号"人鲊瓮"的黑石滩，黑石滩南岸的显圣庙遗址供奉的王爷就是龙王。据说，船主每造新船，都要另制一件小船模型供奉于庙中，船上还要书写船名，其中的用意不言而喻。这种做法与中国古代造像碑上供养人将自己的形象及姓名刻于碑上相类。

称龙王为王爷的现象，在大宁河也有发现。据清代《大宁县志》记载，大宁河庙峡南口极易翻船。绝壁上有两根木桩，传说是王爷的金轿杆。船行其下，遇到风浪险情，船工情急之下，口呼王爷不停，往往可化险为夷。

---

[120]　清光绪《奉节县志》卷七，奉节县志编纂委员会，1985年重印，49～50页。

[121]　宋陆游《入蜀记》卷三，《四库全书》。

[122]　《中国地方志集成·道光夔州府志》卷三十六"艺文"，巴蜀书社、江苏古籍出版社、上海书店，1992年据道光七年（1827年）刻本影印。

白帝城明良殿西壁有"重装镇江王爷金容小引碑"，系清乾隆五十八年所立。其文曰："……威镇江河，恩播湖海，保波涛而风恬浪静，祈舡航而舵稳舟平。功显圣朝，泽施水陆，岂不巍巍然之，圣恩浩浩乎之。神像兹启白帝寺，原旧有像，建设年久，神光无彩，不能壮其威严。……"

而刻于大溪口古道旁石壁上的小佛龛，下书"南无阿弥陀佛"字样，则是行旱路和拉纤者的护身符。瞿塘峡以东的宽谷地带，道路要较峡谷平坦易行。

瞿塘峡男女孔之类的景观，在我国许多地方都有分布。《后汉书·南蛮西南夷列传》，在（廪君）"乃乘土船，

图 120　古道旁的土地庙

从夷水至盐阳。"句下引《荆州图》曰："夷陵县西有温泉。古老相传，此泉元出盐，于今水有盐气。县西一独山有石穴，有二大石并立穴中，相去可一丈，俗名为阴阳石。阴石常湿，阳石常燥。"[123]

这其中带有一些原始性崇拜性质。有些景观人们之所以以此类内容命名，并不仅仅是因其形似人类生殖器官，可以祈求生育，其中可能还有其他原因。陕西略阳县城南侧的嘉陵江峡谷，险窄异常，当地人称两岸之山为公山、母山，说两山常欲会合，相互依偎，如此则峡谷变窄，洪水宣泄不畅，其上游的县城将被淹没。为了保障县城免遭洪水之祸，人们在一山建立宝塔镇之，从此方得安心。大宁河的庙峡中也有阴阳石隔岸相对，其处峡谷较窄。这些古代传说之处，往往是河谷的咽喉地带，峡谷中高于常水位的中部或上部岩岸比上下游陡峭狭窄，一旦洪水上涨，过水断面也比上下游小，很容易发生水流壅塞，造成上游水位迅速抬高的严重灾害。

男女孔所处的七道门至风箱峡间，峡谷也相对陡窄。其作为名胜，背后或许也隐含有古人对于这种自然现象的特别关注。

白帝城一带的庙宇也很多，诸如白帝庙、武侯庙、关帝庙等，但与上述庙宇相比，两者的神权功能与信众还是有一些差别。

从一些祭祀遗址中可以看到古人的担心与恐惧，间接反映出在瞿塘峡行路的艰辛危险。随着现代道路与交通工具的发展，无论是水路，还是陆路，安全性都比古代大为提高，人们基本

---

〔123〕《后汉书·南蛮西南夷列传》，中华书局，1982 年，2840 页。

不再有翻船和山间失足之类的担心和恐惧，于是，这些庙宇也就失去了它们的特殊功用。

第二节　关于早期栈道的线索

现代许多资料在提及瞿塘峡古道时，都称瞿塘纤道始辟于晚清。这是一个大的误解。之所以产生这种情况，主要是受到了清末刘秉璋奏折中所说"凡此三峡，峭壁插天，悬岸千仞，并无山径可通，蜀道之难于斯为最。中唯一线川江，急湍奔流，上下行船，绝无纤路"[124]的影响。其实，刘在此处所说的绝无纤路，并非事实，大约是为了夸大当时修路功劳而向朝廷谎报的。这条道路的开辟，历史可能相当久远。文献记载中有许多三峡纤路的修造年代，都早于汪鉴修路的光绪十五年（1889年）。

一　清末开辟的道路

现在留存下来的栈道，主要是晚清时期整修开凿的道路。不过，在数千年的历史发展中，因船舶结构与拉纤的方式没有较大的变化，故其纤道交通的方式也没有质的改变。这条清代晚期的道路基本代表了两千年来三峡地区古代道路的面貌。清同治辛未年间（1871年）宋郡留于粉壁墙《峡中歌》中有"新妇摇桨棹歌声，伊哑悠柔绕岸行。多少险滩过不得，大家牵缆走纵横"之句。此是宋郡乘船经过三峡的真实记录，也反映出清代晚期峡中拉纤行船的情况。

另外，在三峡下游的黄牛峡中有一处黄陵庙，内供传说中助大禹导江的黄牛神。庙中武侯祠前立有清乾隆十八年（1753年）刻"凿石平江记"碑，碑文中有"去危石，开官槽，除急漩，修纤路"的记载[125]。特别是文中说到纤路时用的词是"修"，说明黄牛峡中纤路也是早就存在的，本次只是对其修理而已。故在百年后的光绪时再说什么"凡此三峡，峭壁插天，悬岸千仞，并无山径可通，蜀道之难于斯为最。中唯一线川江，急湍奔流，上下行船，绝无纤路"，就明显与事实不符。

二　清李本忠、胡绍兴修峡路

李本忠，字凌汉，湖北汉阳人（或说湖北汉皋人）。数代行商，舟船往来于川鄂间，家赀颇富。因父兄皆死于峡中险滩，故发愤倾家产以修峡路、破险滩。我们已经发现关于他修瞿塘纤道与青滩纤道的记载，其是清代晚期整修三峡水道与纤路的著名人物。

瞿塘峡中，原本就有纤道，据光绪《奉节县志》卷七"山川"记："道光三年（1823年），

---

〔124〕 清光绪《奉节县志》卷七，奉节县志编纂委员会，1985年重印，31页。
〔125〕 转引自长江水利委员会编《三峡大观》，中国水利水电出版社，1986年，158页。

邑令万成荫招募湖北职员李本忠捐资，将黑石滩内石板夹、扇子石、燕须槽、台子角等石，一一凿去，并将白果背数十里纤道，一一铲平，用银一万三千余两。现在水势平缓，挽纤得力，商民赖之。"[126] 可见，这数十里纤道分明本来就有，李本忠在道光三年只不过加以开凿整治而已。另外，大溪口存有护路告示碑，也有关于李本忠修路的记载。此碑大约立于李本忠修路之后，汪鉴修路之前这段时间。李本忠所修道路，是瞿塘峡中的东段，即大溪口一带至风箱峡。但李本忠不是第一次开辟峡路，而是对旧峡路进行整修。否则，这种只修瞿塘峡中半途之道何用，难道峡中只有东部才需要拉纤？我们推测，这是因为瞿塘峡中本来就有道路，只是风箱峡至大溪这一段路况太差，故李本忠将其"一一铲平"。而其上游，即风箱峡至白帝城段则道路尚好，故未进行大修。

清代还有一人也在光绪年之前整修过峡路。《奉节县志》卷二十八记："胡绍兴，家中资，性慷慨好施。其最著者，同治二年，补修白果背、黑石、黄金兜、风箱峡等路，费工资五百串。又，见风箱峡至铁柱溪陆路不通，于沙市募化凑成钱九百余串，四年春兴工开修，六年竣事，费工资三千八百串有奇。其数不敷，独力捐之。九年，洪水泛涨，路多倒塌，共计补修费资二千五百余串，至今成为坦途。以故子孙蜚声庠序，并捷秋闱。"[127]

当时"风箱峡至铁柱溪陆路不通"，这一段正是瞿塘西部道路，其中也包括石板岬槽道。是有路不通而不是无路，是修而不是开辟。同治九年（1870年）又经补修，"成为坦途"。

瞿塘峡栈道，经李本忠修东段，胡绍兴修西段，同治年间再次通畅，而其后汪鉴修路，只能是扩修道路而已。因风箱峡至铁柱溪间，唯此一条道路，尤其是石板岬一段，处于绝壁之上，道路的上方和下方，都无另外开辟道路的痕迹。

三　瞿塘下道

瞿塘峡下道不知修于何时，有可能是道光三年（1823年）李本忠所修的道路，也有可能是更古的纤道。这条道路，今于干沟一带尚存一处残桥址。从桥台结构看，当系一座石拱桥，工程艰巨。而清光绪《奉节县志》卷七"山川"记载光绪十五年（1889年）汪鉴开修峡路，却称："其中分造沟涧平桥十九道。自状元堆至巫山县城九十里，中造平桥二道，拱桥四道"。说明自白帝城至状元堆的瞿塘峡中只造有平桥，这种拱桥应不在汪鉴造桥数内。汪鉴以后，对瞿塘没有再进行过大的道路建设工程，也说明这条道路早于汪道。此次调查新获护路告示碑中所记"自白果背至风箱峡等处无有路径"之语，似乎表明李修路之前，峡中亦无道路。李本忠所修道路是否是最早的道路，从后文也可看出，其与刘秉璋奏折一样，也同样是夸大之词。所以，最合理的解释就是李本忠只是道路的修补者，而非开辟者，同时文献中也没有关于李本忠在瞿塘峡造桥的记载。因此，瞿塘下道当是更早时期的道路。

〔126〕 清光绪《奉节县志》卷七，奉节县志编纂委员会，1985年重印，31页。
〔127〕 清光绪《奉节县志》卷二十八，奉节县志编纂委员会，1985年重印，177~178页。

最近，我们对这方面的材料进行搜索，又发现一重要资料。清人万承荫于道光四年（1824年）所撰《赠李君修凿瞿塘险滩序》中曰："蜀江之险甲于天下，自渝而东，千有余里。夹岸壁立，水以束缚为驰骤，乘流迅下，石扼其冲，风肆其虐。虽有长年三老，莫知其所趋避也。其中最险者尤莫如瞿塘诸峡，千艘鱼贯，忽惊骇浪奔腾，两岸猿啼，但觉哀音凄恻，行旅往来，以命殉之者多矣。宰斯土者，恤商有心，回天无力。虽竭诚尽敬，和诸江神，未必其灵应也。然而人定胜天之说，岂梦也哉？汉皋李君凌汉，贸迁川中数十年，于此间水道既悉，爰以重赀，募工凿之，每日集人夫百余，两载才能□事，所费难以数计。盖蜀中山石多沙砾，独自瞿塘滟滪堆而下，曰石板峡，曰黑石峡，巨石横江，色如铁，坚亦似之。槌凿无可加，乃先炙以炭而后碎，而运诸深潭，此法苟所自创，石工未之知也。今兹工尚未峻，而覆舟之患已十去其六七矣。且它峡之内乱石纵横，时触舟为患，水退时，君悉碎而运之。旁有纤道绵延三十余里，坍败已久，足力不能施。君悉修而平之，由是石不能为害于水底，人可以用力于途间。余莅此土三年，仅仅添充数舟为救生计，以视君之化险为夷者，不瞠乎其后哉？然而君之利济，不自瞿塘始也。自宜昌而上，险滩鳞次，君捐数万金治之果有效，故益信修凿之功。而君之乐善，又不仅凿滩已也。如设义渡，掩道殣，散寒衣，施药饵，盛德之事不可枚举。世所称善人者，非抑？闻之君少甚贫，长习陶朱术，慨然有奇气，家渐裕时，罄其所有，以行其志。……"[128]

在此我们再次发现瞿塘峡在李本忠修路前，已经"旁有纤道绵延三十余里，坍败已久"。刘秉璋的奏折绝口不提李本忠修白果背至风箱峡峡道事，而护路告示牌中也信口开河地说："自白果背至风箱峡等处无有路径"。中国古代的官吏，常常虚报和夸大自己的成绩，抹杀前人的功绩，这给后人造成极大的误解。

瞿塘峡古称长三十里，李本忠修路前，古道已经有三十里纤道，也就是穿峡道路。这条道路坍毁已久，说明建成的时间已经很长了。

四　明代的瞿塘峡道路

三峡早就有栈道，明清时或称之为峡山栈道。据史料称，明成化年间可能就已经有了栈道。这从清人笔记中也可以看出。清人洪品良《巴船纪程》记巫峡云："两岸铁壁夹立，有若斧劈。岩际多作洞穴形，其上羊肠萦绕，铁索横空。纤夫背负百丈，手缘索链，鱼贯而行，冉冉入云际。……殆亦明符锡之开峡山栈道。"[129]如此，则巫峡之古道亦非清汪鉴所为，而是在明代就有了。据上书所云，系明符锡之所开。特别应当注意的是，其所说的"岩际多作洞穴形，其上羊肠萦绕，铁索横空"，与槽道非常相似。在此次考古调查中，尚未发现铁索遗迹，

---

〔128〕《中国地方志集成·道光夔州府志》中的卷三十六"艺文"，巴蜀书社、江苏古籍出版社、上海书店，1992 年据道光七年（1827 年）刻本影印。

〔129〕转引自《中国科学技术史·桥梁卷》科学出版社，2000 年，194 页。原文出自《古今游记丛抄》卷三十，上海中华书局，1924 年，43 页。

但在下牢关三游洞旁石槽道处，发现有铁索。其结构是在道路内侧石壁腰际钉橛，上贯连铁索，以供行人手扶，形式也许与古纤道铁链相同。

明高启亦曾写过一首竹枝歌。其曰："鱼复浦上石累累，恰似侬心无转回。船归莫道上滩恶，自牵百丈取郎归。"[130]另有明人何白《夔州竹枝歌》云："天际遥看是瞿塘，百丈牵江一水长。"[131]点明在瞿塘牵百丈，能牵百丈则必有沿江道路。

王夫之诗云："巫山不高瞿塘高，铁错不牢火杖牢。"[132]所说火杖，也就是牵船用的百丈长绳。

明孙贲《瞿塘峡》诗曰："船头半没船尾高，水花作雨飞鬈毛。争牵百丈上崖谷，舟子快捷如猿猱。"[133]争牵百丈上崖谷，其上必然有可行之处，也是瞿塘在明代已有纤道之明证。另外，明宋应星《天工开物·舟车》中说到杂舟一节时，提到四川等地的船。其曰："四川八橹等船，凡川水源通江、汉，然川船达荆州而止，此下则更舟矣。逆行而上，自夷陵入峡，挽缆都以巨竹破为四片或六片，麻绳约接，名曰火杖。舟中鸣鼓若竞渡，挽人从山石中闻鼓而咸力。中夏至中秋川水封峡，则断绝行舟数月。过此消退，方通往来。其新滩等数处极险处，人与货尽盘岸行半里许，只余空舟上下。"[134]宋应星所说，自夷陵入峡，也就是自今宜昌始，就开始挽缆（纤），若无纤路，则不可想像。

明代县志也记载了一些记颂三峡之险的诗歌，其中间接反映出三峡明代或明以前栈道的情形。如明正德《夔州府志》中收有刘丙《夔峡舟中叙怀三首》，其中曰："蜀道重经天栈险，楚江初接峡云深。"又有王崇人《云岩寺》曰："云岩千古倚棱蹭，百丈寒沙脚倦登。小径到山连翠竹，幽窗临壑买苍藤。"[135]这里的"天栈"与"百丈"、"小径"都与峡江古道有关。道光《夔州府志》卷三十六中有明人郭棐《秋兴和杜集句八首》，其第五首曰："一片孤城万仞山，回看巴路在云间。烟波半没高唐观，石磴雄开虎豹关。"[136]这里的云间"巴路"也可能是指开凿于半山的峡路。

五　宋元时期的瞿塘峡道路

宋元时，瞿塘峡中已有纤路。

元周巽《竹枝歌》十首，可以为证。其一曰："滟滪堆前十二滩，滩声破胆落奔湍。巴人缓步牵江去，楚客齐歌行路难。"其二曰："百丈牵江江岸长，生愁险处是瞿塘。猿啼三声齐坠

〔130〕转引自赵贵林编《三峡竹枝词》，中国三峡出版社，2000年，33页。
〔131〕转引自赵贵林编《三峡竹枝词》，中国三峡出版社，2000年，38页。
〔132〕转引自赵贵林编《三峡竹枝词》，中国三峡出版社，2000年，42页。
〔133〕清光绪《奉节县志》卷三十六，奉节县志编纂委员会，1985年重印，320页。
〔134〕明宋应星《开工开物》，岳麓书社，2002年，231页。
〔135〕《天一阁藏明代方志选刊·正德夔州府志》卷十一，上海古籍书店，1961年影印。
〔136〕《中国地方志集成·道光夔州府志》卷三十六"艺文"，巴蜀书社、江苏古籍出版社、上海书店，1992年据道光七年（1827年）刻本影印。

泪，路转九回空断肠。"[137] 词中瞿塘路转九回以百丈牵江，说得再明白不过。

宋时，三峡用百丈牵舟，陆游《三峡歌三首》中第三云："神女庙前秋月明，黄牛峡里暮猿声。危途性命不容恤，百丈纤船侵夜行。"[138] 陆游在《入蜀记》中记他自长江下游沿江上溯行船，至沙市，将入三峡，要先行整顿，不用风帆，其中就有预备百丈准备拉纤之事。"二十日，倒樯竿，立于床。盖上峡唯用樯及百丈，不复张帆矣。百丈以巨竹，四破为之，大如人臂，予所乘千六百斛舟，凡用樯六枝，百丈两车。"[139] 可见入峡一路上溯，动力主要是人力牵舟。同时舟船大小不同，百丈长短与粗细可能也有所差别。

非常重要的是，陆游接着又记一事："二十一日，刘师丁内艰，分逻兵之半，负肩舆，自山路先归夔州。是日重雾四塞"[140]。此同船入蜀的刘姓人接到丧母的消息，因舟行太慢，故自山路乘肩舆急归而奔丧。这条山路当为三峡沿江之道。

《宋史·刘廷让传》云："初，夔州有锁江为浮梁，上设敌棚三重，夹江列炮具。廷让等将行，太祖以地图示之，指锁江曰：'我军至此溯流而上，慎勿以舟师争胜，当先以步骑陆行，出其不意击之。俟其势，即以战棹夹攻，取之必矣。'及师至，距锁江三十里，舍舟步进，先夺其桥，复牵舟而上，破州城，守将高彦俦自焚，悉如太祖计。"这段记述提到宋军在锁江处下游三十里驻舟师，其地大约就是大溪口一带。然后，步兵由岸偷袭，夺其桥。这种步兵当然可以从旁路迂回至白帝城处锁江之地。这种旁路可以远离长江，但尔后即"牵舟而上"。这里自大溪一带下游向白帝城方向溯水行舟，且牵军用大舟，数量又多，非有纤夫立足之处的沿江道路不可。这处记载也证明宋初瞿塘峡即有可以牵舟而行的沿江道路。宋人夏圭绘有《长江万里图》，其中也有一段峡中纤夫沿路拉纤的场景。

宋人杨万里有《过白沙竹枝歌六首》云："绝壁临江千尺余，上头一径过肩舆。舟人仰看胆俱破，为问行人知得无。""穷崖绝峰入云天，乌鹊才飞半壁间"[141]。此中景致类似瞿塘峡，但白沙其地在巫峡。宋人孙嵩另有竹枝一首曰："峡路阴阴无四时，寒云鸟道挂天危。荒亭败驿此何处，望帝江山号子规。"其中也提到峡路与鸟道，并说鸟道挂天，那正是陡壁上开凿出道路的写照，峡路是指三峡峡中之路，可见宋时即有峡中道路。

六　唐代的蟠江路与鸟道

唐诗中所反映的三峡情况非常丰富，对于三峡的纤道，其他文献很难找到的资料，这里却发现不少。

杜甫在夔州居住时间甚长，对三峡非常熟悉，并且在那里写下了大量有关三峡的诗歌。

---

〔137〕 王利器等辑《历代竹枝词初集》，三秦出版社，1991年，126页。
〔138〕 转引自赵贵林编《三峡竹枝词》，中国三峡出版社，2000年，30页。
〔139〕 宋陆游《入蜀记》卷三，《四库全书》。
〔140〕 宋陆游《入蜀记》卷三，《四库全书》。
〔141〕 王利器等辑《历代竹枝词初集》，三秦出版社，1991年，16～17页。

《杜工部集》卷十四有《十二月一日三首》，其第一首中有这样的句子："一声何处送书雁，百丈谁家上水船"。百丈就是纤绳的别名，那么，杜甫在夔州看到牵百丈的上水船，自然是来自瞿塘峡中。其晚年所作《九日五首》曰："故里樊川菊，登高素浐源。他时一笑后，今日几人存。巫峡蟠江路，终南对国门。系舟身万里，伏枕泪双痕。为客裁乌帽，从儿具绿尊。佳辰对群盗，愁绝更谁论。"[142] 值得特别注意的是，这里他明确指出巫峡有"蟠江路"。

蟠江路就是沿着长江边盘旋弯曲的道路。蟠，按《方言》所说，是一种未升天的龙，也叫蟠龙。蟠旋，也可书为盘旋，今人犹有"盘上了一座山"之类的说法。沿江道路随山岩侧谷弯转，故称蟠江路，今存纤道正是这种随山弯转的道路。杜甫能说出蟠江路，说明唐时沿江是有道路的。

而唐人张祜也有一首《送曾黯游夔州》诗。诗曰："不远夔州路，层波滟滪连。下来千里峡，入去一条天。树色秋帆上，滩声夜枕前。何堪正危侧，百丈半山巅。"[143] 说的是瞿塘一带行船，纤绳拉到了半山。

鸟道，是指山间小道，一般是指高峻难行处的羊肠小道，瞿塘早期的道路想来很多都是此类道路。清人说到湖南一些河旁纤道时也称其为鸟道，"沅桃接壤之间，有所谓瓮子洞、虎子矶者，崇崖峭壁，兀立如削，为舟之所必经，既无鸟道仄径可施纤篙，又无巉崖缝隙可用钩挽"[144]。杜甫的《秋兴八首》是在夔州所写，中有"关塞极天唯鸟道，江湖满地一渔翁"。诗里说到"关塞极天"，这里的鸟道，应当是描写峡中景象。白居易的诗也说到瞿塘鸟道，"见说瞿塘峡，横斜滟滪堆。难于寻鸟道，险过上龙门。"[145]《奉节县志》引杜诗说峡中鸟道的记载："天池，在治东三十里，少陵句云：'天池马不到，岚壁鸟才通。百倾青云杪，层波白石中。'"[146] 说明自奉节东经峡中至天池，要经过险峻的岚壁，以及鸟才可通的道路。杜甫诗《秋风二首》其二："秋风淅淅吹我衣，东流之外西日微。天清小城捣练急，石古细路行人稀。"这处细路不知所指，也许就是峡中道路。

白居易《送武士曹归蜀》诗云："花落鸟嘤嘤，南归称野情。月宜秦岭宿，春好蜀江行。乡路通云栈，郊扉近锦城。乌台陟冈送，人羡别时荣。"[147] 这里的"江路通云栈"，也指明峡江有栈道，且用了一"通"字，而不是"有"字。通者，通行也。

唐人戴叔伦诗云："瞿塘嘈嘈急如弦，回流势逆将覆船。云梯岂可进，百丈那能牵，陆行巉岩水不前。"[148] 其中"百丈那能牵，陆行巉岩水不前"，与瞿塘峡中上水牵舟有关，行于巉岩而船不前进。

〔142〕《杜工部集》卷十六《九日五首》（存四首）第四首，岳麓书社，1989 年，281 页。
〔143〕《全唐诗》第八函第五册，上海古籍出版社，1986 年影印，1289 页。
〔144〕清刘应中《重建瓮子洞虎子矶铁练碑记》，文载《湖广通志》卷一百一十四。
〔145〕《天一阁藏明代方志选刊·正德夔州府志》卷十一，上海古籍书店，1961 年影印。
〔146〕《中国地方志集成·光绪奉节县志》卷七"山川"，巴蜀书社、江苏古籍出版社、上海书店，1992 年据光绪十九年（1893 年）刻本影印。
〔147〕《全唐诗》第七函第三册，上海古籍出版社，1986 年影印，1079 页。
〔148〕转引自明曹学全《蜀中广记》卷二十二，《四库全书》。

不唯瞿塘，唐时三峡下游也有纤道。刘禹锡诗有"巴人泪应猿声落，蜀客船从鸟道回"[149]之句。白居易《初入峡有感》云："上有万仞山，下有千丈水。……瞿唐呀直泻，滟滪屹中峙。未夜黑岩昏，无风白浪起。大石如刀剑，小石如牙齿。一步不可行，况千三百里。莩荈竹篾篓，欹危楫师趾。一跌无完舟，吾生系于此。……"[150] 这是白居易记自上游瞿塘峡初入三峡之诗，其中提到的黑岩即今瞿塘峡大小黑石滩。诗中说一入瞿塘峡就有纤夫引舟，千三百里间全凭此一绳，其拉纤情况似行于江滨乱石上。又有《发白狗峡次黄牛峡登高寺却望忠州》曰："白狗次黄牛，滩如竹节稠。路穿天地险，人续古今愁。……"[151] "路穿天地险"就是说三峡下游的沿江古道路。

七　三国时期的沿江步道

晋泰始八年（272 年），益州刺史王濬在四川造大型战船，顺江而下伐吴。这些大型战船在江中活动，可能也要利用纤道。

北魏郦道元《水经注·江水》记："江水又东，径石门滩，滩北岸有山，山上合下开，洞达东西，缘江步路所由。刘备为陆逊所破，是径此门，追者甚急，备乃烧铠断道，孙桓为逊前驱，奋不顾命，斩上夔道，截其要径。备逾山越险，仅乃得免。忿恚而叹曰：吾昔至京，桓尚小儿。而今迫孤，乃至于此，遂发愤而薨矣。"[152]

这段记载非常重要，它记载了巫峡有缘江步路。此处缘江道路位于北岸，还出现了石门。石门是自然山石，形势上合下开，而且是顺江成洞，故能"洞达东西"。今天已经无法知道这处石门是自然生成的洞，还是人工加工开凿出来的隧道。但要生在沿江，高度与开辟道路合适，同时又要方向大致不错的天生洞窟是很难遇到的。考虑到褒斜道上汉代人工开凿的石门，已经有了在古道开凿隧道的先例，所以推测还是人工开凿的可能性大。正因为有了缘江道路上的石门，所以，其下的江滩也被称为石门滩。该地在北魏时已经名为石门滩，三国时已经开通，则其历史可能还要早一些，至少在东汉已经存在。

据《资治通鉴·世祖文皇帝》卷六十九记，此战刘备被围于马鞍山，"夜遁，驿人自担烧铙铠断后，仅得入白帝城。其舟船器械水步军资一时略尽，尸骸塞江而下"。胡三省注引杜佑曰："归州巴东县有石门山，刘备断道处。"则称石门为山。

对此处石门滩，我们未考证其具体位置，从今本《水经注》叙述次序，似乎在巫峡下游。《太平寰宇记》则曰："石门山，在（巴东）县东北三十里。"[153] 但《三国志·先主传》云："陆议大破先主军于猇亭，将军冯习、张南等没。先主自猇亭还秭归，收合离散兵，遂弃船舫，由

〔149〕《全唐诗》第六函第三册，上海古籍出版社，1986 年影印，897 页。
〔150〕《全唐诗》第七函第三册，上海古籍出版社，1986 年影印，1069 页。
〔151〕《全唐诗》第七函第四册，上海古籍出版社，1986 年影印，1100 页。
〔152〕《水经注·江水》卷三十四，岳麓书社，1995 年，499 页。
〔153〕《太平寰宇记》卷一百四十八"夔州"条下。

步道还鱼复。改鱼复县曰永安。"[154]《三国志·陆逊传》记此次战事曰："备因夜遁，驿人自担，烧铙铠断后，仅得入白帝城。"[155] 而《三国志·吴书·宗室传》所记与《水经注》相近。其曰："孙桓……与陆逊共拒备，备军众甚盛，弥山盈谷，桓投力奋命，与逊戮力，备遂败走，桓斩上夔道，截其径要，备逾山越险，仅乃得免。"[156]

由上所述可知，此处石门滩也有可能在巫峡或瞿塘峡。文中说刘备烧铠断道，而追赶刘备的吴军将领孙桓却"奋不顾命，斩上夔道，截其要径"。这里提到夔道，也有可能在瞿塘峡。自巫峡至瞿塘，除去其中宽谷地区不可能有石门外，遍查两峡江北，今天已经没有此处石门。从《水经注》和陆游《入蜀记》的记录"舟中望石门关，仅通一人行，天下至险也"可见[157]，石门曾经存在应是不争的事实。

经过千百年的江水冲刷，也许石门早已崩毁。《湖广通志》称，石门山在巴东县东北三十五里山间。其说与此或有不同[158]。

巫峡中有一处孔明碑，是长江北岸石壁上一处天然凹陷，其形倒是如门，但与"上合下开，洞达东西，缘江步路所由"的记载也不相符。

但这些资料已经可以证明三国时期有沿江道路的存在。

刘备大败之后，"遂弃船舫，由步道还鱼复"。因为，一来有沿江步道，二来向上游行船，速度太慢，还需要大批人力拉纤，乘船上水根本无法逃走，只有弃船，从步道逃走，这也从侧面证明当时沿江有道路。

八　汉代的长江纤道

三国以前的三峡沿江道路的材料尚未发现，但长江的航运却有几次重要的事件而可大略得知。《后汉书·光武纪下》云："十一年……闰月，征南大将军岑彭率三将军与公孙述将田戎、任满战于荆门，大破之。获任满。威虏将军冯骏围田戎于江州，岑彭遂率舟师伐公孙述，平巴郡。……十二月，大司马吴汉率舟师伐公孙述。"这些浩浩荡荡的舟师舰队上水行船，可能都会利用沿江道路或开辟一些新的纤道。

有一个很有意思的现象，三峡的大城镇多分布在长江北岸，如奉节、巫山、秭归、宜昌，自古如此。按《水经注》所述：江水"又东过鱼复县南。……又东过巫山南。……又东过秭归县之南。……又东过夷陵县南。"[159] 可见当时的三峡，大邑也多居北岸。古代大的道路主要是连接城邑间的通道，三峡江北多大邑，推测也与江北有沿江古道有关。

---

〔154〕《三国志·蜀书》，中华书局，1973年，890页。

〔155〕《三国志·吴书》，中华书局，1973年，1347页。

〔156〕《三国志·吴书》，中华书局，1973年，1217页。

〔157〕宋陆游《入蜀记》卷四，《四库全书》。

〔158〕《湖广通志》卷十"山川"。

〔159〕《水经注》卷三十三至卷三十四，岳麓书社，1995年，494～501页。

九 秦汉之前的纤道

如果不能获得更多的关于三峡的沿江陆路交通的直接资料，还可以通过长江这条古今著名的水路来探讨。

《汉书·扬雄传》记其先祖"扬侯逃于楚巫山，因家焉。楚汉之兴也，扬氏溯江上，处巴江州。而扬季官至庐江太守。汉元鼎间避仇复溯江上，处岷山之阳曰郫。"[160] 李奇注曰："江州，县名也，巴郡所治也。"说明在当时已经可以溯流而上，故江旁应有行道。

《汉书·西南夷两粤朝鲜传》云："始楚威王时，使将军庄蹻，将兵循江上，略巴、黔中以西。蹻至滇池，方三百里，旁平地肥饶数千里，以兵威定属楚。欲归报，会秦击夺楚巴、黔中郡，道塞不通，因乃以其众王滇。"[161]

这一处记载说明彼时不唯水道，陆道也已通行。

战国时期长江上的水运发展非常快，出土的楚鄂君启节是战国时的航运通行证，其文字记载船队有在长江与汉、湘、资、沅等河流上航行的权力。《史记·张仪列传》记当时秦国派张仪使楚，恐吓楚怀王说："秦西有巴蜀，大船积粟，起于汶山，浮江已下，至楚三千余里。舫船载卒，一舫载五十人与三月之食，下水而浮，一日行三百余里，里数虽多，然而不费牛马之力，不至十日而距捍关。"[162] 对于当时的船舶在长江中航行的情况说得比较清楚。至司马错伐楚时，也率巴蜀之兵，用大舶船万艘、米六百万斛，浮江伐楚。从这些资料看来，长江中的船舶航行技术至战国时期已经成熟。这些船不可能只下不上，而在长江中上水行船，就必须拉纤，拉纤就要有纤道。所以，长江及瞿塘的江边古道可能早在战国就出现了。

早期的江滨道路可能比较简陋，据一些现存的长江支流纤路看，这些道路往往是沿江分布，距离水面不高。有些地方就是踏浅水而过，有些是行于江边乱石沙滩之上。在一些比较险要的通行处则可能进行简易的加工，如垒砌石块，开凿脚手窝，或加有牛鼻孔。然而可以预料的是，随着一场场大洪水的冲击，这些临时道路往往遭到破坏，不能使用。但为了航道的通畅，人们还会再次修建与恢复这些道路。据一些老船工见告，旧时在瞿塘峡中行船，纤夫有时也会舍弃上部的纤道不用，而行于江边。

第三节 栈道的历史价值

与长江水道相比，瞿塘峡陆路古道的运输通行能力不是太大。但它的建成，使峡江地区又出现了一条与水道并行的陆上通道。在洪水封江时，不啻为一条水道的补充道路体系，使这一

---

〔160〕《汉书·扬雄传》，中华书局，1987 年，3513 页。

〔161〕战国时期楚循江而上，说明非水道即陆路已通。

〔162〕《史记·张仪列传》，中华书局，1985 年，2290 页。

重要通道在全年都能通行，成为全天候的道路。如果没有纤道，上水船只行走极慢甚至无法溯江而行，尤其峡谷地区，水流湍急，逆水行舟更是难上加难。而下水船只因流速过快易于触礁也往往不敢下行，或用扯纤术慢慢下放。有了纤道，上水船只和下水船只通过的速度都加快了，促进了江峡航运事业的发展。

在工程技术上，瞿塘峡古道也很有特色，在最险峻处不是采用传统栈道的凿孔架木方式，而是开凿槽道代替之，使道路的通行能力与坚固性能都有大幅度的提高，也延长了道路使用的寿命。据历史资料记载，这种道路一般是开凿出的，有些时候开凿岩石也有会采用火烧醋淬之术。在清代，瞿塘峡槽道首先采用了当时比较先进的火药爆破技术开山破石，比原手工用钢钎铁锤开凿快捷，开凿的成本与难度大为降低。所以，其道路宽阔，至今尚可通行。另外，临江一面凌空的槽道对于纤绳没有阻碍，也便于拉纤。

栈道与槽道和砭道相比，有其优势，即开凿工程的规模远小于后者，架设速度也较快。但其承重稍逊于槽道与砭道。更重要的是，木构栈道地处露天，长期风吹雨打，易朽坏，时时践踏承重，有摇落溃散之虞，要不时维护修理。而石槽道与石砭道则无此患，使用时间要长久得多。所以，在有条件处，往往将栈道改为砭道和其他形式道路。汉代在褒斜道所开的石门隧道，即改栈为隧。

改栈为砭，一些著作认为始于唐以后。其实，至少自东汉始，就开始了改栈为砭的工程。如历史上著名的《西狭颂》就记有对栈道的改易："敕衡官有秩李瑾，掾□审因，常繇道徒，镌烧破析，刻陷㩅嵬，减高就卑，平夷正曲，柙致土石，坚固广大，可以夜涉。"[163] 其中的"镌烧"是一种传统的破石技术，镌是凿刻，烧是火焚。即先用火烧坚硬的岩石，然后用冷水或醋泼于其上激之，石即松酥，随后凿之。所以，一些砭道或以"火烧砭"为名[164]。东汉《石门颂》中也有对道路改易的记载。其曰："或解高格（阁），下就平易。"[165] 将栈阁拆除，改为平坦易行之道，必用此开凿砭道之术。另外，还有东汉《郙阁颂》，其文先记嘉陵江析里木栈之危，也说"咸（减）西溽之高阁，就安宁之石道"，都是改危栈为石砭的记载。

从某种意义上说，木构栈道可以说是一种普通道路，石砭道石槽道则是一种高等级道路，有坡度处改栈为砭，或绝壁处改栈为槽，提高了道路的通行能力，也加强了道路的安全性能。

但开凿岩石，对于古人来说谈何容易。从秦汉时代的凿痕远比后代的凿痕纤细这一点，就可以认识到其开凿之艰辛。我国自汉代开始，凿石技术较其前代有了大的提高，且不说汉代出现的大型石雕，民间广泛应用的石磨，仅看一看西汉一些诸侯王如刘胜等所开凿的大型石室墓葬，就知道开凿巨石对于汉人来说已能胜任。

自汉以后，历代都有这种改砭为栈的工程，并在明清时期达到高峰。这一时期，一方面是社会的发展、人口的增长，使道路运输量加大；另一方面是长期开采致使山区木材匮乏，加之栈道的维护花费巨大，故大规模对道路进行改造。栈改砭使许多栈道逐渐消失，陕西至四川古

---

〔163〕 清王昶《金石萃编》，陕西美术出版社，据扫叶山房本影印。

〔164〕 陕西褒斜道上即有"火烧砭"，其地在褒城北百里。

〔165〕 清王昶《金石萃编》，陕西美术出版社，据扫叶山房本影印。

道上原先记载的成千上万间栈道，至明初减至两千两百余间。清代更是加宽取平砭道，名为修险砭[166]。

此处之所以花费时间大谈历史上改栈为砭的工程，无非想引起研究者注意，瞿塘峡古道除土石道、垒石道外，险要处现基本为砭道与槽道结构。但不能排除在更早的历史时期曾开凿过栈道。或许这些栈道也如同褒斜道上的栈孔一样，早已在开凿砭道或槽道时破坏。

峡中陆道的沟通，不只是水道运输的补充，同时，也成为纤夫们拉纤的纤道。峡谷江水湍急，上水船无风时要依纤力而行，下水船为避免顺流水急触礁的危险，也往往要用纤绳拉住下放，以减缓船速。早期峡谷中纤道皆位于乱石荒草中，行走艰难，而此道的开通，使纤夫也有了一条平易大道，使大量的上下行船只平安通过，加速了长江航运的发展。故此道初通时也有人称之为纤道，在某种意义上也可称为长江航道的辅助道路。

据有关史料记载，在三峡中，曾因一些新崩落的乱石阻塞航道，滩险水恶，舟船不敢通过。于是便在险滩一侧卸货，用人力将货物从江边道路转运至险滩另一侧，然后再装入另一侧条船中，继续向前运输。也有将客货卸下，空船过滩，然后再重新装货上客的。在这种情况下，江边道路就起到了特殊的作用。

除瞿塘峡外，巫峡、西陵峡也都有古栈道的分布，如巫峡南岸，西陵峡北岸，都断续发现有工程艰巨的石槽道、垒石道、石砭道等古代道路工程。古人在这方面也有不少的记录，如光绪《巫山县志》卷三十三中说："蜀道难，蜀道难自古记之。梁简文帝诗云：'巫山七百里，巴水迂回曲。笛声下复高，猿啼断还续。'此为川东舟行峡中作也。李白诗云'不与秦塞通云烟'，此为川北栈道作也。大都蜀道无不难者，峡固险矣，而陆亦不易，如彝陵至巴东之路，视栈道何异？是其难，又在楚不在蜀耳。"[167] 这里所说的彝陵，即今日的宜昌，其地至巴东道路，正是古纤道。

而最具代表性的则还是瞿塘峡古道。其道路通过多种不同地形，故因地制宜设计了不同的道路。瞿塘峡古道是峡江地区峡谷古道的典型代表，也是我国古代道路工程的代表作，在我国古代道路交通史上当有其特殊的地位。

峡谷是地质运动造就或流水等切蚀山岳而形成的狭隘通道。长江三峡是举世闻名的大河峡谷。它不仅是一处巨大的自然水道，将长江上游上百万平方公里的水流输入大海，而且还负有气候学上空气运动的风道。峡江两岸盛产的柑橘，就与这里特殊的气候有关。特殊的自然地理环境，孕育了特殊的文化，峡江古文明就诞生于此。长江两岸留下了数不清的文化古迹与历史传说，以及丰富多彩的民俗风情与典籍文献。

但是并非所有的古代遗址都能完好地保存下来，古代道路也是如此。

一方面是人为的破坏，另一方面是自然的破坏，其中人为破坏尤不可忽视。人类的工程往往是在前人的基础上发展的，如都市的设立和延续，道路的开辟和改建，后代在原址上的的改

〔166〕 清党崇雅《大司马修栈记》碑文，原碑存于褒城鸡头关。

〔167〕 《中国地方志集成·道光巫山县志》卷三十三"古迹"补遗部分，巴蜀书社、江苏古籍出版社、上海书店，1992 年据道光七年（1827 年）刻本影印。

建往往会将前人的东西完全拆除破坏。瞿塘峡道路也是如此，如槽道的扩凿，会将古槽道之痕完全除去。从瞿塘下道的现状来分析，该道建成后便受到多种力量的破坏，一种是自然破坏，如水力、风化与山体崩落等，一种则是人为破坏。

人为破坏最大者是战争的破坏，为了防止敌方入侵，焚桥破路之事屡见不鲜。我国古代对于道路的破坏，大多是出于军事目的，如楚汉战争时，刘邦入汉中，畏项羽追击，故烧绝栈道，以示无还意。宋赵元镇《论西幸事宜状》曰："……然汉中邻长安而兴利，邻秦凤，太平之久，负贩往来，山谷险绝，皆成蹊径。昨长安溃兵，径趋兴元，全无阻遏，自兴元趋剑门，更无栈道。而剑门两间亦有路可至成都。然则蜀中所恃之险，尚须措置，使绝不通行。然后可保张浚之行。"

像瞿塘峡这种战略要地，平日只恐道路不通，极力经营。而战时则会尽量破坏道路，阻拦敌人行动，使之成为天险。另外，和平时期的关卡哨棚也会择险设关，征收关税，为了防止逃税绕关，将自己控制的关卡之外的道路破坏，使关卡之路成为行人必经之咽喉地带，也是破坏道路的一个原因。风箱峡处关卡之下道被毁，可能就属于这种情况。另一种是周边的人为了某些私利，对于道路进行破坏，如告示碑中所说，撬去沿江道路上铺砌的大石等。

清代晚期就曾对瞿塘峡路进行了多次整修。历史上还有多少次类似的举措，由于缺乏记载，已经很难知道。多次整修这一现象，也从侧面说明了沿江道路遭受各种破坏的严重性。

而自然破坏应是最严重的破坏，峡江道路一般都修建于长江边上，洪水涨落，激流冲刷，许多古道根本经不住其冲击。巨大的洪水与江流的侧蚀淘涮，还可以造成大小不同规模的崩岸，使建筑于岸边的道路消失，如大溪至巫山间北岸的一些古道路，就被大滑坡破坏，滑坡痕迹至今尚存。山崩会掩埋道路，泥石流与坡积物也是破坏道路的自然力量，像瞿塘峡黑石滩东的古道，就被上游涌下的大量石块全部覆盖。在一些风化岩区，道路可能在数十年间便完全不能通行，特别是石砭道。而像黑石滩旁乱石坡一带，岩体与地形处于运动变化中，在这样的地区修路，无异于沙上建屋。现代道路工程对于这种地质区域都避之唯恐不及，古代道路在地形的扭曲移动中也难免全部消失。

结　　语

　　三峡中的古道，工程浩大，气势恢弘，与滔滔长江相伴而行，是我国古代遗留下来工程最艰巨的古道之一。

　　古人不顾艰辛开辟这条道路，并竭力维护其通畅，是因为长江三峡峡谷是古代巴蜀与外界交流沟通最重要的通道，具有政治、军事、经济、文化上的特殊意义。这从古代战争中便可看出。三国时期，诸葛亮在《隆中对》中提出占据巴蜀，以夺取天下的方略。自巴蜀出兵有北进、东出两条途径，东出之途，就是此条道路。不论自巴蜀向外进攻，或是外面攻巴取蜀，这条道路与秦蜀间的蜀道都是必经之地，故瞿塘关号称巴蜀门户。在秦汉时期的历史文献中，已经可见长江此段水道的兴盛情况。两汉以后，随着对江南的开发，我国的经济重心逐渐南移，这条东连吴楚的通道，更是樯帆相望，运输繁忙。唐代的成都，"门泊东吴万里船"，成为举目可见之景。

　　三峡沿江道路就是维系和促进长江峡谷运输通道的最重要辅道，也可以将其视为解决长江航道逆流航行、穿越险滩等制约长江航运发展的专用工程。与一般的陆路相比，它在道路构造上与作用上都有独到之处。

　　瞿塘峡栈道是这条古代道路中保存最好，也是最具代表性的路段。在道路淹没之前，如何调查，如何记录好这条道路，曾是我们面对的难题之一。

　　最初，我们考虑通过全线勘察，找到瞿塘峡道路最重要的、具有代表性的一面，如悬在绝壁上的石槽或桥梁等，然后，对其进行记录分析。结果，全线勘察之后，我们感觉到，不仅仅是石槽、桥梁，所有的路段皆各具特色，都很重要。道路是一个完整的系统，如同人的身体，没有一部分是多余的。这样一来，要想反映峡中古道路的大致情况，最好的方法就是全面记录各段古道，留下一份尽可能详尽的资料，以供后人研究利用。

　　在这条道路上，绝壁采用槽道，陡坡采用砭道，缓坡采用垒石道，各种不同道路结构都与地形环境息息相关。因此，地形与环境也不可忽视。

　　历史文献表明，瞿塘峡古道有着悠久的历史。今日所存的沿江道路，其线路的选择，结构的变化，是历代对道路不断调查改进的结果。其中，蕴含着许多历史的经验和古人的智慧，我们短时间内很难理解其中的所有奥妙。

　　作为纤道，更与长江航道密不可分。长江航道虽然开辟极早，但水流无痕，难以捉摸。研究长江航运史，除文献之外，沿江码头、城镇，特别是沿江古道，都是非常重要的资料。可以说，三峡沿江城镇的形成，是三峡航运发展的结果。这一现象早在先秦即已出现。而沿江古道的产生，则是三峡航运繁荣的结果。古道不仅从侧面反映出长江航道的重要性，其规模、建筑投入、构筑特点及相关的遗存，也向我们展示出古航道的诸多信息。如在江流湍急处，道旁的纤夫桩与纤绳磨痕就分布密集。古代长江防御体系也主要是防御水道。从这一角度考虑，三峡古道上的许多材料还值得深入挖掘研究。

瞿塘峡栈道的考古调查，不能说没有遗憾，在整理资料过程中，常常后悔某一地段记录过粗。这虽然与抢救工作时间紧张有关，更主要的原因也是当时没能认识到其价值。随着研究的深入，这种遗憾可能会不断增加。

这条古老的道路长期作为纤道与长江航道共存。直到20世纪80年代，随着长江航船普遍装备机械动力而彻底失去纤道的作用，才结束了其历史使命。峡江中激昂回荡了千百年的纤夫号子，终于沉寂。古道上历代纤夫艰辛沉重的拉纤步履，也将成为遥远的历史与记忆。

随着江水的上涨，瞿塘峡古道慢慢沉入水下。逝者如斯夫，高峡出平湖，这标志着一个新时代的到来。

[附 录]

一 相关史料

(一)《汉书·西南夷两粤朝鲜传》

"始楚威王时,使将军庄蹻,将兵循江上,略巴、黔中以西。蹻至滇池,方三百里,旁平地肥饶数千里,以兵威定属楚。欲归报,会秦击夺楚巴、黔中郡,道塞不通,因乃以其众王滇"[1]。

"南夷君长以十数,夜郎最大。其西,靡莫之属以十数,滇最大。自滇以北,君长以十数,邛都最大。此皆椎结,耕田,有邑聚。其外,西自桐师以东,北至叶榆,名为巂、昆明,编发,随畜移徙,亡常处,亡君长,地方可数千里。自巂以东北,君长以十数,徙、莋都最大。自莋以东北,君长以十数,冉駹最大。其俗,或土著,或移徙。在蜀之西。自駹以东北,君长以十数,白马最大,皆氐类也。此皆巴蜀西南外蛮夷也"[2]。

(二)《汉书·扬雄传》

其先"扬侯逃于楚巫山,因家焉(师古曰:'巫山,今在荆州西南也')。楚汉之兴也,扬氏溯江上,处巴江州(李奇曰:'江州,县名也,巴郡所治也。'师古曰:'溯,谓逆流而上也,音素')"。

(三)《三国志》所记"步道"与"夔道"

《三国志·先主传》说:"陆议大破先主军于猇亭,将军冯习、张南等没。先主自猇亭还秭归,收合离散兵,遂弃船舫,由步道还鱼复。改鱼复县曰永安。"[3]

《三国志·吴书·陆逊传》曰:"备因夜遁,驿人自担,烧铙铠断后,仅得入白帝城。"[4]

《三国志·吴书·宗室传》:"孙桓……与陆逊共拒备,备军众甚盛,弥山盈谷,桓投力奋命,与逊戮力,备遂败走,桓斩上夔道,截其径要,备逾山越险,仅乃得免。"[5]

---

〔1〕 战国时期楚循江而上,说明非水道即陆路已通。
〔2〕《汉书》这段记载说到"冉駹",唐人颜师古注曰:"今夔州、开州首领多姓冉者,本皆冉种也。駹,音尨。"可知唐时夔州一带分布有少数民族的冉姓。
〔3〕《三国志·蜀书》,中华书局,1973年,890页。
〔4〕《三国志·吴书》,中华书局,1973年,1347页。
〔5〕《三国志·吴书》,中华书局,1973年,1217页。此处步道可能与《水经注》所说的缘江道为同一道路。

（四）《水经注》所记“石门”与“缘江步路”

《水经注·江水》云：“江水又东，径石门滩，滩北岸有山，山上合下开，洞达东西，缘江步路所由。刘备为陆逊所破，是径此门，追者甚急，备乃烧铠断道，孙桓为逊前驱，奋不顾命，斩上夔道，截其要径。备逾山越险，仅乃得免。忿恚而叹曰：吾昔至京，桓尚小儿。而今追孤，乃至于此，遂发愤而薨矣。”〔6〕

陆游《入蜀记》二十一日文也记有石门，其地在巴东县东。陆游称石门“仅通一人行，天下至险也”〔7〕。

（五）《资治通鉴》所记岑彭攻江关事

“公孙述遣其翼江王田戎，大司徒任满，南郡太守程泛，将数万人下江关，击破冯骏等军，遂拔巫及夷道夷陵。因据荆门虎牙。横江水起关楼，立欑柱，以绝水道。结营跨山，以塞陆路，拒汉兵。……闰月，岑彭令军中，募攻浮桥。先登者上赏。于是偏将军鲁奇应募而前。时东风狂急，鲁奇船逆流而上，直冲浮桥，而欑柱有反杷钩，奇船不得去。奇乘势殊死战，因飞炬焚之，风怒火盛，桥楼崩烧。岑彭悉军顺风并进，所向无前，蜀兵大乱，溺死者数千人，斩任满，生获程泛，而田戎走保江州”〔8〕。

（六）《资治通鉴》所记刘备退守白帝事

此战刘备被围于马鞍山，“夜遁，驿人自担烧铙铠断后，仅得入白帝城。其舟船器械水步军资一时略尽，尸骸塞江而下”。胡三省注引杜佑曰：“归州巴东县有石门山，刘备断道处。”〔9〕其称石门为山。

（七）宋贾似道告示摩崖石刻

草堂河口江北岸有宋贾似道告示摩崖石刻，边长约 2 米，高约 2 米，上有竖刻楷书文字多行，内容与锁江等有关。文曰：

“四川策应司申据夔州路徐安抚申照会……瞿唐关两岸凿/洞，打造铁缆桥舡，于中堆铸铁柱两条，又于狮子石系缆一条，过照镜……急调民舡□除/已遵禀一年有余，铁缆已成，桥舡铁柱已就，石洞□柱？十二月初六日系桥锁江乃毕，/并将诸项兵舡就行水教，今将图本缘由，本司乞备申朝廷，照会造……/石洞，人工所费，约用过十八界贰拾余万，即不曾申请朝廷……/□□□及本司自行□□计置即□□廷一体……/备申朝廷，劄下本司镌石于……/枢密院劄子□挥□于卫。景定甲子（公元 1264 年）初春/谨□/当朝丞相贾公似道。”

〔6〕《水经注·江水》，岳麓书社，1995 年版，499 页。
〔7〕《全蜀艺文志》卷六十一，《四库全书》。
〔8〕《资治通鉴》卷四十二“汉光武中之上”，中华书局，1986 年。
〔9〕《资治通鉴》卷六十九“世祖文皇帝”，中华书局，1986 年。

（八）碑子洞大碑

"帅两淮右徐宗武面奉／开府两镇节度□湖制／置大使四州宣抚大使／吕公文德指授凿洞打舡／铸铁柱造铁缆锁瞿唐／关永为万万年古迹景／定癸亥季冬吉日记石／当朝大丞相贾公似道"〔10〕。

（九）碑子洞小碑

"石匠作头田大／部役路将王明／锁江路钤□永写／总管总制□／督单元亨"〔11〕。

（一〇）宋刘昉《八阵图记》

"鱼复阵碛，创自武侯。江流莫移，若有神护。虽经毁改，几失其真。稽之图经，访诸故老，而遗迹尚隐然可见也。顾将湮没，余心是悼。亟令军士哀石增累，复还其旧。方园曲直，纵横广狭之不敢稍加损焉。尚虑他时，复罹前厄，刊图于石，用示后人。界垣之内，编而计之，以丈为分，其外图山川城郭之势，而不计以度。且命作武侯祠于城上，以俯临之。

夔人岁以人日倾城徙市，纵游八阵之间，谓之踏碛。是役告成，适当是日，宾僚咸集，酌酒陈诗以落之。昔侯尝擒孟获，观营阵，心不服，曰：'若只如是，固易胜耳。'迨至七擒七纵，然后以为天威。及司马仲达观其军垒，则叹服曰：'天下奇才也。'桓温过此，虽能知其为常山蛇势，盖末究其妙。然能知与否，在孔明如何损益，余非能知之者，姑修故垒以俟来哲云"。

（一一）宋李埴《鱼复捍关铭并序》

"古梁州域，实兼巴、汉、庸、蜀地。汉孝武改梁曰益。梁州总八郡。梁之为言，强也，益之为言，厄也。此昔圣贤察其风俗，按其形势而为之名也。故其人则强毅精敏，嗜义负勇。其地则山屏水堑，险介重阻，沃野丛填，幅员万里。北以剑门为限，东以鱼复为守。此二物者，蜀之襟喉扃闑也。

战国交侵，楚肃四年（公元前377年），始建捍关。汉在鱼复置江关都尉，以鱼复设尉治。东汉省尉，而关如故。《东汉志》有捍水、捍关，不言都尉。秦张仪说楚，谓下水而浮，不十日而拒捍关。蜀李雄说公孙述，谓'东守巴郡，拒捍关之□'，皆指此。魏郦道元注《水经》谓捍关，乃廪君所置。唐章怀太子注《范史》，谓关故基在夷陵巴山县。巴山县自唐天宝八年（公元749年）为巴山郡界。二说皆非也。盖鱼复之有关，尚矣。无事，则严封域，察奸侠；有急，扼险要捍。凌暴有国者，所宜致谨也。虽然尝考诸古剑门，以汉中、武都为屏蔽，失汉中、武都，则剑阁不足赖矣。鱼复以秭归、夷陵为保障，失秭归、夷陵，则鱼复不可恃矣。考秦以下，以迄本朝，举兵定蜀者，凡十有三。唯秦之司马错，汉之来歙，魏之邓艾、钟会，苻秦之杨安，后魏之尉迟迥，隋之梁睿，唐之高崇文，后唐之郭崇韬，本朝之王全斌，实出剑门阴平道至。若吴汉，若岑彭，若诸葛亮，若桓温，若刘毅，朱龄石以及刘光义，皆拥舟师西指，溯江叩关，麾城斩邑，易如拾

芥耳。何者？皆以先得秭归、夷陵也。汉昭烈袭取刘璋，既北收汉中，即东争夷陵。呜呼，若昭烈者，可谓能之保蜀矣。功之不遂，此天也。然而刘禅继世，犹以苟安者，徒以与孙氏交欢也。且蜀与吴楚，为唇齿之国，两全则固，一失则危。是以自古在昔欲图江南者，必先巴蜀。何者？地势便，兵力接也。秦取楚，晋取吴，隋取陈，耀兵上游，舫船载卒，乘流而东，曾不顿一刃，折一矢，而荆扬之区，巴望风褫气矣。苻坚伐晋，亦分军而下。不幸苻融之兵，先败于淝水，故不能成功。以此知英雄图事后先一揆，然则蜀之重也审矣。自古或言蜀人嗜乱喜祸，故所以制御操切之者，尤尽其术。呜呼，何其过也。

　　吾观从昔乱蜀者，皆非其国之人，率由好雄乘隙外至，因窃据焉，而蜀人莫之与抗。盖公孙述首祸于卒正，刘焉蓄奸于州牧，钟会兆谋于降将，李特奋迹于流人，程道养怨激于苛刻，刘季连计成于猗夺，司马勋出于王族，萧纪兴于帝胄，王谦启衅于易代，刘辟席乱于留后，王建发踪于椎埋，孟知祥绍难于违愎。唯东晋谯纵本宕渠人。然纵之初起，实出逼胁。观其仓皇赴江以逃，则知纵本庸人，初无异志，劫以群叛，不能自还。若述焉以下数子者，则其险诡睥睨，有从来矣。彼见蜀之险足恃，蜀之富足资，趯然动心，逆节萌起。盖观剑门之险，而追笑刘禅；览兵甲之盛，而思效昭烈。而蜀之人形格势制，不能不折而从之。其间能截然自固耻污于伪，如青衣之不宾公孙述，牂牁之不臣于李特者，类有之矣。

　　呜呼，一定而不易者，地形也；难保而易变者，人心也。故地形唯所守，而人心惟所化。苟知所守，则力约而功倍，围固而敌畏；苟知所化，则嚣傲革为勇毅，柔脆易为信顺。不知所守，则嬴氏家函谷而灭，田宗国东海而亡矣；不知所化，则暴悍踵起于江汉，奸丑接迹于洙泗矣。鱼复与剑阁，捋险角壮，并为西南镇。昔有铭剑阁者，独此缺。诸江出岷山，行二千里，合蜀众流，毕出瞿塘之口，山竦而嵾峙，水激而奔迅，天下瑰伟绝特之观，至是殚矣。是宜有铭，琢刻盘石，以侈寡匹，以厉罔极。其词曰：

　　唯梁州域，神禹所别。有岢其闸，险肇天设。控引荆襄，枕倚扬越。冈联岭属，嵚岈巉嶭。洪流下瞰，澎湃荡滴。衡潜抗高，华岱媲杰。上挂天倪，旁扼日辖。唯所屏障，则恃于峡。如户斯辟，此为之阛。寇来是捍，兵势攸接。镜考前古，棋势辐列。水攻陆击，岩披谷抉。犀甲灿烂，白刃枪截。云舸倏驰，羽纛斯揭。山奔犯兕，堑渍蠨鲵。水奸脱入，熟睨旋窀。虐环千里，炖人于甒。曾不逾时，宗陨祚拔。四方之人，王化所达。宁甘嗜乱，实收攸胁。岂富是怙，忍上之觖。唯此山川，重阻复迭。德守者固，兵据者蹶。唯此黔庶，嶷嶷嵲嵲。力制则离，道怀乃协。皇帝圣武，恩被翼狄。国有至仁，九土臣妾。勒铭山阿，永彰宋烈"[12]。

（一二）明王嘉言《瞿唐峡记》

　　"峡者何？取以山夹水而为名也。楚蜀之交以峡称者多矣，而三峡为险。三者何？归峡、巫峡、瞿唐峡。三峡同称险矣，瞿唐为最，旧所谓西陵峡者是也。峡在城东十二里，两岸对峙，中贯大江，盖全蜀之门户。峡口石盘上树铁柱二根，山畔崖穴中，有铁索七条。柱高六尺四寸，索长二百七十七丈五尺，盖昔人置以截江者。柱于夏秋水泛则泪，冬春复见。呜呼，奇哉！夫瞿唐

〔12〕　清光绪《奉节县志》卷三十六，奉节县志编纂委员会，1985年重印，243页。

之险，冠于诸峡者何？盖西南万水总注于斯，而双崖扼束，极为狭隘。以故萦回曲折，龃龉艰难，惊涛奔浪、喧愗砰訇，归舸行艓。一遭风动则上下失势，而此生安危尽付之。撇漩触石，瞬息间矣。虽然，关门一守，百二之势也。明初，以汤廖两将军绝人之智力，席皇祖之神威，师薄关下，矢石一交而即却。非颖国皆文之捷，水陆夹进，以奇取胜，亦难为力矣。今天下熙熙，氛浸久消，雄关险峡，虽依然索柱之存，而山川胜概，只为文儒嬉眺浪吟之具而已。嗟夫，宗国之忧虽非恤纬者所宜忧，而处堂之乐达者，亦恒笑夫燕雀之愚，则防御之略，亦可于熙恬中讲求之。"[13]。

（一三）明宋应星《天工开物·舟车》

"四处八橹等船，凡川水源通江、汉。然川船达荆州而止，此下则更舟矣。逆行而上，自夷陵入峡，挽纤者以巨竹破为四片或六片，麻绳约接，名曰火杖。舟中鸣鼓若竞渡，挽人从山石中闻鼓声而咸力。中夏至中秋川水封峡，则断绝行舟数月。过此消退，方通往来。其新滩等数极险处，人与货尽盘岸行半里许，只余空舟上下。其舟制腹圆而首尾尖狭，所以辟滩浪云。"

（一四）《署夔州府杜枢修滩纤路记》

"峡库套子，险滩也。凡夏秋水涨，上则悬崖峭壁，下则急浪惊涛，乘舟而来者，率皆望洋叹阻矣。乾隆庚申（1740年），余摄夔篆，奉驿宪武公命，履勘斯滩。舟非纤不上，纤非路莫行，古人虽除道，短而窄。往往有虞意外者，请修治之。未几，余卸事回任，窃有志焉，而未逮也。戊辰（1748年），又摄夔篆。商旅及舡户水手佥曰：巫峡库套子最险，乾隆七年（1742年）间，驿宪捐费兴修，迄今帆樯无恙，靡不载德。唯上有岩头一处，再削六尺之危，辟五寸之仄，俾挽纤者益前进而用力。乞转请余。思美弗彰盛，弗继司土者之过也。毋庸请爰，毅然重修。估工八百，捐金五十，聊以体恤之政，宏利济仁云。工竣，镌于石曰：'乾隆七年十一月，四川驿宪公宏绪兴修，乾隆十三年九月，署夔州府事杜枢重修，知巫山县事赵愿敏、桂蓁先后监修'"[14]。

（一五）清万承荫《赠李君修凿瞿塘险滩序》

"蜀江之险甲于天下，自渝而东，千有余里。夹岸壁立，水以束缚为驰骤，乘流迅下，石扼其冲，风肆其虐。虽有长年三老，莫知其所趋避也。其中最险者尤莫如瞿塘诸峡，千艘鱼贯，忽惊骇浪奔腾，两岸猿啼，但觉哀音凄恻，行旅往来，以命殉之者多矣。宰斯土者，恤商有心，回天无力。虽竭诚尽敬，和诸江神，未必其灵应也。然而人定胜天之说，岂梦也哉？汉皋李君凌汉，贸迁川中数十年，于此间水道既悉，爰以重赏，募工凿之，每日集人夫百余，两载才能□事，所费难以数计，盖蜀中山石多沙砾，独自瞿塘滟滪堆而下，曰石板峡，曰黑石峡，巨石横江，色如铁，坚亦似之。槌凿无可加，乃先炙以炭而后碎，而运诸深潭，此法苟所自创，石工未之知也。今兹工尚未竣，而覆舟之患已十去其六七矣。且它峡之内乱石纵横，时触舟为患，水退时，君悉

---

〔13〕清光绪《奉节县志》卷三十六，奉节县志编纂委员会，1985年重印，262页。

〔14〕库套子，其地在巫山县东巫峡中。《中国地方志集成·道光夔州府志》卷六"山水志"，巴蜀书社、江苏古籍出版社、上海书店，1992年据道光七年（1827年）刻本影印。

碎而运之。旁有纤道绵延三十余里，坍败已久，足力不能施。君悉修而平之，由是石不能为害于水底，人可以用力于途间。余莅此土三年，仅仅添充数舟为救生计，以视君之化险为夷者，不瞠乎其后哉。然而君之利济，不自瞿塘始也。自宜昌而上，险滩鳞次，君捐数万金治之果有效，故益信修凿之功。而君之乐善，又不仅凿滩已也。如设义渡，掩道殣，散寒衣，施药饵，盛德之事不可枚举。世所称善人者，非抑？闻之君少甚贫，长习陶朱术，慨然有奇气，家渐裕时，罄其所有，以行其志。……是为序，时道光四年（1824 年）十一月。"〔15〕

（一六）清胡绍兴修峡路

清光绪《奉节县志》卷二十八记："胡绍兴，家中资，性慷慨好施。其最著者，同治二年（1863 年），补修白果背、黑石、黄金兜、风箱峡等路，费工资五百串。又，见风箱峡至铁柱溪陆路不通，于沙市募化凑成钱九百余串，四年春兴工开修，六年竣事，费工资三千八百串有奇。其数不敷，独力捐之。九年（1870 年），洪水泛涨，路多倒塌，共计补修费资二千五百余串，至今成为坦途。以故，子孙蜚声庠序，并捷秋闱。"〔16〕

（一七）清光绪十五年刘秉璋关于开修峡路奏折

重印清光绪《奉节县志》卷七"山川"，录有光绪十五年刘秉璋关于开修峡路奏折，记载道路开凿工程事甚详，是关于瞿塘峡道路最重要的历史文献。今全文录之于下：

"光绪十五年（1889 年），汪君伯鉴倡仪开修峡路，告厥成功。伟人伟事，千古仅见。督部堂刘秉璋奏折云：'奏为夔州府知府汪鉴开修夔巫两峡纤路、轿路、桥道事竣，仅将工程经费立案原由，恭折具陈，仰祈圣鉴事。窃查川省险滩栉比，而数不可枚举。其最奇险者为三峡，夔峡起奉节白盐山，为三峡之首，即古瞿塘峡。当峡口者曰滟滪堆，冬则出水二十余丈，夏则没于水中亦二三十丈，势险流急，人力难施。巫峡，在巫山县东，《水经注》云是杜宇开凿，以通江水。沿峡一百六十里，峰峦峭削，所谓巫山十二峰也。在湖北宜昌秭归境者曰巴峡，即古之西陵峡。凡此三峡，峭壁插天，悬崖千仞，并无山径可通，蜀道之难于斯为最。中唯一线川江，急湍奔流，上下行船，绝无纤路。每当夏季水涨，舟行辄覆。每岁遭覆溺毙者，不下数十百人。光绪十四年九月间，夔州府汪鉴立志捐廉禀请开修。经臣批准，先从夔峡开工，自白帝城起，下至大溪之对面状元堆止，曲折迂回，约三十里。施工之始，工匠无所凭借，乃对壁凿孔，层累而上。每开一大窦，实以火药，燃引线而炸之。旋炸旋凿，使千仞峭壁之腰，嵌成五六尺宽平坦路，纤、轿可以并行。其中分造沟涧平桥十九道。自状元堆至巫山县城九十里，中造平桥二道，拱桥四道，并创开土石，山麓亦成宽平坦路。夔峡于去夏工竣，迄今两年。当盛涨封峡之时，行人往来山路，肩挑臂负，络绎称便。而舟行有纤路，亦少覆溺之患。巫峡于十五年十月开工，自巫山对岸起，下至川楚交界之编鱼溪、青莲溪止，计七十五里，地段较长，经费较巨。计造大拱桥四道，迤逦开凿，

〔15〕《中国地方志集成·道光夔州府志》卷三十六"艺文"，巴蜀书社、江苏古籍出版社、上海书店，1992 年据道光七年（1827 年）刻本影印本。
〔16〕清光绪《奉节县志》卷二十八，奉节县志编纂委员会，1985 年重印，177～178 页。

变险岩为康庄，今已一律告成，本拟接修楚境巴峡，唯力是视。经臣电商湖北督抚，臣接其回电：'由楚筹修。'是以修竟川界而止。是役也，该府汪鉴捐银一万两，臣筹拨闲款捐银二万八千余两，渝、夔两属官商乐捐银二万二千余两，又钱二万余串。除支用一切经费及设石桩、铁链等用外，存银一万两，发商生息，以作纤路、轿路、桥道岁修之资。兹据该府汪鉴造册禀请立案前来，臣伏查蜀山万点，赴众壑者夔门；川水支流，障奔涛者巫岭。径路既绝，攀蹑难登。舟遭覆溺之伤，人鲜救援之处。数千年来，未能经营开凿者，诚以工艰而费巨也。该府汪鉴，有志竟成，竭一己之诚，胜五丁之力，免行人于胥溺，庆王路之荡平，厥功实非浅。其平日居官，亦复精勤廉洁，培植士林，合无（原注：疑'当'字误）仰恳天恩，准将夔州府知府降旨嘉奖，以为好善勤民者劝，出自圣慈。所有开修夔巫两峡纤路、轿路、桥道事竣，谨将工程经费立案原由，恭折具奏。"

（一八）"天梯津逮"摩崖石刻

瞿塘峡七道门处石壁有清"天梯津逮"摩崖石刻，后有小字长款数行。文曰："大清光绪□子己丑集赀创开夔、巫两峡桥道，均逾年乃成，余万六千金，尽以涪文教。其倡议则泾县查宗仁，督工则合肥蒯德相也。旌德汪鉴书并识。"

汪鉴，字晓潭，安徽旌德县人，由御史简放夔州。《奉节县志》记其为人丰裁憬然，不畏强御，临事剖决如流。从此摩崖石刻内容看，此条古道开凿时具体的工程指挥应当是蒯德相。

（一九）护路告示碑

大溪存有"护路告示碑"，碑文如下：

"……监督夔渝两关税务加二级记录十二次玉为/……商农事照得湖北汉阳县职员李本忠/……自白果背至风箱峡等处无有路径/……船难修理纤道请示在案前经修造纤路因匡定/……字匠工人等将路上石板撬去经众处罚所/……之路并颓塌各处仍雇工匠复兴修补齐整诚/……之徒复行毁坏合行出示晓谕为此示仰该处/……等知悉自示知后倘敢仍蹈前辄将纤路石板/……该船户水手及地方约保立即扭禀以凭尽法/……不姑宽各宜凛遵母违/右谕通知/……告示/……一日实贴白果背晓谕勿损"

（二〇）白果背桥题刻

白果背桥沟古桥曾经整修，旁有新凿刻的楷书文字三行文曰：
"重建白果背/徐孙二石工/重修此路/公元一九七三年九月廿日"。

二　古代诗歌

山川壮丽，古道艰危，这些都是诗人最敏感的写作题材。因此，古诗中也有不少反映瞿塘峡与三峡古道的内容。

在夔州时，杜甫的朋友郑典设从施州归。二人相见，杜甫对他说道："我有平肩舆，前途犹准的。翩翩入鸟道，庶脱蹉跌危。"这是坐滑竿类的工具过鸟道。鸟道何在？《秋风二首》其二云：
"秋风淅淅吹我衣，东流之外西日微。天清小城捣练急，石古细路行人稀。"这些山间小路与纤道
都可以称之为鸟道。另外，杜诗卷十中有《寄岳州贾司马六丈巴州严使君两阁老五十韵》云："衡
岳啼猿里，巴州鸟道边。"说明巴州的鸟道对杜甫有很深的印象。

杜甫居夔州时所作诗《负薪行》说夔女曰："筋力登危集市门，死生射利兼盐井。"这大约说
的是臭盐井。《最能行》说有钱人驾大舸，穷人仅有一种小船"行舸子"，这是当时长江中的行船。

《柴门》诗说夔门曰："峡门自此始，最窄容浮槎。禹功翊造化，疏凿就欹斜。"《秋风二首》
云："秋风淅淅吹巫山，上牢下牢修水关。吴樯楚舵牵百丈，暖向成都寒未还。"下牢关在夷陵。

《九日五首》也是杜甫在夔州时所作，其四曰："故里樊川菊，登高素浐灞，他时一笑后，今
日几人存。巫峡蟠江路，终南对国门，系舟身万里，伏枕泪双痕。为客裁乌帽，从儿绿尊。佳辰
对群盗，愁绝更谁论。"明确指出巫峡有蟠江路。

《杜工部集》卷十六《送十五弟侍御使蜀》云："数杯巫峡酒，百丈内江船。"《十二月一日三
首》其一曰："一声何处送书雁，百丈谁家上水船。"其二曰："负盐出井此溪女，打鼓发船何郡
郎。"所记上水行船用百丈牵引，可见百丈牵江，打鼓为节，历代皆同。

（一）唐白居易《送武士曹归蜀》

"花落鸟嘤嘤，南归称野情。月宜秦岭宿，春好蜀江行。乡路通云栈，郊扉近锦城。乌台陟冈
送，人羡别时荣"[17]。

（二）唐戴叔伦《巫山高》

"巫山峨峨高插天，危峰十二凌紫烟。瞿塘嘈嘈急如弦，回流势逆将覆船。云梯岂可进，百丈
那能牵，陆行巉岩水不前。洒泪向流水，泪归东海边。含悉对明月，明月空自圆。故乡回首思，
天地心茫然"[18]。

（三）唐王周《志峡船具诗序》

"峡上之船与峡下之船……或状殊而用一，或状同而名异，皆有谓也。下之船有樯，有五两，
有帆，所以使风也。尾有舵，傍有棚。上者，以其山曲水急，下有石，皆不可用也。状直如橹，
前后各一者，谓之艄，船之斜正欹侧，为船之司命者。艄类舵，其状殊，而船之便于事者悉不如
艄。……岸石如齿，非麻枲纫绳之为前牵，取竹之筋者，破而用枲为纫以续之，以备其牵者谓之
百丈。系其船首者谓之阳纽。牵者击鼓以号令之，人声滩乱无以相接，所以节动止进退，牵之
防碍者谓之下纬，济其不通。为船之先进者。枲与竹状殊而用一也，在船先容悉不如百丈。……
余……抵瞿塘，耳目熟于长年三老辈矣。……"[19]

---

〔17〕《全唐诗》第七函第三册，上海古籍出版社，1986年影印，1079页。

〔18〕转引自明曹学全《蜀中广记》卷二十二，《四库全书》。《全唐诗》与此本稍异，句中百丈作百尺。

〔19〕《全蜀艺文志》卷十八"诗山川"，《四库全书》。

王周写有《梢诗》、《百丈诗》等，皆甚长，不录，仅选其《百丈》诗二句："百丈为前牵，万险即平砥"。

（四）唐杨炯《广溪峡》

"广溪一峡首，旷望兼川陆。山路绕羊肠，江城镇鱼腹。……"[20]

（五）宋黄庭坚《三峡桥铭》

"二山剑立，泷落天路，北垂康王之帘，南曳开先之布，银潢倾泻，起蛰千雷。斲山为梁，无有坏聩。骊龙守珠，不可钓罩，式告游者，登危思孝"[21]。

（六）宋肇《白帝城》

"江雨霏霏白帝城，秋草未枯春草生。古来战垒如云横，万里瞿唐断人行。至今三峡路峥嵘，时清不见更屯兵。荒凉废堞没春耕，但见牛羊日西平"[22]。

（七）宋曾慥《白帝城登眺》

"白帝城头路，逶迤一径遥。高堂临峡口，暴水没山腰。隔岸渔施网，横江铁贯桥。神妃翻覆手，愿赐雨联宵"[23]。

（八）元揭傒斯《三峡桥》

"两山束飞桥，下堑不测渊。谁开万寻铁，逗此不竭泉。……阳光下照之，忽作龙腾天。常恐桑田变，中有瞿塘船"[24]。

（九）明孙蕡《瞿塘峡》

"我从前月来西州，锦官城下十日留。回船正值九九节，巫山巫峡风飕飕。人言滟滪大于马，瞿唐此时不可下。公家王事有程期，敢惮微躯作人鲊。人鲊瓮头翻白波，怒流触石为漩涡。舵工敲板助船客，破浪一撇如飞梭。滩声槽声历乱聒，紧摇手滑橹易脱。沿回划转如旋风，半侧船头水花没。船头半没船尾高，水花作雨飞鬓毛。争牵百丈上崖谷，舟子快捷如猿猱。拢船把酒聊自劳，因笑轻生博奇好。吟诗未解追谪仙，天遣经行蜀中道。巴东东下想安流，便指归州向峡州。船到岳阳应渐稳，洞庭霜降水如油"[25]。

---

[20]《全蜀艺文志》卷九"诗山川"，《四库全书》。
[21] 宋黄庭坚《山谷集》卷十三"三峡桥铭"，《四库全书》。
[22]《全蜀艺文志》卷六"诗城廓、楼阁"，《四库全书》。
[23] 清光绪《奉节县志》卷三十六，奉节县志编纂委员会，1985 年重印，314 页。
[24]《中国历代考工典·桥梁部》卷三十三，江苏古籍出版社，2003 年，第一册，338 页下。
[25] 清光绪《奉节县志》卷三十六，奉节县志编纂委员会，1985 年重印，320 页。

（一〇）明周洪谟《瞿唐天下险》

"两崖壁立何险戏，巴东大江如一丝。杜宇神功渺何许，尧时余烬谁复知。中流滩颇实挺特，如牛如马夏秋月。怒涛掀天万壑雷，巨漩触石千层雪。汤汤东去几回湾，虎头狼尾如连环。赤甲下映人鲊瓮，黄牛高抗鬼门关。忆昔英雄割据日，插木为梯上绝壁。只今四海尽为家，锁江铁柱存何益"[26]。

（一一）清张衍懿《瞿塘峡》

"历数西南险，瞿唐自古闻。水从天上落，路向石中分。如马惊秋涨，哀猿叫夕曛。乘流千里急，回首万重云"[27]。

（一二）清樊泽达《瞿塘峡》

"谁凭霄汉劈青苍？天险由来古战场。八阵风云连滟滪，三巴门户锁瞿塘。乌蛮塞远江流合，白帝城高草木荒。峡路愁人从此始，哀猿啼处过飞航"[28]。

---

〔26〕清光绪《奉节县志》卷三十六，奉节县志编纂委员会，1985 年重印，321 页。

〔27〕清光绪《奉节县志》卷三十六，奉节县志编纂委员会，1985 年重印，321 页。

〔28〕清光绪《奉节县志》卷三十六，奉节县志编纂委员会，1985 年重印，321 页。

主要参考书目

1. 《水经注》，岳麓书社，1995 年。

2. 《全唐诗》，上海古籍出版社，1986 年影印。

3. 《天一阁藏明代方志选刊·正德夔州府志》，上海古籍书店，1961 年影印。

4. 《中国地方志集成·道光夔州府志》，巴蜀书社、江苏古籍出版社、上海书店，1992 年据道光七年（1827 年）刻本影印。

5. 《中国地方志集成·光绪巫山县志》，巴蜀书社、江苏古籍出版社、上海书店，1992 年据光绪十九年（1893 年）刻本影印。

6. 《中国地方志集成·光绪奉节县志》，巴蜀书社、江苏古籍出版社、上海书店，1992 年据光绪十九年（1893 年）刻本影印。

7. 长江水利委员会编《三峡大观》，中国水利水电出版社，1986 年。

8. 《中国历代考工典》，江苏古籍出版社，2003 年。

一　长江三峡鸟瞰

六　瞿塘峡

七　瞿塘峡栈道周围的环境

八　巫峡栈道

九 西陵峡

一三　南津关古道

一四　瞿塘峡栈道

229

三〇　东瀼渡口东岸的石阶道
三一　东瀼渡至古炮台古道上的石阶

239

三五　古炮台至石板岬古道东段的石阶

三六　古炮台至石板岬古道东端的半槽道

243

四二　石板岬槽道东段

四三　石板岬槽道

四八　石板岬槽道东端的纤夫桩

四九　石板岬至七道门古道上的石阶

五七　风箱峡槽道之一

五八　风箱峡槽道之二

五九　风箱峡槽道最狭窄处

六〇　风箱峡槽道测量现场

六六　红叶角至避险岩古道中的垒石结构
六七　红叶角至避险岩古道西段的砭道

七一　避险岩至黑石滩古道西段

七二 避险岩至黑石滩古道中段周围的环境

七六　避险岩至黑石滩古道上的石阶

七七　避险岩至黑石滩古道上坡处砌筑的路面

七八　避险岩至黑石滩古道

七九　避险岩至黑石滩古道与纤夫桩

八〇　避险岩西侧古道
八一　七道桥

八五　崩岩至银窝子古道

八六　崩岩至银窝子古道中的半槽道

九〇　崩岩至银窝子古道旁的危石

九一　砭道与纤绳磨痕

九二　银窝子至桥沟古道西段

九三　银窝子至桥沟古道中段

九四　白果背桥

九五　白果背至导航站古道周围的环境（上方为上道，下方为下道）

九六　白果背至导航站古道

九七　白果背至柜子崖古道周围的环境（下方为下道）
九八　白果背至柜子崖古道路面

九九　柜子崖槽道周围的环境
一〇〇　柜子崖西槽道

一○一　柜子崖西槽道路面

一〇二　柜子崖至么鱼包古道周围的环境

一〇三　柜子崖至么鱼包古道西段

一〇九　么鱼包至状元堆古道已长满荒草

一一〇　状元堆至金沙溪古道上的西桥

一一一 状元堆至金沙溪古道上的一座桥台

一一二 状元堆至金沙溪古道上的一座残桥与旁边的垒石道

一一三　军营村旁古道上带涵洞的垒石道

一一四　金沙溪至利山沟古道穿越红色风化岩区

一二一 利山沟至油渣溪古道所经山丘处的土道

一二二　利山沟至油渣溪古道穿越梯田处

一二三　利山沟至油渣溪古道穿越小沟处

一三二　马虎溪至流水沟古道临河岸处

一三三　马虎溪至流水沟古道中的宽平砭道

一三四　马虎溪至流水沟古道绕过小沟处

一三八　流水沟至乱石坡古道

一三九　乱石坡中段古道

一四〇　乱石坡东段古道

一四一　乱石坡间的古道

一四八　川河口至曲尺西沟古道路面
一四九　川河口至曲尺西沟古道中的风化砭道

335

一五九　曲尺西沟至曲尺东沟中的土石道

一六〇　曲尺东沟沟口

一六一　曲尺东沟至沱肚子古道周围的环境

一六七　田边土道

一六八　曲尺东沟至沱肚子古道上的过沟小桥

一六九　曲尺东沟至沱肚子古道上的断桥

一七二　沱肚子至鲍公桥古道之二

一七三　沱肚子至鲍公桥古道穿越林区处

一七四　沱肚子至鲍公桥古道穿越小沟处

一七五　沱肚子至鲍公桥古道过沟处的踏石
一七六　沱肚子至鲍公桥古道路面（现宽1米）
一七七　下关古道

一七八　沱肚子至鲍公桥古道中的砭道

一七九　鲍公桥周围的地貌

一八〇　鲍公桥两端的道路

一八四　沱肚子至桥沟古道路面

一八六　桥沟东侧上、中、下三道

一八七　上道深入桥沟处的地形

一九二 蜈蚣包东侧古道之二

一九三 黄仙谷口

一九四　黄仙庙东古道

一九五　黄仙沟东古道

二〇二　孟良梯栈道周围的环境

二〇五　孟良梯栈道石台上的栈孔

二〇六　孟良梯栈道石台下的栈道残迹

二〇七　孟良梯栈道东侧栈孔之一

二〇八　孟良梯栈道东侧栈孔之二

二〇九　孟良梯栈道上中部栈孔

二一〇　孟良梯栈道上部西侧栈孔

374

二一四　偷水孔栈道中上段栈孔
二一五　偷水孔栈道中段下部栈孔

二一六　偷水孔栈道中段上部栈孔

二一七　偷水孔栈道的栈孔与上排的箕形孔

二二五　瞿塘下道黑石上游段的垒石道
二二六　瞿塘下道黑石上游段的石阶

二二七　瞿塘下道黑石上游段的砭道

二二八　瞿塘下道黑石下游段

二二九　瞿塘下道白果背段之一（与上道平行）

二三〇　瞿塘下道白果背段之二

二三一　瞿塘下道白果背段路面

二三二　黑石至大溪古道周围的环境

二四一　校场坝

二四二　旱八阵

二四三　盐泉建筑遗迹

二四四　石灰窑

二四五　白帝镇

二四六　滟滪回澜

二四七　瞿塘峡口

二四八　白帝山

二四九　白帝庙庙门

在任補用直隸州特授夔州府奉節縣正堂加五級章思加三級紀錄……

觀音洞住持僧廣顏稟稱情僧係觀音洞住持

九盤子十六碩祖蒙撥提租陸碩以作廟內香
究竟給展於今顆粒未撥致廟香燈冷落口
幾次求廟蒙袷恤飭伊等照數提撥未果
事照數提撥達則究追展至月餘認撥出
算明目澈底根究伊央紳理息始將谷召提出
創始豁雜日以悲歷任持僧廬此
僧今年谷已願託稞撥據換只得據情續陳
祝不朽為此伏乞等情據撥此除稟批准外合行出
現人等一髎知嗣後撥提祖石該僧每年撥
該首士等亦不得慳吝弗給藉端翻覆廢弛廟
事切切毋違特示遵

石諭通知

光緒叁拾弍年四月十一日立

告示

實貼觀音洞曉諭毋損

年 萬 萬 正

二五五　观音洞告示碑

400

二五六　镇江王庙碑

二五七　白帝城南石槽中的小石槽
二五八　小石槽与旁边的凿孔

二五九　锁江铁柱处的大礁与小礁

二六〇　锁江铁柱处的立栅之孔

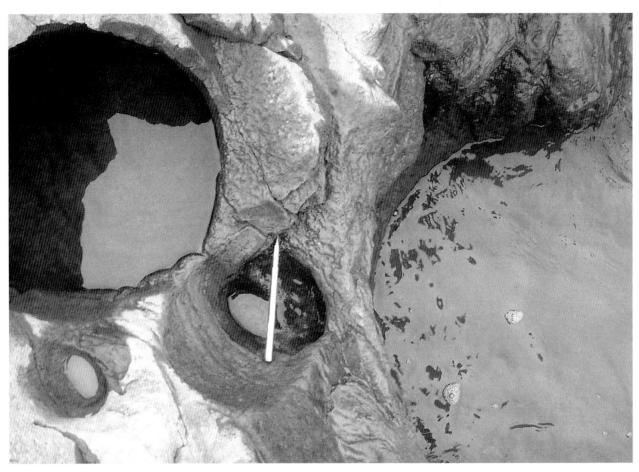

二六一　锁江铁柱处的小"牛鼻孔"与圆形大石槽

二六二　锁江铁柱处的方槽

二六三　锁江铁柱处的圆形大石槽

二六四　锁江铁柱处的圆形石坑

二六五　草堂河口北岸摩崖石刻与造像周围的环境（大桥左侧为江滨石台）

二六七　北岸锁江告示
　　　摩崖石刻

二七三　东瀼渡

二七四　草堂河口

二七五　老观庙遗址

411

二七六　赤甲炮台
二七七　瞿塘峡摩崖石刻之一

二七八　仿古栈道

二八六　七道门泉
二八七　"男女孔"的"女孔"

二八八 "天梯津隶"摩崖石刻周围的环境

二八九 "天梯津逮"摩崖石刻

二九〇 凤箱峡溶洞内壁的建筑石孔

二九一　风箱峡古关遗址下部古道被挖断处（有"风箱峡"文字处的下方）

二九二　风箱峡古关遗址

422

二九八　黑石滩最狭窄处的大黑石嘴

二九九　黑石滩坚硬的黑石

三〇四　白果背导航站

三〇五　白果背江防炮洞

三〇六　白马方江防炮洞

三一三　月明山

三一四　南陵县故址

三一五　纤夫桩

三一六　纤夫桩

三一七　纤夫桩
三一八　路面上的纤绳磨痕

三一九　路旁石壁上的纤绳磨痕

三二〇　大溪码头

三二一　宝子滩码头

一　长江三峡远景

二 瞿塘峡

西陵峡青滩古道

七　石板岬槽道

八　石板岬槽道转弯处
九　风箱峡槽道西侧的垒石道
一〇　风箱峡槽道

一一　干沟带阶砭道
一二　避险岩至黑石滩古道上坡处砌筑的路面

一三 柜子崖槽道周围的环境

一四　柜子崖西槽道

一五　流水沟中沿岩层开凿的硭道

一六　孟良梯栈道石台下的栈道残迹

一七　偷水孔栈道中段下部栈孔

一八　瞿塘下道黑石上游段的石阶

一九　黑石至大溪古道